H. Robinson 2010

Rotraud A. Perner
Mut

Rotraud A. Perner

Mut
Das ultimative Lebensgefühl

AMALTHEA

Die Ratschläge in diesem Buch wurden von Autorin und Verlag sorgfältig geprüft, dennoch kann keine Garantie übernommen werden. Sie ersetzen keine eventuell notwendige psychologische oder therapeutische Begleitung und ihre Anwendung erfolgt in eigener Verantwortung. Jegliche Haftung der Autorin bzw. des Verlages und seiner Beauftragten für Gesundheitsschäden sowie Personen-, Sach- und Vermögensschäden ist ausgeschlossen.

Das Zitat S. 6 (aus R. Kammer, Zen in der Kunst, das Schwert zu führen, S. 68) erfolgt mit freundlicher Genehmigung: © 2010 O. W. Barth Verlag in der Verlagsgruppe Droemer Knaur GmbH & Co. KG, München.

Besuchen Sie uns im Internet unter: www.amalthea.at

© 2016 by Amalthea Signum Verlag, Wien
Alle Rechte vorbehalten
Umschlaggestaltung: Elisabeth Pirker, OFFBEAT
Umschlagmotiv: iStock.com
Gesetzt aus der Elena 10,6/14 pt
Printed in the EU
ISBN 978-3-99050-030-9

Inhalt

Zum Geleit *7*

Lernaufgaben
Gleichschaltungen • Mut als »Mannestugend« • Suggestionen
Zivilcourage • Helfer Angst • Wankelmut • Gleichmut *13*

Unser Gemüt
Prägungen • Paarungen • Ansteckungsgefahren • Mut zur Kraftanstrengung
Die gleichen Wellenlängen • Das Geheimnis der Spiegelnervenzellen
Die Standortfrage • Bewusstes und Unbewusstes • Pseudoharmonie *39*

Aufwachsen
Sprachmut • Ur-Vertrauen • Wagemut • Mutlosigkeit
Kleinmut • Mutwillen • Ermutigung *69*

Wachstumsschmerzen
Unmut • Anmut • Mutproben • Übermut *97*

Endlich erwachsen!
Freimut • Zumutungen • Wankelmut
Vermutungen • Langmut • Frohgemut *121*

Zeit der Reife
Hochgemut • Hochmut • Kampfmut • Demut • Reumut
Edelmut • Mut zu den Wurzeln • Mut zum Weggehen
Mut zur Verantwortung • Mut zur Anzeige • Mut zur Ethik
Mut zur Liebe • Mut zur Gleichheit • Mut zur Religion *151*

Erntezeit
Schwermut • Missmut • Wehmut • Wohlgemut
Mut zum Eigensinn • Mut zur Selbstfürsorge • Sanftmut *191*

Ermutigung – ein Selbstcoaching zur ganzheitlichen Gesundheit
Das Prinzip Salutogenese • Bewusstheit • Ganzheitlich denken • Focusing
»Kopfbewohner« • »Schurken schrumpfen« • »Exorzismus-Technik«
PROvokativpädagogik • Transaktionsanalyse • Drehbuch schreiben
Dolmetschen • Das Du-Ich-Bitte-Modell • Self-Modeling *207*

Literaturangaben *231*

»Das Leben des Herzens im Fluidum gleicht dem Herumschwimmen eines Fisches im Wasser. Der Fisch ist so frei, wie das Wasser tief ist. Wenn große Fische nicht tiefe Gründe zur Verfügung haben, können sie nicht herumschwimmen. Und wenn das Wasser austrocknet, geraten die Fische in Not, wenn das Wasser schwindet, dann sterben sie. Das Herz ist so frei, wie das Fluidum stark und gesund ist. Wenn das Fluidum dürftig ist, verkümmert das Herz, und wenn das Fluidum erschöpft ist, kehrt das Herz ins Nichts zurück. Deshalb erschrecken die Fische, wenn das Wasser in Bewegung gerät, und das Herz wird unruhig, wenn das Fluidum in Bewegung gerät.

Nicht nur im Kampfe, sondern in allen Dingen gibt es die Möglichkeit, sich entweder dem Himmel oder dem Schicksal anheimzugeben. In der Schwertkunst bemüht man sich unablässig um das Prinzip von Sieg und Niederlage, und im menschlichen Bereich hält man fest an den natürlichen sittlichen Verpflichtungen und wendet keine selbstsüchtigen Schliche an; in seinem Handeln ist man unabhängig, und in seinem Denken klebt man nicht an Vorstellungen. Das nennt man ›sich dem Himmel anheimgeben‹. Seine menschlichen Verpflichtungen erfüllen, das ist, sich dem Himmel anheim geben. Es gleicht dem Mühen des Bauern bei der Feldbestellung: er pflügt und sät und jätet und erfüllt dabei den Weg, auf dem er bewandert ist. Flut und Dürre und Sturm aber, auf die des Menschen Kraft keinen Einfluss hat, bei diesen verlässt er sich auf den Himmel. Aber gesetzt den Fall, dass man sich dem Himmel anvertraut, ohne vorher seine menschlichen Verpflichtungen erfüllt zu haben, dann wird man des himmlischen Weges nicht teilhaftig.«

Shissai Chozan, Zen in der Kunst, das Schwert zu führen
(Diskurs über die Kunst der Bergdämonen)

Zum Geleit

> Der, den Gott nicht mit seiner gewaltigen Hand zum Ritter schlägt,
> ist und bleibt in tiefster Seele feig,
> wenn nicht aus einem anderen Grund,
> dann, weil er zu stolz war, den Ritterschlag auszuhalten,
> da er wie jeder Ritterschlag das Bekenntnis der eigenen Unwürdigkeit fordert.
> SÖREN KIERKEGAARD

Ein Mut-Buch zu schreiben erfordert Mut.

Jedes Buchvorhaben braucht schon einiges an Mut, werden nun wohl manche einwenden, ebenso Reden vor großem Publikum zu halten oder überhaupt in einer ungewohnten Rolle vor ein Publikum zu treten. Sogar erfahrene Schauspieler gestehen immer wieder, dass sie von Lampenfieber ergriffen werden, ehe sie die Bühne betreten ... Aber dann! Dann verfliegen diese fieberartigen Zustände, man wird ganz ruhig und man »funktioniert«: Man übt seine Funktion aus.

Ich nenne diese energetische Aufladung gerne »bräutliche Erregung«: Man hat eine Vorstellung davon, was nun geschehen soll, und ahnt doch auch, dass vieles schiefgehen kann – daher bringt man sich in einen kraftvollen Zustand, um besser gegensteuern bzw. improvisieren zu können. Nach dieser besonderen Befindlichkeit kann man süchtig werden: Man sucht dann den Adrenalinstoß durch geplante Inszenierungen (und nicht alle davon sind »jugendfrei«). Aber was ist, wenn Unvorhergesehenes, Unplanbares über einen hereinbricht?

Wenn man sich mit einem bestimmten Thema befasst, kann man sehr häufig beobachten, wie themengleiche Situationen entstehen, gleichsam wie von Zauberhand inszeniert, in denen man viel Mut braucht.

Bevor ich diese Zeilen zu schreiben begonnen habe – außer Atem und mit einem zum Zerspringen klopfenden Herzen, und mich andauernd vertippend –, musste ich gerade zwei kämpfende Hunde trennen, meine sanfte Laika und die hochaggressive Cora, die vorübergehend bei uns in Kost ist, weil ihr Besitzer in Vorarlberg einen Film dreht. Wir wissen, dass Cora nicht mit anderen Hunden zusammentreffen darf: Sie nennt Pitbull-Gene ihr Eigen und hat ihren Besitzer schon viel Geld gekostet, wenn er Tierarztrechnungen zahlen musste. Nun hatte mein Mitarbeiter etwas Schweres aus dem Haus getragen, dabei die Haustür weiter und länger offen gehalten als üblich, und vergessen, dass Cora im Garten war – und Laika dachte wohl, jetzt kommt ihr gewohnter Abendspaziergang, und ist an ihm vorbeigehuscht und Cora hat sich voll Kampflust auf sie gestürzt – und dann haben wir zwei Erwachsenen in den Kampf eingegriffen und versucht, die beiden Hunde zu trennen.

In solchen Augenblicken reagiert man spontan – aber eben auch ohne viel vorauszudenken. Während meiner Aktion schoss mir schon durch den Kopf: Was ist, wenn ich jetzt schwer verletzt würde? Ich habe am nächsten Tag wichtige Termine in über 100 km Entfernung – ich muss Auto fahren können ... Und werde ich jetzt zum Tierarzt fahren müssen? Mit welchem Hund zuerst? (Allerdings war die Angreiferin, wie sich nach der Trennung gezeigt hat, überhaupt nicht blessiert – im Gegensatz zu meiner Hündin und meinem Mitarbeiter.) Jedenfalls habe ich eine Entscheidung getroffen: Cora darf nicht mehr ohne Beißkorb in den Garten und muss auch dort im Zwinger (einem abgeteilten großen Gartenstück) bleiben, wenn man sie nicht im Auge behalten kann. Immerhin kann sie in etwa drei Meter hoch springen ... So süß sie auch anzusehen ist, so gefährlich ist sie. Ich werde ihr zur allgemeinen Warnung ein gelbes Halstuch verpassen.

Laika liegt nun erschöpft auf ihrem weichen Platz und leckt

ihren linken Vorderlauf. Ich konnte keine Blutspuren entdecken[1] – nur die meines unachtsamen Mitarbeiters, und den habe ich gleich verarztet.

Mein Pulsschlag hat sich wieder normalisiert. Ich kann daher dort ansetzen, wo ich unterbrechen musste.

In der psychoanalytischen Sozialtherapie sprechen wir von Parallelprozessen, wenn sich im Unterricht oder Training zwischen Menschen genau das abspielt, was das Thema des Lehrinhalts ist. So habe ich des Öfteren erlebt, dass sich Männer und Frauen in zwei einander befehdende Gruppen gespalten haben, wenn es um das Thema Konkurrenz ging, oder dass eine Nachzüglerin bei Themen wie Eifersucht, Neid oder Exklusion und Solidarität große Schwierigkeiten erlebte, sich in die gerade erst gebildete Gemeinschaft einzufügen.

Für mich stellt auch das Verfassen dieses Buches eine große Herausforderung dar: Zuerst bin ich von der Verlegerin gebeten worden, möglichst auf lange Zitate und Fußnoten zu verzichten und viele Alltagsbeispiele zu beschreiben – und das bedeutet für mich nicht nur Abstand von meinem gewohnten Schreibstil nehmen (den ich ohnedies für sehr leserfreundlich halte, denn selbst Hochgebildete wollen sich am Abend entspannt fortbilden und nicht erst in Normalsprache übersetzen müssen), sondern auch damit rechnen zu müssen, dass Personen, deren Ego verlangt, sich anderen »überheben« zu wollen, nicht meinen Gedanken folgen, sondern nur auf Gelegenheiten lauern werden, mir eins auszuwischen (eine Lebenserfahrung von mir – und nicht nur von mir!).

Wir nehmen Menschen meist in ihren sozialen Rollen wahr – als ExpertInnen in Landwirtschaft, im Gewerbe, in Wissenschaft und Kunst, in Politik und Wirtschaft oder als Menschen mit Familie. Oder als solche, die sich »am Rand der Gesellschaft« befinden –

---

1 Später erst stellte sich heraus, dass Laika schwer verletzt war und operiert werden musste – Cora hingegen war ohne auch nur einen Kratzer.

wohin wir alle auch geraten können. Aber egal, in welche Schublade oder Rangordnung wir jemanden (oder uns selbst) einordnen – wir sind immer auch »nur« Menschen, im Jenseits alle gleich, und im Diesseits vielfach Sklaven unserer Wünsche und Ängste, Stärken und Schwächen. Wir werden mit Bewertungen eingeordnet: Das, was gesellschaftlich erwünscht ist, wird hoch bewertet, was unerwünscht ist, wird verachtet, geächtet und oft auch sanktioniert. Dazu dienen Vorbilder, und die kommen vielfach aus den Medien (und dabei die traditionellen wie Ansprachen, Lieder, Gedichte und Druckwerke insgesamt mitgemeint).

In meiner vierzigjährigen Ehe mit einem Journalisten und PR-Berater habe ich immer wieder erlebt, wie anders Angehörige seiner Berufswelt – Verlegerschaft inklusive – denken als meine Kollegenschaft. »A G'schicht«, dozierte er oft, ist nur etwas, das das erste oder letzte Mal geschieht, oder ein Wunder oder ein Skandal. Und Skandale kann man herbeischreiben ... Vor welcher Zielgruppe sich hüten – und welcher sich beim Verfassen eines Mut-Buches anschließen? Meiner psychotherapeutischen Kollegenschaft, der Zuhörerschaft meiner Vorträge und Seminare, den Erwartungen potenziell übelwollender Rezensenten oder meiner Verlegerin und meinen LeserInnen? Da ich mich aber nicht nur für mutig halte, sondern auch für grundsätzlich kooperativ, entscheide ich mich für Letztere und bereite mich darauf vor, dass andere von mir den Mut zum Widersprechen einfordern werden, den sie selbst nicht aufbringen.

Aber wie der Vorarlberger Rundfunkjournalist Dr. Franz Köb als Moderator einer Podiumsdiskussion bei den Goldegger Dialogen aufzeigte: Jeder Mensch ist eine gefährliche Gelegenheit – und eine gelegentliche Gefahr ... Ich wage also den Weg in die soziale Gefahrenzone.

Mut wird meist als Tapferkeit vor dem Feinde – wer auch immer das sei – verstanden. Bedenkt man aber, in wie vielen Wortkombinationen Mut steckt, merkt man, dass er eigentlich nur eine der vielen Formen von Gemüt darstellt. Auch wird Mut meist positiv bewertet – aber auch das ist nur die eine, die lichte Seite – es gibt auch eine dunkle.

Zu Beginn sollen dazu einige Fragen aufgeworfen und beantwortet werden wie etwa die, was genau unter dem Wort Mut verstanden wird, wer als mutig gilt und in welchen Situationen – und ob es da einen Unterschied zwischen Männern und Frauen gibt. Später folgen dann ausführliche Überlegungen, wie sich Mut aber auch Mutlosigkeit im Laufe der Lebensphasen entwickeln können – und wie man Gemüt und Mut selbstbestimmt fördern kann.

Deswegen soll aufgezeigt werden, dass man Mut – oder ebenso Mutlosigkeit – »lernt« und auch, wie jegliches Lernen konkret vor sich geht.

Lernaufgaben

Der Mensch muss schon früh versuchen, das zu wollen, was möglich ist,
damit er auf das, was nicht sein kann (als nicht erstrebenswert), verzichtet
und in dem Glauben leben kann, dass er das will,
was vom Gesetz und der Notwendigkeit her unvermeidlich ist.
ERIK H. ERIKSON

Es war einmal ... eine Plakataktion der Firma Palmers unter dem Schlagwort »Trau dich doch!«. Da ging es darum, der österreichischen Biederfrau Lust auf sogenannte Reizwäsche zu machen – und Mut. Denn damals galt es noch als unmoralisch, andere Materialien als Baumwolle an den durchwegs »vollschlanken« Frauenkörper zu lassen, und auch die industriell gefertigten Spitzen durften höchstens eine Breite aufweisen, wie sie Mädchen im Handarbeitsunterricht zwecks Verschönerung an quadratische Leinenflecke platzieren mussten (und die für den geplanten Einsatz als Taschentücher eigentlich viel zu derb waren). Apropos »Reiz«-Wäsche: Wen sollte diese »reizen«? Mollige Wienerinnen oder Hiatamadeln mit »strammen Wadeln« (© Hubert von Goisern), die sich mit überschlanken Models in halbseidenen Posen identifizieren und dazu die passende Umrahmung kaufen sollten? Oder müde Alpinhengste oder Mundl Sackbauers daran erinnern, dass nicht nur Bier den Unterleib aktiviert? Oder ging es einfach nur um das »Sich-trauen«, den Mut, tief schlummernde Sehnsüchte ins Bewusstsein aufsteigen zu lassen, anstatt sie sofort als ungehörig bei sich selbst zu unterdrücken oder bei anderen zu bekämpfen?

Sich »trauen« hat viel mit Vertrauen, Zutrauen und Zutraulichkeit zu tun: Wenn man sich etwas traut, traut man sich die Bewältigung dieses Vorhabens zu – oder man traut sich den Widerstand gegen die jeweilige Auftraggeberschaft nicht zu; dann hat man zu dieser kein Vertrauen, und das macht meist auch Sinn – denn viele setzen listig unerwünschte Vertraulichkeit ein, um Bedenken oder Zweifel zu zerstreuen ... Und oft erproben sie mit über-raschenden Vertraulichkeiten, ob sich das Gegenüber traut, sich zur Wehr zu setzen. Das potenzielle Opfer soll gar nicht zum Nachdenken kommen ... Mut wird deshalb oft als Abwesenheit von Vernunft bezeichnet.

In der Zeit, in der ich noch Kommunalpolitikerin war (1973–1987), sagte mir einmal ein übergeordneter Kollege »im Vertrauen«, ich wäre vielen Funktionären zu »risikofreudig«, was er dann präzisierte als »ich würde zu oft meine Gedanken offenbaren« und damit die Konservativen – oder wohlwollender formuliert: Vorsichtigen – vor den Kopf stoßen. (Viele dieser meiner »zu progressiven« Gedanken[2] wurden Jahre später dennoch verwirklicht – allerdings immer auf den medial verstärkten Druck der Oppositionsparteien hin.)

Wie sinnvoll es ist, Mut nicht als spontanes Draufgängertum hoch zu schätzen, wurde mir erst Jahre später bewusst. Es war Hochsommer, den meine Familie und ich in unserer kleinen Hütte in der Steiermark verbrachten; wir mussten damals über einen Tag kurz mal nach Wien, und als wir abends unser Häuschen erreichten, fiel mir sofort auf, dass ein Fenster offenstand. Dass unser Hund sich zitternd nicht aus dem Auto wagte, fiel mir nicht auf –

---

2 Dazu gehörte die Forderung nach einer schrittfreundlichen Verbreiterung der Stufen der Fußgängerunterführung in der Favoritenstraße unter der Gudrunstraße. Das Gegenargument lautete: Der Architekt habe gesagt, das gehöre so. Oder nach einer Abschrägung der Gehsteigkanten an Hausecken (ich war damals mit meinem zweiten Sohn schwanger und tat mir schwer, den Kinderwagen mit dem erstgeborenen hochzustemmen. Da lautete das Gegenargument, haha, das hieße ja dann Überfahrtgenehmigung für Autos, worauf ich konterte, man könnte da mit Farben differenzieren. Verwirklicht wurde dies Jahre später im »Jahr der Behinderten« auf Initiative der ÖVP.

denn nach der Frage an Mann und Kinder, ob jemand das Fenster schlecht zugemacht oder offenstehen gelassen habe, war ich schon flugs aus dem Auto heraus und über das offene Fenster ins Haus hineingeklettert – es dauerte mir zu lange, drei Schlösser aufzusperren. Den Platsch, den der Einbrecher machte, als er bei einem anderen Fenster hinaus und in den dort von uns für die Kleinen angelegten Spielteich hineinsprang, hörte ich nicht – nur die heftige Kritik meines Ehemannes, dass ich mich unnötig gefährdet hätte: Im Haus befand sich auch ein Gewehr. In den Tagen darauf erfuhren wir, dass der bereits von der Polizei gesuchte Mann in mehrere Hütten eingebrochen war und sich mit Lebensmitteln versorgt hatte – bei uns war der vollgepackte Rucksack am Küchentisch stehen geblieben – und dass er ein ehemaliger Fremdenlegionär und als gefährlich einzustufen war.

An all das hatte ich nicht gedacht. Ich hatte wohl irgendeinem filmischen Vorbild nachgeeifert – und in Filmen laufen die Bilder so schnell ab, dass man während des Zuschauens kaum zum Nachdenken kommt, sondern höchstens zum Mitfühlen – und zwar mit der Person, mit der man sich identifiziert, und das ist meistens die, aus deren Blickwinkel die Kamera geführt wird. Damit »erlernt« man aber auch unbewusst ein Verhaltensrepertoire.

Gleichschaltungen
In dieselbe Richtung zu schauen, bedeutet, sich mental gleichzuschalten, sofern man sich nicht bewusst kritisch distanziert.

Gleichschaltung ist eine Methode, ein Korps zu gestalten – eine Masse, in der der Einzelne untergeht und damit auch seine individuelle Verantwortlichkeit. Der Filmemacher Peter Hartl etwa verweist auf die Formationen zum Gleichschritt als ersten Schritt zur Verherrlichung soldatischer Tugenden. Außerdem schafft der pro-

Mut wird oft als Abwesenheit von Vernunft bezeichnet.

duzierte Gleichklang einen besonderen Ton von Kraft. All das scheint logisch: Wenn man will, dass niemand aus der Reihe tanzt, dass sich alle im Kollektiv geborgen fühlen, dass niemand über seine Gefühle nachdenkt und womöglich andere mit seiner Angst ansteckt, dann wird man krass unterscheiden zwischen dem belobigungswürdigen Mutigen und dem verdammenswerten Feigen. Der französische Maler und Schriftsteller Roland Topor verteidigt Feigheit allerdings als »Technik des individuellen Überlebens«. Aber sind nicht alle unsere Handlungen mehr oder weniger am Überleben ausgerichtet – vor allem am sozialen Überleben?

Sozial überlebt, wer nicht aus der Peergroup herausfällt bzw. hinausgedrängt wird. Alltägliche Mut-Tests dienen insgeheim dazu, nicht nur die Rangordnung zu prüfen – bei Hühnern wird sie »Hackordnung« genannt, weil die »nicht Gleichen« mit scharfen Schnäbeln gepeckt, vertrieben oder andernfalls verletzt oder gar getötet werden, denn ein winziges Hühnergehirn kann den Vorteil von »Diversity« nicht begreifen –, sondern auch, um herauszufinden, wo jemand seine Schmerzgrenze hat, ab der er nicht mehr »mitspielt«. (Der Neurobiologe Joachim Bauer weist darauf hin, dass unterdrückte Aggressionsimpulse »für einen eventuellen späteren Gebrauch wie eine Konserve« aufbewahrt werden – zwecks Wiedererlangung von »Respekt«.) Leider beschränkt sich bei manchen Menschen die Akzeptanz, ja sogar Toleranz, nur auf »ihresgleichen«. Daher werden Mutproben als nützliche Beweise eingefordert, um die Widerstandskraft der »Ungleichen« zu prüfen, und überdies, um herauszufinden, wer mit wem sympathisiert. Zusätzlich entdeckt man dabei auch, wer sich zum Sündenbock/zur Sündenziege eignet.

Es ist wichtig zu erkennen, wie sehr mit dem Appell, mutig zu sein, manipuliert wird.

Deswegen ist es wichtig zu erkennen, wie sehr mit dem Appell, mutig zu sein, manipuliert wird. Besonders sichtbar wird dies bei den sogenannten Mutproben Jugendlicher, die in Wirklichkeit Unterwerfungstests sind: Wie existenziell wichtig ist jemandem die Zugehörigkeit zur Gruppe, wie sehr ist jemand bereit, für diese Zugehörigkeit sein Leben aufs Spiel zu setzen? Und wo soll er danach in der Hackordnung platziert werden?

Mut als »Mannestugend«

Die erste Manipulation besteht bereits darin, dass Mut als männliche Tugend definiert wird. Schon die alten Griechen nannten Mut *andreia*: Darin steckt das Wort *aner*, der Mann. Das beweist den Zusammenhang mit der traditionellen militärischen Erziehung: Jahrhundertelang teilte sich der männliche Bereich in wenige Befehlshaber und massenhaft Gehorsamspflichtige, denen Bildung und Information vorenthalten wurde, wohingegen der weibliche Teil der Menschheit bestenfalls in Küche und Kinderstube kommandieren durfte – sofern der »Herr des Hauses«, Ehemann oder Vater, in manchen Rechtssystemen noch dazu Bruder oder Vatersbruder, dies erlaubte. In Österreich wurde erst durch die Familienrechtsreform Ende der 1970er-Jahre diese juristische Vorrangstellung des Ehemannes durch eine auf Gewaltverzicht ausgerichtete partnerschaftliche Rechtskonstruktion ersetzt – aber eingehalten wird sie noch immer nicht überall; das zeigt mir meine Beratungstätigkeit leider immer wieder.

Der Mut, den viele Frauen aufbringen müssen, um ungerechte Verhältnisse aufzuzeigen, dagegen zu protestieren und sich davon zu befreien, egal ob es private, berufliche oder gesellschaftliche sind, wird hingegen weder als psychische Kraftleistung, noch als Tugend der Selbstfürsorge anerkannt, sondern ganz im Gegenteil: Frauen werden eher als überanspruchsvolle Störenfriede bezeichnet, wenn sie Widerstand leisten – außer es wurde ihnen das von einer übergeordneten Instanz »angeschafft«.

Im militärischen Modell gilt Gehorsam wesentlich mehr als etwa Eigenaktivität, selbst wenn diese zum Sieg führt.[3] Ähnlich toben oft herrische Menschen, wenn jemand ohne zu fragen den Mut besitzt, notwendige Handlungen zu setzen: Sie fühlen sich dann in ihrem Führungsanspruch nicht respektiert – was enttarnt, dass ihr Ziel nicht der jeweilig angepeilte Erfolg ist, sondern ihre persönliche Dominanz. Darin sehe ich einen Grund, weswegen Mut bei Frauen und Kindern ignoriert, abgewertet, verboten oder auch verspottet wird: Sie werden immer noch von vielen Menschen nur als Untergeordnete von Männern »erwünscht« und dementsprechend mittels Angstmache bedroht, wenn sie keinen »Beschützer« aufzuweisen haben, vor dem man(n) sich vorauseilend vorsehen muss. So höre ich immer wieder Klagen von frisch geschiedenen Frauen, dass sie sich kaum der einschlägigen Anträge von Arbeitskollegen oder Nachbarn erwehren könnten, die wähnen, eine Frau brauche unbedingt einen, der zu ihr hält – also einen »Zuhälter«.

Aristoteles sah Mut als Mitte zwischen Furcht und Zuversicht und hielt ihn für lehrbar bzw. erlernbar. Zuversicht – das bedeutet vor allem auch Selbstvertrauen, und das gewinnt man erst aus der Erfahrung gelungener Wagnisse. Aber ist dieses gesellschaftlich überhaupt erwünscht? Im militärischen Modell sollen die Angehörigen der jeweils bewusst uninformiert gehaltenen untergeordneten Dienstgrade ihren Übergeordneten »blind« – das bedeutet »ohne nachzudenken« – vertrauen, daher ist aus dieser Sicht Selbstvertrauen unnötig, ja sogar gefährlich: Es könnte sich jemand für klüger halten als seine Vorgesetzten.

---

3 Eine österreichische Ausnahme gab es in der Monarchie: den von Maria Theresia 1757 begründeten Militär-Maria-Theresien-Orden als höchste Tapferkeitsauszeichnung, wenn ein Offizier aus Eigeninitiative einen Waffengang erfolgreich bestritten hatte, den er auch problemlos hätte unterlassen können, und dies ausnahmsweise – und nur ausnahmsweise, nicht generell, wie dies später gelegentlich behauptet wurde – sogar, wenn er dabei einen Befehl missachtet hatte.

Dieses hierarchische Herrschaftsmodell kann bis in die Antike zurückverfolgt werden: Bevor die Menschen sesshaft wurden, fungierten Männer auch als Wachtrupp Vieh hütender Nomaden, immer vorbereitet auf Überfälle von organisierten Viehdieben oder Frauenräubern. Frauen hatten vor allem die Aufgabe, für Zuwachs an Kämpfern zu sorgen und nebenbei noch die Verwundeten oder Kranken zu pflegen, alles andere war unnötiger Aufputz, denn hochwertiges Essen bereiteten sich Jagende traditionell selbst zu, gesammelte Kräuter, Beeren, Obst und Feldfrüchte galten ohnedies nichts gegenüber eiweißhaltiger Kraftnahrung (wie ja auch heute noch viele Männer diese gesunde Kost als »Babynahrung« verweigern). Erst mit der Sesshaftwerdung und ausgeklügeltem Ackerbau samt Bewässerungssystemen ging die hierarchische Herrschaft vom Clanältesten bzw. Familienoberhaupt auf Älteste als Ortsvorsteher über, bildeten sich Ortsverbände als Kampf- und Verteidigungsbündnisse und mit zunehmender Größe Fürstentümer und Königreiche – immer mit Befehlsgewalt von der einsamen Spitze oben nach unten zur breiten Masse.

Mein Jungianischer Lehranalytiker erzählte mir (als Mahnung!) einmal von einem Naturvolk, bei dem alle Männer »in Reih und Glied« der Jagdbeute gegenüberstehend erst dann ihre Pfeile abschießen dürfen, wenn sie dazu den Befehl erhalten; ist aber einer schneller und wartet nicht die Gleichschaltung mit den anderen ab, wird er sofort von diesen erschossen – selbst wenn er die Jagdbeute erlegt hat (und die anderen das nicht geschafft hätten, weil allein das Schießkommando das Tier möglicherweise bereits vertrieben hätte). Er ist zum »Outlaw« – zu einem außerhalb des Gesetzes – geworden. Nur wenn er allein – ohne konkurrierendes Nebenein-

Aristoteles sah Mut als Mitte zwischen Furcht und Zuversicht.

ander – eine beängstigende Gefahr (es gibt ja auch andere) bezwingt, wird er zum Helden ... Und da dürfen dann auch Frauen Heldentaten begehen, denken wir nur an Judith im Alten Testament, die den feindlichen Feldherrn Holofernes im Doppelsinn des Wortes »berauschte« und dem Betäubten statt sexuelle Wohltaten zu gewähren den Kopf abschlug.

Suggestionen
Die Anerkennung als Heldentum ist immer von der nachträglichen Genehmigung durch »obere Instanzen« – Männer! – abhängig. Alltagsfrauen dürfen nur Kinder loben. Erst wenn eine die Spitze einer Hierarchie erklommen hat, gilt ihr Wort richtungweisend – aber das auch nicht immer, denn alle, die ihre Position selbst bekleiden wollen (oder für »Besserwisserei« bezahlt werden wie Lohnschreiber), werden auf Ansatzmöglichkeiten für Kritik lauern und gegebenenfalls zur Attacke schreiten. Jemanden aus der Masse hervorzuheben – eben etwa durch die Bezeichnung als Held oder gar Heldin –, suggeriert nicht nur besondere Hochachtung, sondern auch Nachahmungsaufforderung für das ausgezeichnete Verhalten, und das nicht nur in der Hochkultur, sondern auch in den jeweiligen Subkulturen.

Auszeichnung besitzt Doppelsinn: Man kann jemanden positiv oder negativ »markieren« – so wie es auch von alters her Tätowierungen als Königs- oder als Sträflings-Marker gab. Manchmal kann diese Usance aber durcheinandergebracht werden. Ich kann mich noch gut erinnern, wie beeindruckt ich war, als ich als Kind in dem dänischen Familienmagazin *Hjemmet* (zu Deutsch »Heim«, vergleichbar etwa mit *Frau im Spiegel* oder *Die ganze Woche*) eine Rückenansicht des damaligen Königs Frederik, des Vaters der gegenwärtigen Königin Margarethe, sah, denn da gab es nicht nur die eine oder andere abgegrenzte Tätowierung, sondern er hatte sich als Marineoffizier gleich die ganze Rückenfläche voll bebildern lassen.

Belobigungsinstanzen waren früher die staatliche oder kirchliche Obrigkeit, heute sind dies vor allem die Medien. Ihr Lob lässt Nachahmung wachsen – und als Lob gilt vielen bereits, in Bild oder Text aufzuscheinen, egal ob positiv oder negativ. Deswegen sollten sozial unerwünschte Handlungen nicht explizit beschrieben werden. Als ich im Jahr 2010 für die Katholische Medienakademie ein Seminar zum Thema »Wie schreiben über sexuellen Missbrauch?« abhielt, plädierte ich aus den soeben genannten Gründen dafür, so unemotional wie möglich zu formulieren – ich wusste aus meiner beratenden und therapeutischen Praxis, dass gerade pädophil veranlagte Männer solche Zeitungsberichte sammelten und gleichsam als Pornoliteratur »genossen«. »Aber wir haben doch gelernt, möglichst emotional zu texten!«, protestierte die Seminarteilnehmerschaft. »Ja, schon – bei all den Themen, die zur Nachahmung herausfordern dürfen!«, konterte ich und erklärte: Beim Lesen von Sexualstraftaten werden bei manchen Menschen spontan sexuelle Phantasien ausgelöst, und viele registrieren dies auch unangenehm berührt und distanzieren sich von der »Quelle« – aber gar nicht so wenige bekommen die dadurch ausgelösten Gefühle nicht weg, sondern tragen sie als Zwangsgedanken tagelang mit sich herum (wie wir das von sogenannten Ohrwürmern kennen), und manche glauben, einzig durch Ausagieren ihrer Phantasien sich von diesen befreien zu können – so wie es Oscar Wilde im *Bildnis des Dorian Gray* formulierte: »Der einzige Weg, eine Versuchung loszuwerden, ist ihr nachzugeben.«

Unabhängig davon, ob es sich um Berichterstattung über Selbsttötungen handelt oder Gewalt (egal ob triviale, familiäre oder sexuelle), werden durch Worte geistige Bilder geschaffen; wenn es zu diesen keine Gegenbilder gibt, besteht die Gefahr (oder Chance), dass in entsprechenden Situationen das jeweils entsprechende »Vor-Bild« nachgespielt wird.

Wir alle lernen an Vorbildern, durch Einübung und durch »Lob«. Wenn wir für unser Verhalten Anerkennung – »Anerkennungsenergie« – bekommen, neigen wir zu Wiederholungen, und je öfter man etwas wiederholt, desto stärker ist es in unserem Verhaltensrepertoire verankert. »Semantisches Gedächtnis« heißt dies in der Fachsprache – im Gegensatz zum »episodalen« Gedächtnis, das durch schockierende oder ekstatische Erlebnisse gespeist wird; dabei ist zu bedenken, dass solch eine traumatisierende oder euphorisierende »Episode« durch Wiederholungen vom episodalen ins semantische Gedächtnis wandern kann. Damit lassen sich manche zwanghafte strafbare oder andere sozial problematische Verhaltensweisen erklären.

So hat eine meiner StudentInnen in dem von mir konzipierten und geleiteten Masterstudium PROvokativpädagogik an der Donau-Universität Krems ihre Masterarbeit dem Thema Heldentum gewidmet und dazu mit OberstufenschülerInnen nach Geschlecht getrennt jeweils einen Kurzfilm konzipieren und realisieren lassen und diese Prozesse begleitet, kommentiert und dokumentiert. Bei den Burschen kam eine Art Action-Movie mit all den traditionellen Männlichkeitsklischees heraus, bei den Mädchen eine Lovestory mit einem Retter für die ungerecht behandelte Heldin. Beides bewahrheitete neuerlich die Erfahrung, dass lieber Altgewohntes multipliziert wird, anstatt etwas Ungewohntes zu wagen.

Zivilcourage

Wenn also immer wieder der Ruf nach mehr Zivilcourage laut wird, so braucht dies alltagstaugliche Vorbilder, und diese könnten durchaus auch die audiovisuellen Medien liefern – anstatt immer nur Negativbeispiele von altmodischem Heldentum bestehend aus Kampfszenen (und List und Tücke). Denn bei aller Wertschätzung

**Sprache ist der Angelpunkt,
ob eine »Kommunikation« gelingt oder misslingt.**

gegenüber dem Mann und der jungen Frau, die sich beide in Deutschland in Raufereien eingeschaltet hatten und dabei zu Tode kamen und in »Nachrufen« in den Medien wegen ihrer Zivilcourage belobigt wurden – die Öffentlichkeit hat nur erfahren, was im Fall des Mannes die Kamera am Bahnhof aufgezeichnet hat bzw. was in beiden Fällen in der Tagesberichterstattung publiziert wurde, nicht aber, was konkret gesprochen wurde. Genau das – Sprache – aber ist der Angelpunkt, ob eine »Kommunikation« gelingt oder misslingt.

Da Resümee meiner jahrzehntelangen Forschungen zu Gewalt gegen andere wie auch gegen sich selbst lautet: Sie wurzelt immer in einem – meist unbewussten – Vergleich. Entweder man vergleicht sich mit jemand anderem und fühlt sich unterlegen – dann versucht man den anderen oder die andere klein oder zu Nichts zu machen, also als bedrohliche Gefahr zu »vernichten«; oder man vergleicht sich in der augenblicklichen Situation mit dem eigenen Idealbild (das kann auch von einer Autorität vorgegeben und verinnerlicht worden sein) und versucht, das eigene Negativbild wegzubekommen. Zu dieser Entschlüsselung zählt auch die Identifikation mit jemand anderem, dem oder der Unrecht geschieht: Auch in diesem Fall folgt man einem Vorbild, mit dem man sich vergleicht, und ist dementsprechend entweder zurückhaltend oder vorpreschend, aber kaum »besonnen«. Die Augenblicksdynamik läuft so schnell ab, dass man kaum mit dem Denken nachkommt ... Außer man hat dies »erlernt«, was bedeutet: wiederholt eingeübt und damit neuronal verfestigt.

In Krisenberufen, wo es darum geht, einem minutiösen Zeitplan zu folgen (wie beispielsweise in der Chirurgie, bei Feuerwehr, Militär, Polizei, aber auch in den »darstellenden« Berufen, ganze Orchester mitgemeint), werden die einzelnen Verhaltensschritte immer wieder eingeübt. Alle anderen Menschen kennen meist nur den Probe-Feueralarm aus ihrer Schulzeit: in Zweierreihen anstellen und eine bestimmte Wegstrecke diszipliniert, d. h. ohne zu drängen, und nach Anweisung gehen. Heute, wo der internationale Terrorismus zunimmt, braucht es aber für uns alle ein situationsgemäßes Verhaltensrepertoire. Die »Dornröschen-Strategie« – alle Spindeln verbieten, Dornröschen könnte sich ja stechen und den Fluch der bösen Fee erfüllen – nützt nicht, es kann ja immer jemand heimlich eine neue Spindel basteln. Es hilft nur umfassende Aufklärung und Bewältigungsmethoden einzuüben. Deswegen bin ich auch dafür, dass Landesverteidigung nicht mehr nur darin bestehen darf, körperlich für Notfallszenarien vorzubereiten, sondern Männer wie Frauen gleichermaßen umfassend auf Achtsamkeit und kreative Problemlösungen für jedwede Gefährdung unserer Sicherheit – Strom- und Wasserleitungen mitbedacht, aber auch psychotische Reaktionen traumatisierter Menschen berücksichtigend – zu trainieren.

Es gibt für alles immer noch eine zweite, dritte oder sonstwie andere Methodik; eine findet man in den sogenannten östlichen Kampftechniken: sich in die Gefahr – und die Gefahrenquelle – einfühlen und sie »von innen her« verstehen. So wie der Zen-Bogenschütze mit seinem Ziel »blind«, d.h. ohne einseitig »technischen« Denk-Akt, verschmilzt und daher auch im Dunkeln treffen kann, kann man auch mit jedem anderen Gegenüber »eins werden«. Der japanisch-amerikanische Professor der Buddhistischen Philosophie Daisetz Teitaro Suzuki schreibt im Vorwort zu Eugen Herrigels *Zen in der Kunst des Borgenschießens*: »Um wirklich Meister des Bogenschießens zu sein, genügen technische Kenntnisse nicht. Die Technik muss überschritten werden, so dass das Können zu einer ›nicht gekonnten Kunst‹ wird, die aus dem Unbewussten erwächst.« Schütze und Scheibe sind dann nicht mehr zwei entgegengesetzte Dinge, sondern eine einzige Wirklichkeit. Im Christentum nennen wir das »lieben«. In diesem Sinne könnte man daher auch formulieren: Mut besteht darin, der jeweiligen Angst liebend zu begegnen.

Helfer Angst

Nun sagt man zwar, Mut erwachse aus der Überwindung von Angst, aber eigentlich ist solch ein »Sieg« nicht wirklich Mut, sondern nur *ein* Schritt weiter von dem Hängenbleiben in der Angst hin zu ihrer Integration. Diese beinhaltet immer auch Vernunft und Selbstfürsorge. Andernfalls würde es sich um Risikoblindheit handeln.

Das Wort Angst stammt von dem lateinischen *angustus*, »eng«. Wenn man Angst bekommt, pflegt man unwillkürlich den Atem anzuhalten – der Feind soll einen ja nicht hören und orten können – und die Schultern hoch und nach vorne zu ziehen – es soll ja einerseits die Halsschlagader, andererseits Herz, Lunge und Gedärm geschützt werden. Überhaupt werden die Angriffsflächen des Körpers verkleinert. Dass der Herzschlag stockt und Adrenalin ausgeschüttet wird, gehört auch zu diesem Totstellreflex – er soll die augenblicklich unnütze Reizwahrnehmung ausblenden, damit man die Gefahrensignale besser hören und spüren kann. Kurz darauf fällt dann die Entscheidung, ob man flüchten will oder sich der Gefahr stellen – und diese Wahl hängt davon ab, was man »gelernt«, d. h. welche neuronalen Muster man im Nervengeflecht für solche Herausforderungen »verankert« hat. Wer keine derartigen Erfahrungen besitzt, pflegt sich urtümlich wie ein Tier zu verhalten: Dann kämpft oder flüchtet man nicht, sondern »stellt sich tot«: Man ist in »Schockstarre« gelähmt.

Viele kennen das aus Prüfungssituationen: Da haben die einen das Gefühl, der Herzschlag sei gestockt und der Kopf mit Beton ausgefüllt, während die anderen mit Herzrasen und Schwindel reagieren. Dann liegt es an der Sensibilität und Humanität der Prüfenden,

> Mut besteht darin,
> der jeweiligen Angst liebend zu begegnen.

durch winzige Fragen in die angepeilte Richtung der dissoziierten – ohne Fachausdruck: »weg getretenen« – Person zu helfen, »wieder zu sich zu kommen«.

Mut ist keine militärisch oder quasimilitärisch eintrainierte Eigenschaft (wie uns vielfach weisgemacht wird) – das wäre nur gedankenlose Befehlstreue –, sondern ein Prozess. Mut beginnt mit der Wahrnehmung, dass etwas nicht »stimmt« – dass unsere innere Stimme uns sagt, dass etwas nicht so sein sollte wie es sich augenblicklich darstellt, und dass es geändert gehört. Wie, ist in diesem Moment noch nicht klar. Das Warum ist jeweils auch kritisch zu hinterfragen – es könnte ja bloß in eigenen Dominanzbedürfnissen wurzeln. Beides zu erkennen, braucht Zeit – aber diese verkürzt sich, je öfter man sich mit dieser Thematik problemlösend beschäftigt. Ich sage meinen KlientInnen oft, wenn sie meinen, schnelle Mut-Entscheidungen treffen zu sollen: »Der Graf von Monte Christo hat auch 14 Jahre für seine Flucht aus dem Château d'If gebraucht.«

Um Mut zu entwickeln – so wie ein Schmetterling sich aus seiner Verpuppung befreit –, braucht es nicht nur Eigenzeit und Eigeninitiative, sondern auch günstige Umstände. Die Notwendigkeit von Vorbildern wurde als Beispiel dafür bereits angeführt; sie sind wichtig nicht nur als Modell zum Abschauen, sondern auch für das Bewusstsein, nicht der oder die Einzige zu sein, die sich so oder so verhält. Die meisten dieser »Verhaltensentwürfe« sind allerdings nicht zur Nachahmung zu empfehlen: Papa Mundl Sackbauer (aus der Fernsehserie »Ein echter Wiener geht nicht unter«) traut sich zwar in der Familie herumzubrüllen, aber sonst schon gar nichts, und den Outlaws in den Westernfilmen bleibt oft nichts anderes übrig, als wild gegen Gesetz und Gesellschaft drauflozuagieren, das besagt ja schon diese Bezeichnung: Wer sich in der Gemeinschaft weder wertgeschätzt noch aufgehoben fühlt, erlebt sie logischerweise als Feind.

Zählt man die wöchentlichen Angebote an Kriminalfilmen allein im deutschsprachigen Fernsehen, drängt sich die Vermutung auf,

Otto Normalverbraucher sollte einem Mentaltraining zum Kleinkriminellen unterzogen werden – denn er wird kaum Jurisprudenz studieren um Rechts- oder Staatsanwalt zu werden. Darüber hinaus besteht umgekehrt die Gefahr, dass sich Angst vor Gewalttätern immer und überall ausbreitet – denn Angst, die nicht bearbeitet wird, bleibt als geistiges Gift im Unbewussten und lähmt. Mich hat einmal der autosuggestive Satz eines Klienten sehr beeindruckt, der sich mit »Dort, wo die Angst ist, liegt der Weg!« selbst Mut machte. Darin liegt nämlich tiefe Wahrheit: Dort, wo man spürt, dass man zögert, liegt der nächste Entwicklungsschritt.

Wankelmut
Zögern, zaudern, abwarten – all das wird oft abgewertet; zu sehr ist allein das kämpferische Vorwärtspreschen das, was gelobt wird. Lob schafft aber auch Abhängigkeit von den Lobenden. Besser statt Lob ist die einfache Feststellung, dass etwas gut ist. Deshalb benütze ich gerne die Aussage »Das ist eben noch nicht entscheidungsreif!«, wenn meine KlientInnen sich selbst für angebliche Entscheidungsschwächen oder auch Unsicherheit kritisieren.

Man braucht oft viel Geduld, das eigene Wachsen und Reifen abzuwarten, denn eine grundsätzlich mutige Person zu sein, ist das Ergebnis eines kreisartigen Entwicklungsprozesses.

Als Neugeborenes hat man noch eine ungeminderte Portion Mut in sich – man kennt ja weder Situationen der Angst noch der Straffolgen, man hat noch die Kraft, sich gegen Widriges/Widerliches zu wehren, aber eben nur mit Schreien und Zappeln. Dann folgt Erziehung und damit das Bemühen um Anpassung an die gesellschaftliche Forderung nach Pflegeleichtigkeit. Danach wechseln die Personen und Gruppen, an die man sich anpasst – und oft stehen

»Dort, wo die Angst ist, liegt der Weg!«

die in großer Opposition zueinander. Und irgendwann wächst die innere Widerstandskraft, weil all die unterdrückten Wünsche und Sehnsüchte endlich verwirklicht werden wollen – gleichsam in einer dritten »Pubertät«. Pubertät heißt ja eingedeutscht auch nicht anderes als Reifungszeit (eigentlich Mannbarkeit).

Geduld braucht man aber auch, um das Gefühl sicherer »Stimmigkeit« zu verspüren. Deswegen formulieren wir ja »Der Entschluss ist gereift« als Gegenüber zum »Sich-kopflos-in-etwas-Hineinstürzen«.

Wiederum zeigt sich das militärische Gehorsamsmodell: Es soll immer nur *eine* richtige Verhaltensweise, nämlich die gehorsame, geben; jedes Schwanken zwischen Alternativen, ja sogar das bloße Aufzeigen, dass es solche gibt, gefährdet den Korps-Geist. Es könnte »ansteckend« wirken. Doch auch in Alltagssituationen wird Mut von irgendwelchen ungefährdeten anderen gefordert, und nicht nur in der Form von Zivilcourage, in der insgeheim das militärische Heldenideal mitschwingt: allein gegen das (soziale) Universum. Man erwartet oder lobt im Nachhinein, wenn jemand in einer Kampfsituation »Paroli« geboten oder sich getraut hat, »es jemandem zu sagen«. Weniger gelobt wird, wer die Stätte seiner Gesundheitsgefährdungen verlässt – kündigt, sich scheiden lässt oder gar ins Ausland geht. Man identifiziert sich lauthals und oft anbiedernd mit Personen, die scheinbar stellvertretend für die eigenen, tief im Herzen Gerechtigkeit liebenden, aber aus Angst vor den Ungerechten zaudernden Seelenanteile gehandelt haben. Man schmäht hingegen diejenigen, die Situationen verlassen, aus denen man selbst nicht auszubrechen wagt.

Tiefenpsychologisch entschlüsselt »verschieben« wir beim Loben meist ungelebte ethische Idealvorstellungen auf jemand anderen – was nicht heißt, dass diese Idealvorstellungen klug, gesund oder auch rechtlich erlaubt sind, und hoffen insgeheim, dass wir nun für das Loben gelobt werden ... Oder wir »verkehren ins Gegenteil«, nämlich ins Verdammenswerte, wofür wir andere insgeheim beneiden, weil sie sich das trauen, was uns von klein auf verboten wurde.

Für all jene Tätigkeiten oder Aktionen mit hohem Gefahrenpotenzial, die die Tatkraft – den Mut –, aber auch das Spezialwissen von Durchschnittsbürgern überfordern würden, haben wir üblicherweise Profis: Feuerwehr zur Brandbekämpfung, medizinische Experten für Akutinterventionen zur Lebensrettung und die Polizei zur Herstellung gewaltfreier Sicherheit. Letztere besitzt das Gewaltmonopol (und muss zur Vermeidung von Über-Mut besonders geschult werden!), deswegen mahnt sie immer wieder aufs Neue, man solle nicht Held oder Heldin spielen, sondern den Notruf betätigen, wenn man Zeuge einer Straftat wird.

Es reicht aber nicht, Experte für Gewalt zu sein – man muss ebenso Experte für Gewaltdeeskalation sein! Deswegen ist es ja auch sinnvoll, solche Berufe prinzipiell immer zu zweit auszuüben – primär, um einander mahnend und korrigierend beizustehen, wenn eine oder einer Gefahr läuft, zu wagemutig zu werden, sekundär aber auch für allfällige Zeugenschaft, dass korrekt gehandelt wurde – oder auch um umgekehrte Tatsächlichkeiten zu bezeugen.

Zeugnis abzulegen gehört zu den Mut-Aufgaben – das wissen alle, die beispielsweise in Scheidungsprozessen als Zeugen benannt wurden. Ich habe selbst des Öfteren erlebt, wie Personen, die genau miterlebt hatten und wussten, wie jemandem – auch mir! – Unrecht angetan worden war, bei der Aufforderung, vor Gericht Zeugnis abzulegen, empört fauchten: »Zieh mich nur ja nicht da hinein!« oder sich verlegen wanden: »Ich will damit nichts zu tun haben!« Die einen grenzen sich mit Energiesteigerung ab, die anderen, indem sie sich klein machen. Sie spielen tobende Eltern nach oder sich selbst als die eingeschüchterten Kleinkinder, die sie einmal waren. Sie merken nicht, dass sie damit Kraft verbrauchen oder zurückhalten; beides schwächt die Gesundheit.

Mut und damit Aufrichtigkeit würde darin bestehen, ruhig und respektvoll zu erklären, aus welchen Gründen man ersucht, nicht als Zeuge angefordert zu werden (verhindern lässt es sich sowieso nicht!). Damit würde man sowohl die eigene Gesundheit wie die der jeweils anderen Person bewahren. Ich erinnere mich an einen Klienten, der sich mit seinem Vater in solch einer Paardynamik von Aufbrausen und Rückziehen befand und keinen Ausweg aus diesen Streitgesprächen fand. Als ich ihm souveränere, vor allem wahrheitsgemäße und ernsthafte Formulierungen anstelle des ordinären Hickhacks vorschlug, schnappte er entsetzt nach Luft: »Aber das klingt ja so hart!« Ich korrigierte: »Ich würde lieber nicht ›hart‹ sagen, sondern ›klar‹!«

Es braucht Mut, sich zur Klarheit zu entscheiden. Außerdem gibt es viel zu wenige Vorbilder, von denen man das lernen könnte. Viele Menschen verwechseln nämlich Klarheit mit Brutalität. So kenne ich eine Frau, die jedesmal, wenn sie sich im Ton vergreift und daraufhin zurückgewiesen wird, zur Rechtfertigung schnoddrig konstatiert: »Ich bin Deutsche!« – als ob Grobheit eine deutsche Nationaleigenschaft wäre. Sie ist ein taktischer oder strategischer Gesprächsstil.

Viele Menschen scheuen sich, sich selbst die Zeit des Nachdenkens zu gewähren, die nötig ist, um eine wahre, klare und gleichzeitig wertschätzende Formulierung zu finden. Sie befürchten, als feige, schwach, »schmähstad« (d. h. um eine Antwort verlegen) oder grundsätzlich unsicher zu gelten. Sie wollen »schlagfertig« sein – und merken nicht, dass Schlagfertigkeit meist psychologische Gewalttätigkeit bedeutet, außer wenn sie sich durch alberne Heiterkeit auszeichnet. Außerdem überschätzen sie ihr Fremdbild: Schweigen, das einem im Selbstbild sehr lang vorkommt, ist für andere oft kaum merklich.

Es braucht Mut, sich zur Klarheit zu entscheiden.

Ich plädiere für Nachdenklichkeit! Wir haben das Recht, in unserer Eigenzeit herauszufinden, für welche von mehreren Verhaltensmöglichkeiten wir uns entscheiden wollen. Deswegen mag ich das Wort Unsicherheit nicht – es besagt doch nur, dass man sich noch nicht sicher ist und daher Zeit braucht, um sich zusätzliche Informationen zu besorgen oder auch nur zu entspannen, um besser fühlen zu können, was stimmig ist – d.h. wozu die innere Stimme zustimmt. In meinen Seminaren demonstriere ich das am Beispiel des Gehens: Wir stehen sicher mit beiden Beinen am Boden – heben einen Fuß vom Boden ab und sind nicht mehr sicher – setzen den Fuß auf und sind wieder sicher – heben den anderen Fuß und sind wieder unsicher – setzen ihn wieder auf und sind wieder sicher – und so weiter und so fort. Phasenweise Unsicherheit gehört also zum Lebensweg dazu.

Gleichmut

Wankelmut wird meist dann vorgeworfen, wenn jemand zu schnellen Entscheidungen drängen will – und meist hat diese Person geheime Gründe, weswegen sie Nachdenken und Nachfühlen verhindern möchte und daher eine Entweder-Oder-Positionierung einfordert. Jemanden zu bedrängen, zählt zu den vielen Formen von Gewalt. Wer kennt nicht die spürbare Aggression und Irritation, den ausgelösten Stress, wenn jemand (Männer!) auf der Autobahn korrekt vor ihm Fahrende zum Ausweichen auf die daneben liegende Fahrspur zwingen will? Wie Giftwolken dampft es da von hinten, so lädt sich der Nachkommende mit Wuthormonausschüttungen auf (und schädigt nicht nur die Gesundheit des Vorausfahrenden, sondern auch seine eigene). »Der Klügere gibt nach und der Esel fällt in den Bach« wurde in der Zeit, als Sprichwörter noch zur Kindererziehung genutzt wurden, geunkt. In östlichen Verteidigungstechniken beschreibt Eugen Herrigel diese Weisheit als »die in ein System gebrachte Selbstverteidigung, welche den Gegner dadurch zu Fall bringt, dass man seinem leidenschaftlich vorgetragenen Angriff unvermutet und ohne jeden Kraftaufwand elastisch nachgibt und so erreicht, dass sich seine Kraft gegen ihn selbst kehrt ...«.

Was an dieser Stelle hinsichtlich des Körperlichen angesprochen wird, funktioniert ebenso psychisch und mental: Es gilt die Balance zwischen aggressivem und resignativem Reagieren zu finden – wie überhaupt im Leben Balance, Gleichgewicht – Gleichmut – eine wesentliche Lebens- und Überlebenskompetenz darstellt. Wenn man sich vorstellt, dass man körperlich attackiert wird, dann fallen meist nur zwei Verhaltensweisen ein: nach vorne stürmen – aggressiv, vom lateinischen *aggredio*, ich greife etwas oder jemanden an – oder nach hinten weichen – regressiv, vom lateinischen *regredio*, ich gehe zurück. Dem davon abgeleiteten Begriff Regression werden wir später nochmals begegnen – als bewusste Taktik oder Strategie oder unbewusste Überlebenstechnik.

Eine dritte Möglichkeit bestünde im »Sowohl – als auch« bzw. »Weder – noch«. Jene wird zwar als respektable Neutralität oft verteidigt, während diese als unehrenhaftes Sich-von-Verantwortung-Wegschwindeln missbilligt wird. Dahinter steckt die unausgesprochene Forderung, sich einer von mehreren Streitparteien anschließen zu sollen – ein Dilemma, Trilemma etc., das Scheidungskinder nur zu gut kennen. Es bedarf einigen Mutes, diesen Verlockungen zur Parteilichkeit zu widerstehen. Deswegen finde ich auch, dass die Frage »Wen hast du lieber – den Papa oder die Mama?« wohl die böseste ist, die man einem Kind stellen kann. Ich habe daher mit großer Freude wahrgenommen, dass ein TV-Werbespot des Jahres 2015 für zwei Sorten Fischstäbchen von der ursprünglichen Fassung mit der bloß hörbaren Frage des männlichen

Gleichmut stellt im Leben eine wesentliche Lebens- und Überlebenskompetenz dar.

Kindes, welche davon die Eltern lieber hätten, und der Antwort der Mutter, sie habe beide gleich gern so wie ihre beiden Kinder, worauf die kleine Tochter stolz – hochmütig! – protestiert »Der Papa hat aber gesagt, er hat mich lieber!«, auf diese Antwort geändert wurde: »Der Papa hat gesagt, er kann sich auch nicht entscheiden!«, worauf man dessen Stimme hört: »Muss ich auch nicht!«

Es liegt nicht nur an Gedankenlosigkeit, auf offen dargelegter Parteinahme zu bestehen, sondern an dem von alters her gewohnten Aufteilen der Welt zwischen Siegern und Verlierern. Sieg wird dabei immer wieder bloß quantitativ gedacht: Wer sind die Mehreren, Stärkeren, Schnelleren … »Citius, altius, fortius« – schneller, höher, stärker – lautet demnach die Parole in sportlichen Wettkämpfen bzw. den Olympischen Spielen, und diese Suggestion des endlosen Steigerungspotenzials führt immer häufiger zu schwersten Körperverletzungen und Lähmungen. Die Hardware Körper ist nun mal begrenzt und nicht unentwegt fortschreitend der geistigen Software Wunschvorstellungen anpassbar! (Wohin solches finanzgierige Wunschdenken führen kann, zeigte sich am sogenannten VW-Abgas-Skandal.)

Deswegen ist Gleichmut auch so wichtig: Er balanciert zwischen Selbstunsicherheit und Selbstüberschätzung, zwischen Unterforderung und Überforderung. Alle, die Auto fahren, wissen wohl, dass ständig untertourig zu fahren genauso den Motor ruiniert wie übertouriges Fahren. Man braucht daher ein Gespür für das jeweils richtige Maß – oder ein regelmäßiges Screening. Als ich einmal an Borreliose erkrankt war, wollte meine damalige Allgemeinmedizinerin unbedingt vorher den chemischen Nachweis einholen und erst dann mit der Therapie beginnen. Ich protestierte: Die wachsenden ringförmigen roten Male auf meiner Haut, die Müdigkeit etc. bewiesen doch eindeutig diese Diagnose – und außerdem hatte am Wochenende vor meinem Arztbesuch eine Hautärztin, die an der Kommunikations-Werkstatt teilnahm, die ich in Vorarlberg abgehalten hatte, und der ich die Flecken auf meiner Haut gezeigt hatte,

Borreliose diagnostiziert – und an einen Zeckenbiss Tage vorher konnte ich mich auch erinnern. Mir war klar: Die Ärzteschaft ist sich bewusst, dass sie auch in Österreich zunehmend mit »amerikanischen Zuständen« rechnen müsse, dass nämlich ärztliche Kunstfehler gesucht oder auch nur behauptet und mithilfe von Anwälten in bare Münze verwandelt werden würden. Ja, manche trauen sich sowas – und versuchen, so ihre Trauer oder Wut zu heilen. In solch einem Fall hilfreiche Gespräche zu führen, was unter anderem auch bedeutet, darauf zu verzichten, sich zu verteidigen, können leider nur wenige – aber das kann man lernen (beispielsweise in eben diesen meinen Kommunikations-Werkstätten).

Ähnlich klagte einmal ein angehender Onkologe, der bei mir an einer Supervisionsgruppe für Turnusärzte teilnahm, dass die Geschwindigkeit, mit der eine Vielzahl von Patienten »abgefertigt« werden müsse, es fast unmöglich mache, korrekt zu diagnostizieren. Dafür brauche man ja eine intensive Wahrnehmung, Fühlen und Denken gleichzeitig – und er wolle nicht auf Screenings ausweichen, das vermindere die Arzt-Patient-Beziehung.

Gleichmut beinhaltet auch einen gelungenen Ausgleich zwischen beschleunigender Geschwindigkeit und beruhigendem Innehalten. Im militärischen Modell gibt es die Ruhe nur beim Wachen und Lauern, aber sie bedeutet keine wirkliche Entspannung, sondern angespanntes Hören und Lugen. Gleichmut hingegen ist »absichtslose Absicht«, wie es im Buddhismus heißt. Man müsse lernen, in »gelockertem Gleichmut darüber zu stehen, sich also so zu freuen, wie wenn ein anderer« und nicht man selbst das Ziel erreicht habe, präzisiert der in Deutschland wie in Japan unterrichtende Philosoph Eugen Herrigel das, was Daisetz Suzuki die »nicht gekonnte Kunst« nennt. Sie zeigt sich auch im rechten Wartenkönnen.

Ein Beispiel, das ich dazu gerne zitiere, weil es viele Fernsehzuseher kennen, stammt aus der zweiteiligen Sendung über Odysseus, den sagenhaften König von Ithaka, der gut zehn Jahre auf dem

Meer umherirren musste, weil er den Zyklopen Polyphem, einen Sohn des Meeresgottes Poseidon, geblendet hatte. Von seiner Schutzgöttin Pallas Athene in einen Bettler verwandelt, kann er nach vielen Abenteuern endlich in sein Königshaus zurückkehren, wo ihn niemand erkennt außer seinem Hund und seiner alten Amme, als sie eine Kindheitsnarbe an seinem Bein erblickt. In seinem Haus verfressen und versaufen etliche Freier seiner Gattin Penelope die Früchte seiner Ländereien, denn sie möchten die Frau und das Königreich gerne erlangen, da doch Odysseus als tot gilt. Penelope jedoch will auf ihren Mann warten – deshalb webt sie an einem Teppich, den sie nächtens wieder auftrennt. Gerade als der unerkannte Odysseus heimkehrt, ist die Geduld der Freier zu Ende, sie randalieren und bedrohen Penelope, sie müsse sich endlich für einen von ihnen entscheiden. Odysseus offenbart sich nun heimlich seinem halbwüchsigen Sohn Telemachos und lässt diesen seiner Mutter raten, sie solle doch verkünden, sie würde denjenigen erwählen, der den Bogen des Odysseus zu spannen vermöchte. Das konnte nämlich nur er. Und dann kommt die Szene, die ich so gerne in Erinnerung rufe: Während der ungestüme Jüngling den getarnten Vater drängt, die Freier zu erledigen, beruhigt ihn Odysseus, er möge noch warten – der rechte Augenblick, der »Kairos«, sei noch nicht da. Erst als der letzte der Freier vergebens versucht hat, den Bogen zu spannen, bittet er bescheiden, ob er es nicht auch probieren dürfte ... und erntet Spott und Hohn, was sich der Bettler wohl einbilde. Aber in Erwartung eines belustigenden Schauspiels gestatten sie es ihm doch. In diesem Moment, als Odysseus den Bogen ergreift und spannt, fällt seine Tarngestalt von ihm ab und der König von Ithaka steht vor den bestürzten frevelhaften Freiern, die er nun Pfeil auf Pfeil hinrichtet (und die mit ihnen buhlenden Dienerinnen gleich dazu).

Gleichmut ist nicht zu verwechseln mit Wurschtigkeit, wie man auf Österreichisch die Geisteshaltung der absichtlichen Verweigerung irgendeiner Bezugnahme benennt. Wurscht – die Dialektaussprache von Wurst – deutet auf einen in einer glatten Hülle eingeschlossenen Mix verschiedener Zutaten. Man weiß nicht, was darin ist, will es aber auch gar nicht wissen. Ähnliche Verwechslungsgefahr besteht gegenüber dem Gebrauch des Wortes »egal«, das eigentlich »gleiche Gültigkeit« aufzeigt, nicht aber die pejorative Bedeutung von distanzierter Gleichgültigkeit. Viele Menschen sind leider in ihrer Jugend im Deutschunterricht nicht darauf hingewiesen worden, wie stark Fehlformulierungen die eigene Befindlichkeit und damit unser Gemüt beeinflussen.

Wir denken ja meist in Sprache – im sogenannten »inneren Dialog« – und wählen gewohnheitsmäßig unpassende Worte, wie wir sie eben von denjenigen gehört haben, die sie uns als Kleinkindern vorsagten. Deswegen ist es wichtig zu üben, sich im Gespräch klar auszudrücken – und dazu brauchen wir einerseits den Frage-Mut, damit meine ich, bei Unklarheiten nachzufragen, andererseits aber auch den Selbstkritik-Mut, wenn man auf Unklarheit hingewiesen wird, dafür zu danken – wir arbeiten damit daran, einander besser zu verstehen und schaffen ein Vorbild sowie einen Beitrag zu sozialem Frieden.

Wir brauchen einerseits den Frage-Mut, andererseits aber auch den Selbstkritik-Mut.

Dieses Kapitel beschäftigt sich mit den Unterschieden, die üblicherweise als Charaktereigenschaften beschrieben und für unveränderlich gehalten werden. Es will aufzeigen, dass das mit der Unveränderlichkeit nicht stimmt, sondern nur eine beharrliche Willenskundgebung ist, sich nicht ändern zu wollen – was bedeutet, eigene Unvollkommenheit zu verleugnen, weil ihr Zugeständnis etwas Unerträgliches wäre. Man hat nicht den Mut, sich infrage zu stellen – und anderen, die es wagen, einem einen Spiegel vorzuhalten, geht man aus dem Weg. Damit wird aber möglicher Verbesserungsbedarf nicht entdeckt und schon gar nicht verwirklicht.

Dabei kann man solche »angeblichen« Charakterzüge auch ohne therapeutische Hilfe ändern – vorausgesetzt man ist dazu bereit und kennt die Methode.

Unser Gemüt

Die Suche nach Selbsterkenntnis, der Gang in die Tiefe,
ist immer wieder notwendig.
Wahrheit hat Absolutheitsanspruch, der gelebt sein will.
Wir aber neigen immer wieder zur Lüge,
und sei es in noch so subtiler Form.
MARGIT ERNI

»Versuch's mal mit Gemütlichkeit« singt der Bär Balu im Musical »Das Dschungelbuch« und in Rudyard Kiplings gleichnamigem Roman. Damit wird umgekehrt zur Bedeutungsverschlechterung des Wortes Gleichgültigkeit ein an und für sich neutrales Wort in Richtung auf die optimistische Seite hin verwendet. Vermutlich denken die meisten Menschen, wenn sie dieses Wort hören, an Kaminfeuer und Rotwein oder Filzpuschen und Federbetten in rot-weiß-karierten Überzügen! Das Lied von Stephan Remmler fällt mir ein: »Keine Sterne in Athen, stattdessen Schnaps in Sankt Kathrein ... holoridi ...«

Gemütlichkeit bedeutet jedoch eigentlich nichts anderes als das Vorherrschen bestimmter Äußerungsformen des Gemüts – und die können angenehm, aber auch unangenehm wirken. Fast hätte ich jetzt »sein« geschrieben – aber wie etwas »ist«, hängt ja von der Wirkung ab, die es auf jemanden hat bzw. die sich jemand gestattet.

Als ich mich in Ausbildung zur psychoanalytischen Sozialtherapeutin befand, hatte ich ein »Aha-Erlebnis«, als der Psychoanalytiker und Ex-Lehrer Harald Picker betonte, er denke nicht mehr in den – wie in Gesetzen oder anderen Regeln absolut gesetzten – Kategorien »richtig« oder »falsch«, sondern in den darunter verborgenen Tiefengefühlen »angenehm« oder »unangenehm«. Als richtig wird ja auch nur bezeichnet, was die gesellschaftliche Mehrheit als angenehm empfindet, und was ihr unangenehm ist – was sie nicht will –, wird als falsch ausgewiesen. In einer Subkultur – beispielsweise einer Bande – kann es gerade umgekehrt sein.

Mir ist dazu auch bewusst geworden, wie die einzelnen »führenden« sprich erziehenden Berufsgruppen das Unerwünschte in ihrer Fachsprache benennen: Juristen sprechen von legal, illegal oder kriminell, Seelenheiler von gesund, gestört und krank, Pädagogen von richtig (sehr gut, gut und befriedigend) bzw. kaum genügend oder falsch oder überhaupt nicht gelernt; Pfarrer sprechen von tugendhaft und sündig, und Sozialarbeiter schauen primär auf die Lebensumstände, die jemandem gestatten, sich innerhalb der gesellschaftlich erwünschten Norm zu verhalten, und sprechen dann von sozial integriert oder sozial bedürftig.

Versucht man nun, das allen Gemeinsame zu benennen, so kommt man zur sozialen Erwünschtheit und die orientiert sich an einer gut ausgebildeten, gut verdienenden Person im steuerpflichtigen Alter, womöglich mit einer intakten Familie samt zwei Kindern, die korrekt ihre Abgaben bei den staatlichen Institutionen abliefert und im Übrigen unauffällig Ruhe bewahrt. Die Beziehungen zur Umwelt sollen friedlich, ja harmonisch sein.

Wenn man aber beobachtet und bewertet, wie die meisten Menschen Frieden und Harmonie verwirklichen wollen, fällt auf, dass sie sich dabei mit dem traditionell als »richtig« Festgesetzten identifizieren und gleichsam als Staatsautorität auf den vermeintlichen Übeltäter losdonnern. Das ist ziemlich gewalttätig: Man erhöht sich über den anderen und macht diesem oder dieser Angst. Mutig ist es nicht. Auch wenn die meisten Menschen darauf trainiert sind, es auszuhalten, wenn jemand »von oben herab« seine Negativenergie auf sie loslässt, bekommt man, wenn man fragt oder demonstriert, wie es ist, wenn jemand, der sehr nahe steht, auf jemanden, der sitzt, einredet, sofort die Negativgefühle, die das auslöst, berichtet.

Wir alle kennen das aus unserer Schulzeit. Deswegen bitten ja auch gut geschulte Amtsträger denjenigen, die zu ihnen kommen, einen Sitzplatz auf gleicher Augenhöhe an, um diese Kindheitserfahrungen nicht zu aktivieren – und umgekehrt. Wenn das jemand nicht tut, kann man sicher sein, dass er oder sie, bewusst oder unbewusst, Macht ausspielen will. Unbewusst schreibe ich deshalb, weil wir alle so viele Erfahrungen mit solchen »Überheblichkeiten« haben, dass wir sie ganz normal (im Sinne von üblich) finden. Normal im Sinne von als Gesundheit fördernd sind sie aber nicht. Auch kritisieren statt jemandem zu zeigen, wie etwas besser gemacht werden kann, gehört zu diesen unbewussten Machtspielen.

Mich hat beeindruckt, wie in der Zeit, als ich die Vertreterin der Wirtschaftskammer Österreich im Psychotherapiebeirat des Gesundheitsministeriums war, meine spätere Vorgesetzte an der Universität Klagenfurt, Dr. Jutta Menschik-Bendele, sofort vom bequemen Sitz aufsprang, als sich ihr der Tiroler Universitätsprofessor Wolfgang Wesiak näherte und jovial auf sie einsprach. Er bedeutete ihr daraufhin »ritterlich«, aber tatsächlich befehlend: »Ach bleiben Sie doch sitzen!«, und sie konterte lächelnd: »Aber nein doch! Ich mag nicht, wenn Sie auf mich hinuntersehen!« (Wichtig dabei die Sprachform: »hinunter« formuliert *seinen* Blickwinkel – hätte sie »herunter« gesagt, wäre es ihrer gewesen!)

Das klassische Beispiel für nicht förderliche Kritik besteht beim Zuspätkommen von kleinen Kindern; sie werden ausgeschimpft, weil kaum jemand weiß, dass Kinder erst mit rund zehn Jahren so viel Zeitgefühl haben, dass sie Zeitspannen abschätzen können. Deswegen gibt es ja auch erst in der vierten Klasse so etwas wie Schularbeiten (und hoffentlich erklären die Lehrkräfte auch, wie

Wir befinden uns immer in Beziehung zu jemandem oder zu etwas.

man mit der Uhr und mit Zeitknappheit umgeht). Will man ein jüngeres Kind zu Zeitgefühl anleiten, muss man es dressieren wie einen gelehrigen Hund (es gibt auch andere, »verwilderte«, bei denen sich niemand – aus welchen Gründen auch immer – die Mühe gemacht hat, ihnen »etwas beizubringen«): »Da schau auf die Uhr – wenn der Zeiger da steht, musst du ... tun«, und dann muss man auch einüben, regelmäßig auf die Uhr zu schauen, ja überhaupt das gezielte Schauen.

Wenn man hingegen nur kritisiert, schimpft, vielleicht sogar straft, lernt das Kind (und ebenso jeder Mensch, egal wie alt er oder sie ist) nur Kritisieren, Schimpfen oder Strafen. Die international hoch anerkannte Schweizer Psychoanalytikerin Alice Miller (1923–2010) schrieb in ihrem Grundsatzbuch *Am Anfang war Erziehung*: »Wenn man einem Kind Moral predigt, lernt es Moral predigen, wenn man es warnt, lernt es warnen, wenn man mit ihm schimpft, lernt es schimpfen, wenn man es auslacht, lernt es auslachen, wenn man es demütigt, lernt es demütigen, wenn man seine Seele tötet, lernt es töten. Es hat dann nur die Wahl, ob sich selbst oder die anderen oder beides.«

Wir befinden uns immer in Beziehung zu jemandem oder zu etwas – und wenn es nur das Wetter, die Wärme oder Kälte, der Luftzug, die Stille ... wäre. Das wurde mir bewusst, als ich in Klausur ging, um mein Buch *Der einsame Mensch* zu verfassen: Anscheinend war ich ja ganz allein – aber tatsächlich umschwirrten mich allerlei Insekten, auch drangen vom nahegelegenen Bahnhof immer wieder Stimmen zu mir herauf, Autolärm verwies auf vorbeifahrende Menschen und damit auf die Gelegenheit, diesen von der Straße aus zuzuwinken und so Beziehung aufzunehmen. Die Frage dabei ist nur, ob man sich das traut – man könnte ja für »verrückt« gehalten werden, und ist es ja tatsächlich, wenn man nicht tut, was alle tun – und da unterscheiden sich Menschen je nach Gemüt.

Prägungen

Von dem deutschen Psychoanalytiker Fritz Riemann (1902–1979) stammt eine »tiefenpsychologische Studie«, die für Angehörige von Psycho-Berufen in etwa von so großer Bedeutung ist wie für Autofahrer die Straßenverkehrsordnung und die Summe der Straßenverkehrszeichen. Da sie in einer leicht verständlichen Sprache abgefasst ist – was bedeutet, dass Riemann darauf verzichtet hat, seine Kollegenschaft durch eine »Machtsprache« zu beeindrucken –, empfehle ich das Buch nicht nur meiner Studentenschaft, sondern immer wieder auch den bei mir Ratsuchenden: Es hilft, sich selbst und damit auch andere besser zu verstehen. Wir tendieren nämlich alle mehr oder weniger in die eine oder andere Richtung der von Riemann beschriebenen vier »Grundtypen der Angst«; erkennt man dies, so kann man besser die »Mitte« zwischen Extremen finden und realisieren (wenn man das will – denn manchen Menschen fehlt oft sogar der Mut zum allerkleinsten Veränderungsschritt, und das hat seine Ursache in Verboten in der Kindheit, aber dazu später mehr).

Allerdings darf man sich nicht an den von Riemann geprägten psychiatrienahen Namensgebungen stoßen – sie verweisen nur auf die extremsten Ausprägungen, unter denen die so Gekennzeichneten leiden können (oder zumindest die ihnen Nahestehenden). Die Wiener Individualpsychologin Anneliese Fuchs hat deshalb auch in ihrem Buch *Mein Charakter ist nicht mein Schicksal* statt der Riemann'schen Bezeichnungen nur mehr Zahlen benutzt.

Was bei diesen Zuschreibungen jedoch auch bedacht werden sollte, ist, dass es Entwicklungsphasen gibt, die alle Menschen mehr oder weniger auffallend durchlaufen bzw. bewältigen (dazu mehr im nächsten Kapitel) – aber eben auch Prägungen, die sich aus bestimmten Erlebnissen herleiten.

Riemann unterscheidet vier Verhaltenskontinuitäten:
— diejenigen, die gut allein sein können und das auch wollen, denen man also »Angst vor Nähe« unterstellen kann, nennt er »schizoide« Persönlichkeiten

— im Gegensatz zu denjenigen, die die Gesellschaft von anderen suchen und sich unwohl fühlen, wenn sie allein sind. Von diesen Menschen spricht er als »depressiven« Persönlichkeiten und deutet damit auf die Wurzel der pathologischen Form der »Großen Depression« hin, in der Menschen Motivation, Antrieb und lebenserhaltende Verhaltensweisen wie beispielsweise Essen und Schlafen verlieren, weil sie keinen Austausch mit anderen mehr haben – und ebenso wenig die Kraft, diesen von sich aus zu suchen.

— Ein zweites Gegensatzpaar besteht aus denjenigen Menschen, die für ihr Wohlbefinden Ordnung und damit Strukturen und Regeln brauchen; diese nennt er die »zwanghaften« Persönlichkeiten. Ihre Angst ist die Angst vor Chaos und Unordnung, Unpassendem, Ungewohntem und überhaupt vielem, dessen Bezeichnung mit der Vorsilbe »un« beginnt.

— Es gibt aber auch solche Menschen, die ein solch großes Freiheitsbedürfnis haben, dass ihnen jede Form von Regelung, Notwendigkeit oder Zwang so viel Angst macht, dass sie sie unbewusst vermeiden oder auch bewusst verweigern. Diesen Menschen teilt Riemann die Bezeichnung »hysterische« Persönlichkeit zu.

Anneliese Fuchs verwendet statt der psychiatrisch anmutenden Namen die Bezeichnungen Typ Eins für den »Sachbezogenen Typus«, Typ Zwei für den »Personbezogenen Typus«, Typ Drei für den »Ordnungsbezogenen Typus« und Typ Vier für den »Freiheitsbezogenen Typus«, und erklärt sodann, wie es zu der einseitigen Übersteigerung der dominanten Persönlichkeitsanteile kommt.

Allerdings darf man nicht übersehen, dass es sich bei solchen »Charakterisierungen« nur um einen konzentrierten Blick auf bestimmte bevorzugte Verhaltensweisen handelt, die von klein auf eingeübt wurden und damals Sicherheit schufen. Diese Sicherheitsrituale, die für ein kleines Kind notwendig sind, um nicht in Angst und Verzweiflung zu erstarren, können erwachsene Menschen hingegen entbehren oder durch situationsentsprechendere ersetzen –

wenn sie das wollen. Viele wollen das gar nicht, weil sie sich im Laufe der Zeit »vernünftige« Begründungen zurechtgelegt haben, wie beispielsweise als Typ-Eins-Menschen, andere nicht belasten zu wollen (wohinter sich die Angst vor Zurückweisung verbirgt), oder als Typ-Zwei-Menschen dem Beglückungswahn frönen, die anderen würden ohne einen selbst nicht zurechtkommen, sich vor allem aber nicht gut behandelt fühlen (womit sie dann oft ihre meist unbewussten Kontrollbedürfnisse tarnen).

In meinem Buch *Die Tao-Frau – der weibliche Weg zur Karriere* habe ich diese Unterscheidungen in Hinblick auf das Verhalten in der Arbeitswelt verdeutlicht: Während für die »Einsiedler« ein Großraumbüro Horror bedeutet ebenso wie die Pein, dauernd angerufen oder angemailt zu werden, halten die »Geselligkeitsuchenden« einsame Arbeiten kaum aus und nutzen jede Gelegenheit, in andere Büros »auf Besuch« zu gehen (wobei in dieser Formulierung das Suchen bereits beinhaltet ist).

Ich erinnere mich an den Wiener Kulturjournalisten Kurt Kahl, dem ich einst in der Zeit, als es noch keine Computer gab, irgendein Buch, das sich mein mit ihm befreundeter Ehemann von ihm ausgeborgt hatte, in seinem Zimmer im Redaktionsgebäude des *Kurier* ablieferte. Er saß allein in der kleinen Kammer und war sichtlich nicht darauf eingerichtet, dass jemand zweiter sich darin aufhalten sollte. Als ich erstaunt meinte, dass er da wohl sehr beengt wäre, öffnete er mit einem tiefen Seufzer sein Herz und gestand: »Ja schon – aber es gibt doch nichts Schöneres als ein unbeschriebenes weißes Blatt Papier vor sich – und: Keine Leute!« Der typische Satz eines »Schizoiden«! Und gleichzeitig die elegante Botschaft, sein Zimmer möglichst schnell wieder zu verlassen ... Bei einem »Depressiven« hätte die Reaktion auf meinen Besuch wohl gelautet: »Nett, dass Sie zu mir heraufgekommen sind – haben Sie Zeit? Gehen wir doch auf einen Kaffee und erzählen Sie mir, wie es Ihrem Mann geht!«, und diese angenehme Gelegenheit, sich mit jemand Fremdem auszutauschen, hätte dann eine Stunde oder mehr gedauert.

»Schizoide« scheinen mutiger, weil sie das Wohlwollen wie auch die Meinung anderer nicht besonders für ihr Wohlbefinden brauchen. Auch der Prozess der Entscheidungsfindung läuft bei ihnen schneller – und wie andere oft kritisieren: im Geheimen – ab als bei denjenigen, denen wichtig ist, dass sie von der Gemeinschaft »getragen« werden, die daher auch viel erzählen und erzählt bekommen wollen, weil sie dadurch die Mehrheitsmeinungen erfahren und sich dazu in Beziehung setzen können. Einsame Entscheidungen mögen sie nicht so gerne – nicht weil sie sie in der Sache scheuen würden, sondern weil ihnen die Gemeinschaft so wichtig ist. Aus genau diesem Grund sind sie auch eher bereit, sich an Regeln zu halten – was noch nicht bedeutet, dass man sie als »zwanghaft« bezeichnen dürfte –, denn Regeln geben auch die Sicherheit, dass man tut, was (vermeintlich) alle für gut befinden. Genau dieser Gleichklang ist es wiederum, den die von Riemann als »hysterische Persönlichkeiten« bezeichneten Menschen als Einengung empfinden und der Anlass für Ausbruchsversuche – oder Pünktlichkeits-Vermeidungs-Aktionen bzw. Nicht-Heimkommen – ergibt. Sie befinden sich selbst als mutig – und werden oft auch für ihre »überwundene« – man könnte auch formulieren: mangelnde – Disziplin bewundert und zwar von all denen, die es ihnen gerne gleichtun würden, sich aber nicht trauen.

Nun findet man zwar häufig die Kombination »schizoid« und »zwanghaft«, weil EinzelkämpferInnen besser organisiert sein müssen als diejenigen, die auf ein Netzwerk von Bekanntschaften, Freundschaften und Beziehungen zurückgreifen können – es hängt aber auch von Kindheitserlebnissen ab: Einsame Kinder lernen schnell, sich mit sich selbst zu beschäftigen. Aus der Gemeinsamkeit von »depressiv« mit »hysterisch« kann hingegen darauf geschlossen werden, dass jemand als Kind immer wenig Zeit für Eigenaktivitäten hatte, sondern in einem personenreichen Familienverband oder mit einer Gluckhennen-Mutter oder einem Gluckhahn-Vater aufgewachsen ist, die für »Beschäftigung« sorgten; oft räumen diese auch beflissen hinter dem Kindlein her, sodass dieses sich nicht der Lernaufgabe Ordnungspflege widmen muss. Es traut sich, Aufräum-Appelle seiner ErzieherInnen dauerhaft zu ignorieren und behält diese Gewohnheit auch später oft gegenüber Vorgesetzten oder staatlichen Ordnungshütern (und Ehefrauen sowieso) bei.

Paarungen
Üblicherweise paaren sich Menschen nach dem Prinzip der Mängelergänzung – zumindest so lange, bis sie die fehlenden Eigenschaften selbst erworben haben. Dann erscheint der oder die andere oft als langweilig, vielleicht auch als unterlegen, sofern man ihn oder sie überrundet hat. Man »braucht« einander nicht mehr. Die vormals als anziehend empfundene Bindung wird dann als Fessel erlebt, von der es sich zu befreien gilt.

In meiner Jugend waren es Männer, die ihre »verblühten« (was für ein Unwort! Frauen sind doch keine Blumen!) Ehefrauen wegen einer Jüngeren verließen; das gibt es natürlich heute auch noch – aber seltener; heute verlassen Männer ihre Ehefrauen meist deswegen, weil sie meinen, bei einer »Pflegeleichteren« sprich weniger Anspruchsvollen stressfreier leben zu können (ohne sich anstrengen zu müssen, was als Wunsch natürlich akzeptabel ist – aber nicht als Teilhabe an einer gelungenen Partnerschaft), wobei die zitierten Ansprüche der Frauen sich auf einfühlsame Gespräche und Teilung der Hausarbeit beziehen.

So erinnere ich mich an den Fall einer jungen Frau im sechsten Schwangerschaftsmonat, die, so berichtete es mir ihre Mutter, ihrem Mann vorschlug, für's Fensterputzen eine professionelle Hilfe zu engagieren. Der Vorschlag, dass er das übernehmen könnte, kam ihr als aussichtslose Zumutung (da steckt wieder das Wort Mut darin) gar nicht in den Sinn. Der Ehemann lehnte ab: Das wäre Frauensache. Wenn er das wirklich meine, gab ich listig zu bedenken, könne er ja seine Mutter motivieren – aber eigentlich sei

Fensterputzen Männersache, wie man bei Geschäftsportalen und Bürohäusern ersehen könne.

Heute sind es viel mehr Frauen, die sich vom uneinsichtigen Partner trennen als vor sechzig Jahren, als es noch umgekehrt war, dann aber außer dessen Negativreaktionen (Stalking mit inbegriffen) auch noch die Kritik seiner Mutter zu hören bekommen, die sich oft selbst gern als Musterbeispiel der dienend-herrschenden Überfrau inszeniert; wenn sie selbst in solchen die Gesundheit schädigenden Nahebeziehungen ausgeharrt haben – denn meist spielt der Sohn den Vater nach –, ist ihnen allein der Gedanke an Aufgeben ein Tabu.

»Depressive« werden eher eine Trennung scheuen, sie brauchen ja immer jemanden, um den herum sie ihr Leben arrangieren können, und fürchten die »depressive Leere«; »Zwanghafte« werden lange Zeit für ein Abwägen des Für und Wider und für das konkrete Planen brauchen, »Hysterische« werden Trennungen blitzartig und ohne viel Gespräch – SMS wenn überhaupt muss genügen – durchführen, und für »Schizoide« stellt sich Trennung meist gar nicht als Problem oder auch Möglichkeit dar, weil sie ohnedies keine emotionale Bindung eingegangen sind. Sie sind häufig nur in ihrem Narzissmus (»Wie stehe ich vor den Leuten da?«) gekränkt.

Grundsätzlich kann man aus dieser Paardynamik schließen, dass genau das, was zu Beginn der Beziehung das Attraktive war, im Krisenfall exakt den Trennungsgrund darstellt – außer die beiden haben voneinander »gelernt« und sich angeglichen.

In der systemischen Paartherapie gibt es eine erhellende Zauberfrage, mit der man dieses Muster klar erkennen kann: Man bittet die beiden, einander in die Augen zu sehen und dann zu sagen, was sie seinerzeit, als sie ein Paar wurden, jeweils am anderen so anziehend gefunden haben. Aus der Art, wie einer den anderen ansieht, kann man bereits erkennen, ob in dieser Beziehung noch Leben ist oder ob sie schon gestorben, vielleicht sogar verwest ist. Ist sie noch lebendig, so kann man sehen, wie wieder Glanz in die Augen der anblickenden Person kommt, vielleicht auch ein »bräutliches« Erröten (auch bei Männern!) folgt, und ebenso zeigt sich, ob und wie der andere Teil darauf reagiert. Manchmal muss man für die Übung Mut zusprechen – denn viele scheuen diese Konfrontation, weil sie instinktiv ahnen, dass sie sich dabei enttarnen könnten.

So erinnere ich mich an ein Paar, bei dem der Mann schon fast gänzlich aus der Ehewohnung ausgezogen war und zwischen Sport- und Reisezielen, Büro und Freundin pendelte, während die Ehefrau neben ihrem ganz anderen Beruf sich quasi als Feuerwehr um die Firma ihres Mannes kümmerte, der ganz seiner Lust an Safaris, Paragleiten etc. lebte und seine Termine, Pflichten und Klienten »vergaß«. Auf die Zauberfrage antwortete sie verlegen: »Er war immer so originell!« Jetzt, nach gut zwanzig Jahren Ehe, war er »überoriginell« oder besser gesagt »übermütig«. Er mutete ihr zu viel an Geduld zu – und sie war nun »unmutig« im Doppelsinn des Wortes: Ihre Langmut ging dem Ende zu – und doch wollte sie, typisch »depressiv« und »zwanghaft«, das scheinbar geordnete Leben bewahren und nicht den Mut zur Trennung aufbringen. Er hingegen, ein klassisch »Hysterischer«, antwortete auf die Zauberfrage trocken: »Sie war die einzige, die mich ›gelassen‹ hat« – und die folgende Schwangerschaft war dann auch der Anlass für die Heirat.

Ich selbst war vor der Zeit, in der ich meine Balance gefunden hatte, nach meiner Einschätzung auch eine, die »schizoide« und »zwanghafte« Persönlichkeitsmerkmale aufwies, und habe mich von einem Mann, der dem »depressiven« und »hysterischen« Persönlichkeitstyp zugehörte, heiraten lassen. Als ich ihn 1968 kennenlernte, hatte er sich zwei Jahre zuvor scheiden lassen und galt in der Wiener Journalisten-Szene als »Weiberer« des Jahres – einer, der alle Frauen »haben« konnte. Sein Spitzname, den ich erst viel später erfuhr, war »Haifisch«. Als er mich kennenlernte, erzählte mir mein damaliger Seelentröster, habe er ihn gefragt, was denn an der »faden Juristin« dran sein sollte. Sein Interesse an mir erwachte erst, als er, studierter Germanist (wie mein Vater), bemerkte, dass ich die gleichen Bücher schätzte wie er, und dass ich, erstaunlicherweise noch dazu eine Frau!, jemand war, der diese Literatur überhaupt kannte. Aber dann warb er so intensiv um mich, dass ich – damals eine schüchterne Provinzlerin, die kaum jemanden in Wien kannte außer ein paar StudienkollegInnen – von der sichtlichen Weltgewandtheit des ORF-Journalisten fasziniert war: Gerade mich Mauerblümchen wollte der Frauenheld heiraten (und außerdem war er der Einzige, der sich das traute – ich bin ja nicht gerade unkompliziert und außerdem auch intellektuell nicht anspruchslos; an unserem dreißigsten Hochzeitstag sagte er mir dann: »Weißt du – anstrengend bist du schon – aber fad war mir nie mit dir!«). Als ich ihm Jahre und etliche Krisen später die Zauberfrage stellte, antwortete er, ich sei die einzige Frau in seinem Bekanntenkreis gewesen, die »keine Schlampe« war. Da ich doch einige seiner verflossenen Partnerinnen kannte, konnte ich diese anscheinend frauenfeindliche Fehlformulierung in den gemeinten Klartext »übersetzen« (mein Ehemann pflegte nämlich in »Schlagzeilen« zu sprechen – eine typische »Berufsdeformation« in den schreibenden Zünften): Es war offensichtlich mein Ordnungssinn und meine Managementbegabung und Disziplin, die ihn hatten erahnen lassen, dass ich all sein Chaos immer wieder »auf die Reihe bringen« würde, und mein Edelmut, mich nicht mit unerfreulichem Vergangenen aufzuhalten, auf den er zählen konnte.

»Schizoide« Persönlichkeitszüge prädestinieren zu Berufen mit übergroßen Zeitopfern, fördern hohe Frustrationstoleranz und stützen die Einsamkeit bei Geheimhaltungspflichten; meist sind das auch die Berufe, in denen man Mut beweisen muss. Menschen, die mit solchen Berufsmönchen und -nonnen eine Partnerschaft aufbauen wollen, sollten wissen, dass ihren Rückzugstendenzen und ihrer Kommunikationsabwehr keine böse Absicht innewohnt, sondern außer – hoffentlich verständlich gewordenem! – Erholungsbedarf oft eine besondere Reizempfindlichkeit: Sie sind von klein auf nicht durch Eltern- oder Geschwisterbedrängnis gegen starke

Nähe »desensibilisiert« worden. Außerdem besitzen sie ein besonderes Gespür für zukünftige Entwicklungen und haben meist eine Biografie der Verletzungen durch die Hardcore-Realisten, die auf ausgesprochene Ahnungen sofort spotten »Woher willst *du* denn das wissen?!«, und ziehen sich aus Selbstschutz zurück. Umgekehrt sollten diese EigenbrötlerInnen die Nähebedürfnisse »depressiver« PartnerInnen respektieren und dennoch immer wieder den Mut aufbringen, bestimmt, aber freundlich klare Grenzen zu setzen.

Es werden wohl manche verwunderlich finden, dass ich hier von »Mut aufbringen« schreibe, wo ich doch vorher erklärt habe, dass Menschen mit einer »schizoiden« Persönlichkeitsstruktur mutiger sind als die drei anderen »Typen«, weil sie sich weniger um die Reaktion der anderen kümmern. Grenzen setzen erfordert für alle Personen einigen Mutaufwand, weil man sich ja mit einer Grenzsetzung auf die andere Person »beziehen« und gleichzeitig auch »rückziehen« muss – was bedeutet, dass man sich ihr gegenüber zumindest ein wenig zu öffnen hat und eine klare Botschaft aussagen sollte, was ja auch beinhaltet, dass man der anderen Person näher kommt. Viele Menschen können aber ihre eigene »Aussage-Kraft«, sprich energetische Ausstrahlung, nicht »dosieren«. Sie geben zu viel Kraft hinein und verletzen – oder sie halten ihre Kraft zurück und bleiben damit nicht als »echt« spürbar. Grenzen, die »in Distanz« gesetzt werden, werden häufig weder verstanden noch respektiert. Dazu in Hinblick auf die Mut-Entwicklung von Kindern mehr noch im nächsten Kapitel.

Ansteckungsgefahren

Jemandem »nahe« zu kommen bedeutet, die andere Person zu spüren, riechen, eventuell auch zu schmecken. Wenn der Volksmund davon spricht, dass man jemanden »nicht riechen« oder »nicht schmecken« kann, besagt dies im Klartext: »Nicht in die Nähe der Geruchsdistanz!« bzw. »Nicht in die Nähe der Kussdistanz!« (was man bei dieser meist erst nach Kussprobe weiß – sofern man nicht vorher schon durch den Geruch gewarnt wurde). Beides kann als biologischer Hinweis verstanden werden, sich nicht mit solchen Personen fortzupflanzen, weil die Immunsysteme nicht zusammenpassen. (Das gilt übrigens auch hinsichtlich der Geruchsveränderungen nach Drogenkonsum, Alkohol und Nikotin mitgemeint.)

Es ist wohl eine ganz besondere Mutprobe, aber auch Herausforderung an Wertschätzungsbekundung, jemanden auf seinen bzw. ihren Geruch anzusprechen. In meiner Jugend, als das Fernsehen noch nicht in alle Wohnzimmer Eingang gefunden hatte, gab es in den Magazinen vierteilige Werbe-Comics von Colgate und Palmolive, deren Aufbau so aussah: Erstes Bild: Frau oder Mann steht allein und in einiger Entfernung unterhalten sich KollegInnen; zweites Bild: eine oder einer davon sagt der einsamen Person in einer Sprechblase »Weißt du ... Dein Geruch ... nimm doch ...« und dann folgte die Werbeempfehlung. Drittes Bild: Frau oder Mann putzt sich die Zähne oder wäscht sich mit dem deutlich sichtbaren Produkt. Viertes Bild: Der oder die vorher Gemiedene ist jetzt glücklicher und strahlender Mittelpunkt der Gemeinschaft.

Heute wird mehr auf medizinisch gestützte TV-Spots gesetzt, und da kommt Geruch nicht mehr vor. Sehr wohl tut er das aber vor allem in der Arbeitswelt. Ich erinnere mich an ein Seminar für Bundesdienstangehörige, in denen ein Vorgesetzter die Frage aufbrachte, wie er einer Mitarbeiterin größere Körperhygiene beibringen könnte. Ich demonstrierte ihm dies darauf am Beispiel der »Du-Ich-Bitte-Methode« (→ Selbstcoaching S. 207). Ein halbes Jahr später sah ich ihn wieder als Teilnehmer eines ähnlichen Seminars, in dem er mir berichtete, die Kollegin habe zwar geschluckt, aber zugestimmt, sie werde von nun ab täglich duschen. Zwei Tage spä-

Grenzen setzen erfordert für alle Personen einigen Mutaufwand.

ter sei ihre erboste Mutter bei ihm vorstellig geworden und habe sich beschwert, was dieser »unmoralische« Auftrag solle – sie würden ohnedies alle in der Familie immer am Sonntag baden. (Ich vermutete, sogar alle im selben Badewasser – vielleicht mussten sie Wasser sparen. Ich wusste nur, dass Dienststelle und Wohnung in Tirol war, kannte aber nicht die näheren Umstände – aber ich kenne genug Fälle, wo heute noch Wasser mehrere Stockwerke hoch oder auch Kilometer weit getragen werden muss, deswegen sollten, wo immer es geht, auch am Arbeitsplatz Duschmöglichkeiten bestehen. Ich selbst habe als Vor- und Volksschulkind in solch einer Wohnung gelebt; Wasser war damals sehr kostbar – deswegen habe ich minimale Trinkgewohnheiten eintrainiert bekommen.)

Ein anderer Fall wurde est kürzlich von einem Sozialarbeiter an mich herangetragen: Da ging es um eine Familie mit mehreren Katzen, in der alle den Geruch von Katzenpisse in ihrem Gewand herumtrugen. Sie selbst merkten das nicht mehr – sie waren auf den Geruch geeicht. Auch hier wie in allen Fällen, wo unsere innere Stimme uns warnt, dass wir eine bessere Abgrenztechnik brauchen als das grobe Mit-der-Tür-ins-Haus-Fallen, bei dem »sich die Gemütlichkeit aufhört«, empfiehlt sich die bereits angesprochene Du-Ich-Bitte-Methode – denn nicht jeder Mensch besitzt neben dem nötigen Mut auch den unwiderstehlichen Humor, mit dem kindlichen Unschuldsblick verwundert zu fragen: »Was für ein Parfüm ist es, das Sie benützen? Es erinnert mich nämlich an Katzenpisse ...« und dann kann man ja noch hinzufügen: »... und den Geruch halte ich nicht aus ...«

Aber nicht nur der Geruch, auch der Anblick oder auch nur die »Ausstrahlung« können heftigen Widerwillen hervorrufen. Das kann eine Traumafolge sein, mangelnde Kenntnis über »das Andere« oder einfach eine natürliche Abwehrreaktion, die vor unbekannter bzw. ungewollter Reizüberflutung schützen soll.

Wie intensiv man jemanden spürt, hängt einerseits von der eigenen Offenheit, andererseits von der energetischen Ausstrahlung der anderen Person ab. So las ich einmal in einem Interview eine Schauspielerin erzählen, den als »normannischen Kleiderschrank« titulierten Filmdarsteller solcher Ausnahmehelden wie »Des Teufels General« und »Schinderhannes«, Curd Jürgens, habe man schon gespürt, bevor er noch im Zimmer war. Diese besondere Kraft erwächst zumeist entweder aus einer »ungebrochenen« glückhaften und sorgenlosen Existenz – oder aus dem Konsum von Aufputschmitteln (Alkohol mitgemeint).

Mut zur Kraftanstrengung
In vielen Märchen, Sagen und Legenden gibt es das Motiv vom »rechten« und vom »linken« Weg. Bekannt ist vor allem der griechische Mythos von Herakles am Scheideweg: »Als er so sinnend dasaß, sah er auf einmal zwei Frauen von hoher Gestalt auf sich zukommen. Die eine zeigte in ihrem ganzen Wesen Anstand und Adel, ihren Leib schmückte Reinlichkeit, ihr Blick war bescheiden, ihre Haltung sittsam, fleckenlos weiß ihr Gewand. Die andere war wohlgenährt und von schwellender Fülle, das Weiß und Rot ihrer Haut durch Schminke über die natürliche Farbe gehoben, ihre Haltung so, dass sie aufrechter schien als von Natur, ihr Auge war weit geöffnet und ihr Anzug so gewählt, dass ihre Reize so viel als möglich durchschimmerten. Sie warf feurige Blicke auf sich selbst, sah dann wieder um sich, ob nicht auch andere sie erblickten; und oft schaute sie nach ihrem eigenen Schatten. Als die beiden näher kamen, ging die erstere ruhig in ihrem Gang fort, die andere aber, um ihr zuvorzukommen, lief auf den Jüngling zu und redete ihn an: ›Herakles! Ich sehe, dass du unschlüssig bist, welchen Weg durch das Leben du einschlagen sollst. Willst du nun mich zur Freundin wählen, so werde ich dich die angenehmste und gemächlichste Straße führen: keine Lust sollst du ungekostet lassen, jede Unannehmlichkeit sollst du vermeiden. Um Kriege und Geschäfte hast du dich nicht zu bekümmern, darfst nur darauf bedacht sein, mit den köstlichsten Speisen und Getränken dich zu laben, deine Augen, Ohren und üb-

rigen Sinne durch die angenehmsten Empfindungen zu ergötzen, auf einem weichen Lager zu schlafen und den Genuß aller dieser Dinge dir ohne Mühe und Arbeit zu verschaffen. Solltest du jemals um die Mittel dazu verlegen sein, so fürchte nicht, dass ich dir körperliche oder geistige Anstrengungen aufbürden werde, im Gegenteil, du wirst nur die Früchte fremden Fleißes zu genießen und nichts auszuschlagen haben, was dir Gewinn bringen kann. Denn meinen Freunden gebe ich das Recht, alles zu benützen.‹ Als Herakles diese lockenden Anerbietungen hörte, sprach er verwundert: ›O Weib, wie ist denn aber dein Name?‹ – ›Meine Freunde‹, antwortete sie ›nennen mich die Glückseligkeit; meine Feinde hingegen, die mich herabsetzen wollen, geben mir den Namen der Liederlichkeit.‹ Mittlerweile war auch die andere Frau herzugetreten. ›Auch ich‹, sagte sie, ›komme zu dir, lieber Herakles, denn ich kenne deine Eltern, deine Anlagen und deine Erziehung. Dies alles gibt mir die Hoffnung, du würdest, wenn du meine Bahn einschlagen wolltest, ein Meister in allem Guten und Großen werden. Doch will ich dir keine Genüsse vorspiegeln, will dir die Sache darstellen, wie die Götter sie gewollt haben. Wisse also, dass von allem, was gut und wünschenswert ist, die Götter den Menschen nichts ohne Arbeit und Mühe gewähren. Wünschest du, dass die Götter dir gnädig seien, so musst du die Götter verehren; willst du, dass deine Freunde dich lieben, so musst du deinen Freunden nützlich werden; strebst du, von einem Staate geehrt zu werden, so musst du ihm Dienste leisten; willst du, dass ganz Griechenland dich um deiner Tugend willen bewundere, so musst du Griechenlands Wohltäter werden; willst du ernten, so musst du säen; willst du kriegen und siegen, so musst du die Kriegskunst erlernen; willst du deinen Körper in der Gewalt haben, so musst du ihn durch Arbeit und Schweiß abhärten.‹ Hier fiel ihr die Liederlichkeit in die Rede. ›Siehst du wohl, lieber Herakles,‹ sprach sie, ›was für einen langen und mühseligen Weg zur Zufriedenheit dich dieses Weib führt? Ich hingegen werde dich auf dem kürzesten und bequemsten Pfade zur

Seligkeit leiten.‹ – ›Elende‹, erwiderte die Tugend, ›wie kannst du etwas Gutes besitzen? Oder welches Vergnügen kennst du, die du jeder Lust durch Sättigung zuvorkommst? Du issest, ehe dich hungert, und trinkest, ehe dich dürstet.‹ (...) Ich hingegen habe mit den Göttern, habe mit allen guten Menschen Verkehr. An mir besitzen die Künstler eine willkommene Gehilfin, an mir die Hausväter eine treue Wächterin, an mir hat das Gesinde einen liebreichen Beistand. Ich bin eine redliche Teilnehmerin an den Geschäften des Friedens, eine zuverlässige Mitkämpferin im Kriege, die treueste Genossin der Freundschaft. (...) Und kommt das Ende, so liegen sie nicht ruhmlos in Vergessenheit begraben, sondern gefeiert von der Nachwelt, blühen sie fort im Andenken aller Zeiten.«[4] Dass Herakles sich für den Weg der Tugend entschließt und zwölf Heldentaten vollbringt, kann als bekannt vorausgesetzt – und in Form von Statuen an der Wiener Hofburg bewundert werden.

Kraftanstrengungen gibt es nicht nur im körperlichen Bereich, sondern auch im seelisch-geistigen, aber immer sind sie Folge von Entscheidungen zwischen verschiedenen Verhaltensmöglichkeiten. Nehmen wir beispielsweise die seelische Verfasstheit, ein trauriges Gemüt zu haben: Dann kann man sich in diesem Zustand »gemütlich« einrichten; dann beklagt man sich im »inneren Dialog«, dass man sich in diesem Zustand befindet – und verbleibt darin. Man könnte sich aber auch entscheiden, die ursächlichen Auslöser herauszufinden (egal wie weit die zurückliegen mögen) und diese zu verändern oder neue Ziele zu kreieren und an deren Verwirklichung arbeiten. Allerdings verzichtet man damit auch darauf, sich von anderen bemitleiden zu lassen (falls die das tun – denn manche haben den Mut, ehrlich zuzugeben, dass sie sich durch Jammerei genervt fühlen). Von diesem Gemütszustand zu unterscheiden ist allerdings die echte »reaktive« Trauer über einen unwiederbringlichen Verlust, in der man einfach Zeit braucht, sich

---

4 G. Schwab, S. 114 f.

an die neue Leere zu gewöhnen, und die ein Zeichen von Liebe ist. Was man nicht (mehr) geliebt hat, betrauert man auch nicht.

Zu den geistigen Kraftanstrengungen hingegen gehört es, über Grenzen hinaus zu denken. Damit meine ich etwa, Unendlichkeit oder Gott denken zu wollen. Solche Mühen sind unnötig. Mit der Art von Denken, die wir in der Schule vermittelt bekommen, gelingt der Zugang zur Transzendenz nicht: Man braucht für diese das ganzheitliche Zentrieren – Denken, Fühlen, Empfinden und Intuieren im absichtslosen Einklang –, nicht Konzentration auf ein verengtes und verengendes Ziel (→ Selbstcoaching S. 207).

Meine gewählte Wortwahl »ungebrochen glückhaft« (oben S. 54) soll aber weder dem von der zitierten Glückseligkeit/Liederlichkeit versprochenen Genießerleben zugeordnet werden noch bedeuten, dass man wie der Glückspilz Gustav Gans in den Mickey-Mouse-Heftchen immer auf die Butterseite des Lebens fällt, sondern ich beziehe mich auf ein Gemüt, das Anstrengungen nicht scheut, sich aber auch der Freude über Gelungenes nicht schämt. Zu beidem braucht man Mut – denn oftmals tauchen Besserwisser auf, die Mühen lächerlich finden und Leistungsstolz mit »Eigenlob stinkt!« verwechseln. Dabei erzählt schon der Schöpfungsbericht der Bibel, dass Gott »sah, dass es gut war« – und wenn man sich Gott wie einen Menschen vorstellen mag, kann man sich auch getrost vorstellen, dass Gott sich gefreut hat.

Die gleichen Wellenlängen

Gefühle wirken ansteckend – sofern man sie nicht abwehrt. Wir kennen das vom Lachen. Deswegen werden ja bei manchen TV- oder Hörfunksendungen Heiterkeitsbekundungen »aus der Kon-

> Zu den geistigen Kraftanstrengungen gehört es, über Grenzen hinaus zu denken.

serve« eingespielt. Ich kann mich noch gut erinnern, wie verblüfft ich war, als ich vor Jahren einmal bei dem genialen Oliver Baier in einer Hörfunksendung zu Gast war: nicht nur die Lokation im damals frisch in Betrieb genommenen Sendehaus am Donaukanal – in einer schalldichten runden Zelle wie der bei »Raumschiff Enterprise«, in der die Astronauten hin- und hergebeamt werden, inmitten eines Großraumbüros, in dem ein eifriges Stimmengewirr für Turbulenz sorgte, war für mich völlig neu, war ich doch aus der Zeit meiner eigenen Rundfunksendungen die kleinen Kammern im antiken Funkhaus gewohnt; was mich total erstaunte, war, wie Oliver Baier mit flinken Händen bei manchen seiner Scherze »Lachen vom Band« dazu spielte. Naiv wie ich war, hatte ich bei gelegentlichem Zuhören immer Live-Sendungen vermutet. Allein die Geschwindigkeit, mit der der routinierte Rundfunk- und Fernsehmann genau zum passenden Zeitpunkt das Lachen quasi spontan ausbrechen ließ, war bewundernswert. Er ahnte genau, wo sich die Zuhörerschaft erheitern würde – er war mit einem unsichtbaren Publikum gleichsam auf gleicher Wellenlänge.

Sich auf gleiche Wellenlänge »einzuschwingen«, gehört zu den besonderen beruflichen Kompetenzen der tiefpsychologisch oder personzentriert arbeitenden Psychotherapeuten. Sigmund Freud sprach von »Kommunikation von Unbewusst zu Unbewusst« und versuchte mit der Formulierung von der »gleichschwebenden Aufmerksamkeit« – einer Form leichter Trance, die manche Klienten als Einschlafen missverstehen – diese subtile »Methodik« in Sprache zu kleiden. Seit den späten 1990er-Jahren und der Entdeckung der sogenannten Spiegelnervenzellen gibt es für diese »Kunst« (von »können«) endlich auch den naturwissenschaftlich nachvollziehbaren Nachweis.

Das Geheimnis der Spiegelnervenzellen
Mitte der 1990er-Jahre entdeckten Giacomo Rizzolatti und seine Mitarbeiterschaft die sogenannten Spiegelnervenzellen (auch Spie-

gelneurone oder *Mirror Neurons* benannt). Der Freiburger Psychoneurologie-Professor Joachim Bauer erklärt ihre Wirksamkeit so: »Diese können sich das, was wir bei einem anderen Menschen beobachten, so einprägen, dass wir es selbst fühlen, aufgrund dessen aber auch besser nachahmen können (das Erste, was Säuglinge an kommunikativem Verhalten zeigen, ist der Versuch, mütterliche Gesichtsausdrücke und den Klang ihrer Stimme zu ›spiegeln‹).« Dies beweise auch, betont Bauer, dass Lernen persönliche Beziehungen braucht und es daher nicht zum Erfolg führen wird, wenn direkte Kontakte zwischen Menschen immer mehr reduziert würden. Gute zwischenmenschliche Beziehungen werden nicht nur im Gehirn »abgebildet« und »gespeichert«, sondern, so Bauer, sie seien »die am besten wirksame und völlig nebenwirkungsfreie ›Droge‹ gegen seelischen und körperlichen Stress«, und: »Überall da, wo sich Quantität und Qualität zwischenmenschlicher Beziehungen vermindern, erhöht sich das Krankheitsrisiko.«

Bauer schreibt ausdrücklich »gute« zwischenmenschliche Beziehungen. Es gibt leider auch andere.

Es liegt daran, mit welchem vorgelebten Verhalten man sich »identifiziert«. Ein kleines Kind, das die Eltern oder andere Bezugspersonen, die ihm groß und mächtig vorkommen, streiten oder kämpfen sieht, wird unwillkürlich versuchen, diese für sich unerträgliche Situation zu beenden: Es wird sich einmischen – und wenn es nur durch Weinen ist – und mit fast hundertprozentiger Sicherheit daraufhin kläglich die Übermacht der Großen erleben. Wer in Rage ist, steigert sich, wenn er – oder zunehmend auch sie – am Affektausdruck gehindert wird; das kann man fast täglich in der Polizeiberichterstattung erfahren. Dieser sogenannte »Widerstand gegen die Staatsgewalt«, die beispielsweise einen Raser auf der Autobahn stoppen will (und muss), ist aber kein Zeichen von Mut, sondern von Rücksichtslosigkeit und Mangel an Vernunft (egal ob unter Drogeneinfluss, Alkohol mitgemeint, oder nicht).

Die Standortfrage
In der Psychoanalyse gibt es den Begriff der »Identifikation mit dem Aggressor«. Unter dieser »Abwehrform« eigener Angst oder Wut versteht man folgende Reaktion: Man erlebt die Brutalität oder Gefährlichkeit einer Person und vermeidet aus Selbstschutz die oppositionelle Position – allerdings nicht wohlüberlegt, sondern blitzartig versucht man in der Hoffnung, dass man dann von ihm oder ihr verschont würde, der angreifenden Person möglichst gleich zu sein. Man teilt quasi deren Blickwinkel und deren Bewertungen – und oft geschieht dies nicht nur für den Augenblick, sondern für lange Zeit oder sogar für immer. Das zeigt beispielsweise die »Unfähigkeit zu trauern« (so der Titel des Buchklassikers des Psychoanalytikerpaares Alexander und Margarete Mitscherlich), die den Deutschen nach Ende des Zweiten Weltkrieges als Unwilligkeit, sich mit der eigenen Schuld auseinanderzusetzen, vorgeworfen wurde. Vielen Mitläufern des Dritten Reichs war es unmöglich, vor sich selbst einzugestehen, dass sie Opfer einer Gehirnwäsche geworden waren, in der sorgsam ihre Gefühle für gemütliches Familienleben mit dem Zwangsgedanken verknüpft worden waren, jegliche Gefährdung jenseits dieser »gemütlichen« Abschottung (egal ob diese »Gefahren« nur aufblähend behauptet oder trivialst phantasiert wurden) vernichten zu müssen. Das erklärt auch, weshalb sie diese Reaktion nicht nur als Staatsbürgerpflicht, sondern auch als ihr – und nur ihr! – selbstverständliches Recht betrachtet haben. Spricht man mit solchen Menschen, merkt man, dass es ihnen nicht möglich ist, ihre eingetrichterte Sichtweise zu erweitern oder gar umzukehren – zu groß ist der mit dieser Möglichkeit verbundene Angstausbruch. Und wenn man die damals drohenden Folgen des Widerspruchs gegen die verordneten Pflichtgedanken kennt, ist diese Schutzhaltung als Realangst durchaus verstehbar.

Auch Sätze wie »meine Eltern waren hart, aber gerecht« gehören zu dieser Selbstbelügung: wahrzunehmen, wie verletzend die Eltern objektiv gesehen waren, erweist sich damit als nicht bewusstseins-

fähig. Würde man sich zugestehen, wie gefährlich es ist, brutalen Menschen ausgeliefert zu sein, könnte man von existenzieller Todesangst überflutet werden – und diese ertragen zu lernen, braucht wiederum, dass man dazu eine Neurosignatur (neuronale Verschaltung) entwickelt hat. Um diese zu entwickeln, bieten sich traditionell zwei Methoden an:
— das traditionelle militärische Modell, in dem die Selbstachtung der Person durch Beschämungen und Belobigung versprechenden Gehorsamsdrill manipuliert wird, was zur Folge hat, dass damit meist auch der »Domino-Effekt« der Modell-Weitergabe begründet wird,
— und das meditative Modell, in dem die Angst bewusst als ein mögliches Erlebnis angenommen und mit vernünftigem Ausloten von Gegenmaßnahmen – sofern solche möglich sind – balanciert wird. Das entspricht meiner Entschlüsselung von Mut als Prozess des seelisch-geistigen Wachstums.

Im traditionellen militärischen Modell soll nur von denen an der hierarchischen Spitze gedacht werden – die Untergebenen sollen blind gehorchen. Im meditativen Modell – wie es vielen östlichen Kampftechniken zugrunde liegt – muss gedacht werden, allerdings ganzheitlich, was bedeutet, die Körperempfindungen, Gemütszustände, Intuitionen mit dem Sachdenken so in Einklang zu bringen, dass keiner dieser Lebenspotenziale dominiert (→ Selbstcoaching S. 207).

Bewusstes und Unbewusstes
Sigmund Freud (aber auch dem Ökonomen Vilfredo Pareto, dem Psychologen Philip Zimbardo und sogar dem Schriftsteller Ernest Hemingway) wird die Metapher zugeschrieben, dass unsere Bewusstheit bzw. unsere Selbsterfahrung einem Eisberg gleiche, von dem nur 10 (oder 20) Prozent über Wasser ragen und somit bewusst seien. Weitere 10 Prozent seien vorbewusst – tauchten also gelegentlich kurz aus dem Wasser auf und seien schon wieder weg, also

knapp an der Grenze der innerseelischen Zensur, die uns vor unerträglichen Gefühlen schützen will. Wir sagen dann oft »Es liegt mir auf der Zunge ...«, aber wir bekommen das, was wir sagen wollen, nicht aus der Kehle heraus – auch wenn wir diese nicht als »zugeschnürt« erleben (das wäre nämlich die nächste Steigerungsstufe im Repertoire unseres innerlichen »Zollbeamten«, der nur durchlassen will, was uns nicht in Gefahr bringt). Der Rest des Eisbergs liegt unsichtbar unter Wasser – ist unbewusst –, macht sich aber in Träumen, Fehlleistungen (dazu zählt der »Freud'sche Versprecher« ebenso wie Verschreiben, Verlegen, ungewolltes Zerbrechen oder Beschmutzen, Vergessen etc. und auch die Verdrängung, die sich vom Vergessen dadurch unterscheidet, dass man felsenfest davon überzeugt ist, dass es das Verdrängte nie gegeben hat, während man beim Vergessen weiß oder zumindest ahnt, dass da mal was war) und Symptombildungen bemerkbar. Unbewusstes »wirkt«, aber eben unbewusst und damit unserer Kontrolle entzogen. Wird es bewusst, kann man selbst entscheiden, wie man damit umgehen will. Es gehört also Mut zur Ungemütlichkeit dazu – denn wie gesagt: der innere Zensor ist unser Freund und will uns Unangenehmes ersparen. Dazu zählt auch, sich auf den Erkundungsweg in die eigene Seelentiefe zu machen – allerdings wächst auf diesem Weg auch unser weiteres Mutpotenzial.

Wenn daher viele Menschen rätseln und zweifeln, wieso beispielsweise Mütter von Kindern, die väterlichen sexuellen Übergriffen ausgesetzt sind oder waren, nach eigenen Angaben nichts davon mitbekommen haben, kann das nicht nur Verleugnen aus Angst vor dem Aggressor darstellen, sondern auch Zeichen einer Verdrängung sein: das Erlebte oder Vermutete ist dann nicht bewusstseinsfähig und daher bereits im Augenblick der Wahrnehmung ins Unbewusste verschoben worden.

Man kann sich das so vorstellen, dass im Schock von Hochstress-Situationen der »wohlmeinende« innere Zensor die normale bewusste Wahrnehmung ausschaltet wie die Stromzufuhr für ein

Elektrogerät – wobei der Energiestrom, der dabei unterbunden wird, Kampfeswut bedeuten kann oder unerträgliche Angst. Wenn der Volksmund weiß, »Essen und Trinken halten Leib und Seel' zusammen«, dann beruft er sich darauf, dass Leib und Seele auseinanderfallen, ja stürzen können und das vor allem dann, wenn man in Situationen gerät, in denen man an Leib und Leben bedroht ist und weder kämpfen noch flüchten möglich oder sinnvoll erscheint; dann stellt man sich eben »tot« wie ein Käfer ... In der Fachsprache heißt das: man »dissoziiert« – man ist nicht mehr »bei sich«, sondern »weggetreten«. Manche Menschen haben dann Zeitlücken ohne Erinnerung, manche aber erleben sich wie von weit oben auf sich herabblickend und wiederum andere tauchen in Scheinwelten ab (und manche kommen nicht mehr zurück oder nur zeitweise).

Ich kann mich gut erinnern, dass vor vielen Jahren – vermutlich in den späten 1980er-Jahren – in der Tageszeitung *Kurier* über einen Vergewaltigungsprozess berichtet wurde, in dem der Täter wie üblich behauptete, es hätte sich um einvernehmliche sexuelle Kontakte gehandelt, während die überlebende Frau sagte, sie sei bewusstlos gewesen. Dem widersprach der Angeklagte mit der Begründung, sie habe aber doch zu ihm geredet. (Was, sagt er offenbar nicht bzw. es wurde nicht danach gefragt.) Ich habe damals einen Leserbrief geschrieben, in dem ich auf meine klinische wie auch forensische Erfahrung hinwies, dass dissoziierte Personen häufig sprächen oder »funktionierten«, aber nicht bei Bewusstsein seien – wie es ja auch von schweren Autounfällen bekannt ist, dass Schockierte aus dem Wrack steigen und ohne Bewusstseinskontrolle auf der Autobahn herumlaufen und dabei oft zu Tode kommen. Leider wurde mein Schreiben nicht veröffentlicht – es passte

Der innere Zensor ist unser Freund und will uns Unangenehmes ersparen.

offensichtlich nicht ins geistige Konzept des Redakteurs (männlich).

Auch in Hochstress-Situationen – so weit es eben geht – »kühlen Kopf« zu bewahren, kann man lernen, aber: man muss es eintrainieren wie einen Trapezakt, und auch dann ist das keine Garantie, dass man sein Können zur Anwendung bringen kann. In meiner letzten Rede als Kommunalpolitikerin am Wiener Frauenkongress 1987 habe ich deswegen gefordert, Mädchen sollten im Unterricht in Leibeserziehung – heute heißt das Schulfach abgeschwächt nur mehr »Bewegung und Sport« – in Selbstverteidigung trainiert werden; Frauen haben ja üblicherweise keine Nahkampfausbildung oder -erfahrung – warum wohl? –, außer sie haben sich jahrelang mit einer Brüderschar herumgeprügelt.

Ich beantworte die soeben von mir selbst gestellte Frage so: Mädchen und Frauen sollen sich nicht zu wehren wissen, denn dann könnten sie ja »ungemütlich« werden. Sie sollen Opfer bleiben – dann bekommen sie auch Zuwendung.

Wenn aber Frauen (Männer mitgemeint) ein anderes Verhalten aufweisen als Angst und Kontaktvermeidung gegenüber Gewalttätern, wie zum Beispiel als sogenannte Kollaborateurin im oft zitierten »Stockholm-Syndrom«, wird gerätselt, worauf dieser mangelnde Widerstand gegenüber dem Geiselnehmer, Entführer, Vergewaltiger, Folterer etc. zurückzuführen sei. Kann man das Verhalten als listige Täuschung interpretieren, wird mangelnde Gegenwehr noch hingenommen, sofern sie zur Überwindung des Übeltäters genützt hat. Aber dass jemand wie die seinerzeitigen Stockholmer Geiseln sich mit ihren Peinigern »verbünden«, findet weder Verständnis noch Akzeptanz. Wie in der Legende von Lukrezia, die sich angeblich lieber selbst erstach als sich vergewaltigen zu lassen, und

Es gilt, Engel an die Wand zu malen.

für diese Hochschätzung von »Unbefleckheit« heiliggesprochen wurde, wird bei Frauen das Erdulden wertgeschätzt – Männern hingegen wird in diesen Fällen die Männlichkeit abgesprochen.

Pseudoharmonie
Vor allem Frauen neigen dazu, »um des Friedens willen« auf Selbstbehauptung und Selbstschutz zu verzichten. Sie bleiben damit im traditionellen weiblichen Rollenbild der »im Geheimen dienenden herrschenden Frau« (© Ingeborg Weber-Kellermann), weil sie hoffen, sich damit Kritik, Bedrohungen und Gewalthandlungen zu ersparen und irgendwann für ihre Geduld belohnt zu werden. *Die Macht der Männer ist die Geduld der Frauen* lautete ein in den 1980er-Jahren vielgespielter Kurzfilm, in dem alltägliche Gewaltszenen vorgeführt wurden, die darauf hinwiesen, wie lange es dauerte, bis die misshandelten Frauen Rat und Hilfe suchten. Wenn man nun meint, das hätte sich wesentlich geändert, täuscht man sich. Ganz im Gegenteil hat sich das Spektrum der Mutlosigkeit erweitert: Einerseits nahm häusliche Gewalt – auch die gegen Männer – zu; andererseits brachte die vermehrte Immigration von Menschen aus Kulturen, in denen Frauen traditionell abgewertet werden, die angeblich dort üblichen Modelle privaten Strafhandelns wieder als Modelle in den Alltag sowohl intra- als auch interkultureller Partnerschaften, obwohl sie für überwunden geglaubt worden waren, und vor allem in die Polizei- und Gerichtsberichterstattung der Medien – auch wenn dort vielfach die Abstammung nicht mehr ausgewiesen wird, um der Legendenbildung, nur Migranten würden ihre Frauen und Kinder tyrannisieren, zu unterbinden. Aber wie ich schon in meinem Buch *Die Tao-Frau* geschrieben hatte: Wenn man den Teufel »an die Wand malt«, d. h. öffentlich macht, ist er da – deswegen gilt es, Engel an die Wand zu malen. Kein Scheinwerferlicht auf sozial unerwünschte Handlungen – stattdessen öffentliches Lob für alle, die sich in Konflikt- und Krisensituationen vorbildlich verhalten.

Wenn sich jemand inkorrekt verhält, gehören ihm oder ihr die Grenzen des Anstands gezeigt – auch wenn er oder sie einer Generation, einer Sozialschicht, einer Religion, einer Ethnie oder einer gewaltbereiten Gruppierung angehört, die Dominanzansprüche stellt oder sich auch nur mit Hinweis auf »political correctness« Kritik verbietet. Wie man das »korrekt«, d. h. ohne destruktive Aggression und Gewalt bewerkstelligt, kann man lernen (→ Selbstcoaching S. 207).

Jede Person besteht nicht allein aus ihrem Verhalten – sie ist viel mehr und sie hat viel mehr Möglichkeiten. Das gilt auch für diejenigen, die sich über ungemütliches Verhalten anderer beklagen und Pseudoharmonie einfordern. Harmonie – gutes Zusammenspiel oder Einklang – muss üblicherweise eingeübt werden. Nur wenige sind solch ein »eingespieltes Paar« wie weiland Friedrich Gulda und Joe Zawinul an zwei Klavieren – denn die meisten bevorzugen den Solo-Auftritt oder wollen überhaupt nur dirigieren.

Angst vor politischer Inkorrektheit zerstört nicht nur die eigene Mutkompetenz, sondern auch die Wahrhaftigkeit und damit ein »sanftes« Gemüt. Man macht sich zur Duckmaus. Die Realität zeigt, dass man damit aber Achtung verliert – die der anderen, aber auch die vor sich selbst. Man muss nicht wie ein Löwe brüllen oder wie ein Raubvogel zuhacken – es gibt immer mehr als nur zwei Formen von alternativem Verhalten, aber diese beiden üblichen stammen aus den unbewussten Glaubenssätzen aus Elternhaus, Kinderstube, Schule und Jugendclubs und aus Film und Fernsehen.

Nicht erst nach der Geburt, sondern bereits im Mutterleib bilden sich Erinnerungsspuren, nimmt doch das Ungeborene an allem teil, was Mutter isst, trinkt oder sonst zu sich nimmt, und natürlich auch an deren Gefühlsaufwallungen und anderen Auslösereizen für die Ausschüttungen chemischer Botenstoffe im Gehirn und den darauf folgenden Reaktionen irgendwo im Körper – und wenn es nur ein minimales Muskelzucken wäre.

Deswegen ist es oft so schwierig, die »Urszene« für scheinbar unverständliche psychische Symptome zu finden – wenn diese nämlich in der vorsprachlichen Lebenszeit wurzeln. Genau dafür eignen sich dann die Psychotherapieformen, die nicht unter den Überbegriff »Redekur« passen – die Kunsttherapien, die Körpertherapien (wozu auch die Konzentrative Bewegungstherapie zählt) und manche Formen, die stark mit darstellenden Mitteln arbeiten wie die Integrative Gestalttherapie oder das Psychodrama.

Aber malen kann man ja auch nur für sich – oder tanzen, dichten, komponieren, man muss sich nur von anerzogenen Leistungszwängen und Anspannungen frei machen.

Aufwachsen

Es steckt verborgene Weisheit, unbewusstes Planen
und auch viel Aberglauben in den scheinbar willkürlichen
Formen der Kindererziehung: Was »gut für das Kind ist«,
was mit ihm geschehen darf, hängt davon ab,
wozu es und wo es heranwachsen soll.
Erik H. Erikson

Kleine Kinder sind wagemutig und wild: Sie sind ja noch nicht gezähmt ... pardon: »erzogen«. Vom Erziehungsstil hängt es aber weitgehend ab, wie mutig oder zaghaft jemand sich späterhin den Herausforderungen des Lebens stellt – und das wiederum hat großen Einfluss auf die seelische und in der Folge körperliche Gesundheit.

Wer sich duckt und krümmt, schützt zwar für den Augenblick den verletzlichen Oberkörper, wird dies aber zur Dauerhaltung, verliert man Überblick. Für den braucht man nämlich ein weites Blickfeld und das gewinnt man durch Aufrichtung und Höhe. Wagt man diese Form von Aufrichtigkeit nicht, kann man sogar »verkrüppeln«. Davor warnen uns üblicherweise Nacken- und Rückenschmerzen.

Ein Baby hat noch weiche Knochen. Sogar das Köpfchen kann man einige Zeit lang noch zusammendrücken, weil ja die Fontanellen noch nicht verknöchert sind – das Kind könnte sonst kaum durch den Geburtskanal rutschen bzw. herausgezogen werden. Sein Hals und Rücken sind auch drei Monate lang nicht stark genug, den im Verhältnis zum Gesamtkörper übergroßen schweren Kopf eigenständig zu halten, daher muss er gehalten und gestützt werden – aber wenn das Kind liegt, dann liegt es offen da, zeigt seinen Bauch und zappelt; es bewegt sich und darf das hoffentlich auch. Es gibt nämlich Menschen, die diese Lebendigkeit nicht ertragen – ein Zeichen, dass ihnen in ihrer Kindheit Stillhalten – und meist auch Stillsein – angeschafft wurde. Später fehlt dann der Sprachmut. Darauf weisen Worte wie sprachlos, verstummt, aber auch unmündig oder mundtot hin. Mundtot ist jedoch auch eine Form von Tod.

Es ist noch nicht so lange her, dass Säuglinge »breit« gewickelt werden und nicht wie früher in ein »Steckkissen« eingeschnürt. Was solche Unterschiede im Zulassen von Beweglichkeit oder auch Reagieren auf die Nähebedürfnisse Neugeborener für das spätere Leben bewirken, hat der deutsch-amerikanische Psychoanalytiker Erik H. Erikson in seinem Buch *Kindheit und Gesellschaft* am Beispiel zweier Indianerstämme deutlich gemacht.

Sprachmut
»Die verstehen eh nicht, was man sagt!« verteidigen viele Erwachsene ihr unbedachtes Dahertreden. Wenn ihr Verhalten dann von ihren Kindern nachgespielt wird, oder Inhalte ihres Dahergeredeten in entstellter Form an unpassenden Orten neuerlich auftauchen, wundern sie sich, woher die Kleinen das haben ...

So lautete eine Frage von KindergartenpädagogInnen in der Supervision, wie sie einen unentwegt ordinär schimpfenden Vater in zivilisierter Weise auf sein Fehlverhalten hinweisen könnten, ohne gleich selbst zur Zielscheibe seiner Verbalinjurien zu werden. Immerhin wurde er nicht nur von seinen zwei Kindern, sondern auch schon von den anderen Kindern im Kindertagesheim nachgeahmt. Ich schlug damals vor, ihn zu »informieren«, dass man in Zukunft, wenn die ältere Tochter solche Worte oder Sätze gebrauche (die man gleich zitieren sollte, damit klar ist, worum es geht), diese abmahnen werde, weil sie ja lernen sollte, in Zukunft keine Nachteile wegen ordinärer Sprache zu erleiden – und dass man ihn um Mithilfe ersuche, aufzupassen, dass solche Formulierungen, egal wo, nicht verwendet würden. Und er möge auch seine Frau dahingehend informieren.

Viele Menschen wissen nicht, wie sie Grenzen setzen oder auch sich selbst abgrenzen können. Das hängt einerseits damit zusammen, dass sie über keine Vorbilder verfügen – es fehlt die praktische Anleitung in den pädagogischen Ausbildungen (und meist auch die theoretische Grundlage außer in meinem selbst geführten Unterricht in der von mir entwickelten Methode PROvokativpädagogik) –, und andererseits mit der eigenen Aggressivität: Man duldet nicht bei anderen, was einem selbst verboten wurde oder was das eigene Wertesystem verletzt. Weil man aber ahnt oder auch weiß, welche Negativfolgen mit aggressiven Grenzsetzungen verbunden sein können – von Beschwerden bei Vorgesetzten, Klagen bei Gericht bis zum Gang in die Medien –, und dass man nicht mit Verständnis und Nachsicht rechnen kann, denn dann heißt es: »Von Ihnen als Fachkraft kann man schon erwarten, dass Sie sich besser zu helfen wissen!«, stoppt man den eigenen Sprachmut statt selbst ein alternatives Modell zu kreieren, in dem auf Aggression oder Gewalt verzichtet wird.

Die französische Kinderpsychoanalytikerin Caroline Eliacheff berichtet in ihren Büchern Fälle aus ihrer Praxis, in denen erkennbar wird, wie flüchtig hingeworfene Worte bei Säuglingen Krankheiten auslösen können, wie eine gezielte Wortwahl aber auch Symptome zum Verschwinden bringen kann. Kinder verstehen vielleicht nicht die Grammatik von Sätzen – aber sie verstehen den Sinn, der mittels der Stimme und den Denkmustern der Sprechenden transportiert werden kann.

Ähnliches erklärte mir einmal ein Innsbrucker Arzt und Verhaltensforscher (der sinnigerweise wirklich Dr. Medicus heißt[5]). Er

---

5 Von dem Psychoanalytiker Karl Abraham (1877–1925) gibt es einen Artikel »Über die determinierende Kraft des Namens«, in dem er sich mit den Zusammenhängen zwischen dem Familiennamen und dem Beruf beschäftigt.

sagte, Männer reagierten oft wie Hunde – man müsse mit ihnen Klartext sprechen, sonst verlören sie sich in ihre Phantasien, und er brachte als Beispiel: Wenn man einem Hund sanft sage »Nein, mein Hundchen, das darfst du nicht!« werde dieser mit seinem Schweif wedeln und sich bestärkt fühlen. Man müsse laut und scharf sagen: »Nein!« und »Aus!« – dann erst verstehe der Hund, dass man jetzt böse sei. Wenn man bei grenzüberschreitenden Männern nicht scharf und deutlich Grenzen zöge, dächten diese nur: »Wenn eine Frau Nein sagt, meint sie Vielleicht, und wenn sie Vielleicht sagt, meint sie Ja.«

Es geht aber nicht nur um Grenzsetzungen – es geht vor allem um Grenzöffnungen: das Herz aufmachen, mitfühlen und sich betreffen lassen ... Aber dafür brauchen viele Erwachsene unerhörten Mut und eben nachträglich Vorbilder, denn viele kommen sich lächerlich vor, wenn sie sich ihren Gefühlen überlassen – eine Folge früher Verspottungserlebnisse.

Caroline Eliacheff schreibt, während seines Daseins in der Gebärmutter »höre« das Ungeborene aufgrund der Schwingungen, die die Stimme im Fruchtwasser auslöse, »durch die Haut«. Laute zählen als »Bedeutungsträger« auf dem Umweg über unsere Haut zu unseren ältesten Empfindungen. So stellt sie der positiven Erfahrung des Neugeborenen, von seiner Mutter – und dem Vater, sofern er anwesend ist – angeblickt und angesprochen zu werden, die negative gegenüber, wenn das Kind schweigend wie ein Paket behandelt wird. Solche Kinder hätten unmittelbar vor der endgültigen Trennung von seiner Mutter (durch die Durchtrennung der Nabelschnur) dringend einer Ansprache bedurft. Sie kritisiert daher auch das Schweigen von Geburtshelfern »mit ihren pseudo-mildtätigen Vorstellungen« als gewaltsam; dies merke man vor allem dort, wo es sich um »unerwünschte« Kinder handle. Gleichzeitig verweist sie auf die Möglichkeit einer Entlastung von diesem »Notstand der Worte«: Jeder Mensch, der mit dem Kind zu sprechen vermag, ist aufgerufen, diesen »Interventionsnotstand« zu begreifen und mit

Willkommensworten zu beenden. Ergänzung von mir: Dies gilt nicht nur für Kinder, sondern für alle Interventionsnotstände! Es reicht, den anderen Menschen anzusehen – wirklich anzusehen, nicht nur hinzuschauen – und die nötigen Herzensworte intensiv zu denken! Der andere spürt die Wahrhaftigkeit.

Mich hat eines von Eliacheffs Beispielen sehr beeindruckt: Sie berichtet von einem zweieinhalb Monate alten dunkelhäutigen Säugling, der zur Adoption freigegeben worden war und nach fünf Wochen plötzlich massive Ekzeme und Schuppen aufwies, auch seine Atmung hatte sich dramatisch verschlechtert. Eliacheff erfuhr, dass dem Gespräche der Krankenschwestern vorangegangen waren, die sich über das Verhalten der Mutter mokiert hatten, von der sie erwartet und gehofft hatten, dass sie die Entscheidung zur Adoptionsfreigabe widerrufen würde. Die Mutter hatte aber nur gesagt, dass sie kein weiteres Kind aufziehen könne und ihm eine bessere Zukunft wünsche. Unmittelbar nach dieser Besprechung war das Kind erkrankt. Eliacheff beginnt die Behandlung, indem sie sich dem Baby vorstellt: »Ich heiße Caroline Eliacheff, und ich bin Psychoanalytikerin. Du kommst zu mir, weil das Säuglingsheim möchte, dass wir *gemeinsam* zu verstehen versuchen, was nicht so gut geht.« Nachdem ihr von der anwesenden Betreuerin die bisherige Biografie des Kindes berichtet wurde, wendet sich Eliacheff an den Kleinen, der sie im Blick behalten hatte: »Du hast eine sehr gute Mutter, die viel Mut hat: Sie weiß, dass sie dich nicht so aufziehen kann, wie sie es gerne hätte, und sie hat deswegen eine Entscheidung getroffen, von der sie glaubt, dass sie richtig für dich ist: Sie möchte, dass du in einer anderen Familie aufwächst, die deine Adoptivfamilie sein wird. Die Leute, die sich zur Zeit um dich küm-

Es geht um Grenzöffnungen: das Herz aufmachen, mitfühlen und sich betreffen lassen.

mern, haben, *ohne es dir zu sagen, gehofft,* dass deine Mutter ihre Meinung ändern wird. Und *vielleicht haben sie dich das gleiche hoffen lassen.* Sie sind sich nun darüber klar geworden, *was für eine gute Frau deine Mutter ist*: Was sie gesagt hat, ist wahr. Sie *will zu deinem Besten*, dass du in einer anderen Familie aufwächst, die du annehmen wirst. Sie hat sich gewünscht, dass diese Familie *nicht die gleiche Hautfarbe hat wie du*, der du eine schwarze Haut hast. Es ist noch nicht klar, ob das der Fall sein wird. *Aber du musst deswegen nicht deine Haut ändern.* Du wirst immer der Sohn des Mannes und der Frau sein, die dich gezeugt und empfangen haben, deiner leiblichen Eltern, die *in dir* bleiben werden.« Eine Woche später war die Haut völlig geheilt. (Ich habe die in ihrer Wirksamkeit wesentlichen Sprachsuggestionen kursiv gesetzt. In tiefenpsychologischen Psychotherapien hängt der Erfolg stark von klug gesetzten Sprachbildern ab.) Mit einer ähnlichen »Ansprache« gelingt es Eliacheff dann auch, die Atembeschwerden des Säuglings zum Verschwinden zu bringen.

Ur-Vertrauen
Im ersten Lebensjahr wird »Urvertrauen« erworben – oder eben auch nicht. Das hat späterhin viel mit Mut – Wagemut, Freimut, Lebensmut – zu tun.

Urvertrauen nennt Erik H. Erikson ein »Gefühl des Sich-Verlassen-Dürfens« in Bezug auf die »Glaubwürdigkeit anderer wie auch die Zuverlässigkeit seiner selbst«. Bei Erwachsenen kann man gut beobachten, dass die einen frei von unbegründeten Ängsten den Herausforderungen ihres Lebens begegnen, während andere grundsätzlich skeptisch bis negaholisch[6] zögern, zweifeln oder ablehnen. Die Einordnung unter Gefühl ist deswegen zutreffend, weil der Säugling, der sein Vertrauen auf Versorgung aus der Regel-

---

6 Eigenschaftswort in Anlehnung an die Wortschöpfung im Buchtitel *Negaholiker – Der Hang zum Negativen* von Chérie Carter-Scott, vgl. mein Buch *Kaktusmenschen*.

mäßigkeit und Gleichartigkeit entwickelt, noch nicht »in Sprache« denkt, sondern – wie Sigmund Freud einmal über das wortlose Verstehen in der Psychoanalyse, das erst vom Psychotherapeuten Verbalisierung verlangt, formulierte – in Gefühlen »von Unbewusst zu Unbewusst«.

Erikson schreibt zur Erklärung der Entstehung dieses »Ur-Vertrauens«: »Um dieses Wachstum und seine Krisen als die Entwicklung einer Reihe von ›Grundhaltungen‹ darzustellen, bedienen wir uns der Umschreibung durch den Ausdruck ›ein Gefühl von‹. Das Gefühl der Gesundheit oder das Gefühl, dass einem nicht wohl ist – solche Gefühle durchdringen Oberfläche und Tiefe, Bewusstsein und Unbewusstes. Es sind Weisen bewussten *Erlebens*, die der Introspektion zugänglich sind; Weisen des *Verhaltens*, die von anderen beobachtet werden können; und unbewusste *innere Zustände*, die man durch Test und Analyse feststellen kann.« (Hervorhebungen im Original.) Erikson weiß: »Beim Erwachsenen drückt sich die Verletzung des Ur-Vertrauens in einem Ur-Misstrauen aus. Ein solcher Mensch zieht sich in einer bestimmten Weise in sich selbst zurück, wenn er mit sich selbst und anderen uneins ist. Deutlicher wird diese Verhaltensweise, wenn die Betroffenen in psychotische Zustände regredieren, etwa sich einschließen, Nahrung und Zuwendung verweigern und jede menschliche Beziehung vergessen.« Solch ein Verhalten kann man als Rückfall (»Regression«) ins Vorgeburtliche verstehen, als man geborgen in der engen Gebärmutter ohne eigenes Zutun automatisch über die Nabelschnur ernährt wurde und nicht im visuellen, sprachlichen oder berührenden Austausch stand. Wie im Mensch-ärgere-dich-nicht-Spiel befindet man sich plötzlich »wieder am Start«; jemand von dort hervorzulocken, wenn er oder sie sich »nichts mehr vom Leben erwartet«, ist schwer und braucht nicht nur bedingungslose mitfühlende Liebe, sondern auch viel Geduld und – bewusstes Vertrauen.

Der Erfahrungsschatz, über den ein Mensch in seinem fortschreitenden Leben verfügt, schlummert in seinem Gedächtnis und ist umso verfügbarer bzw. überraschend auftretend, je stärker ein Erlebnis mit heftigen Gefühlen verbunden ist.

Wie bereits erwähnt, kann man zwei Formen von Gedächtnis unterscheiden: das semantische und das episodale. Das semantische Gedächtnis basiert auf Einübung: Nach rund zwanzig Wiederholungen hat man Worte – auch fremdsprachige – wirksam eingespeichert, aber ebenso auch die Verhaltensweisen der Bezugspersonen (selbst dann, wenn die Nachahmung beispielsweise der »Erbtante« von den Eltern aus gutem Grund verboten wird). Egal ob es sich um das Erlernen einer Sportart, der Beherrschung eines Musikinstruments oder »nur« der zielgerichteten Handhabung des Essbestecks handelt – zu allem müssen Wahrnehmungs- und Handlungsnervenzellen gebildet und miteinander verschaltet werden. Erlerntes kann aber auch wieder verlernt werden, deswegen bezeichne ich Psychotherapie als Bildung neuer Neurosignaturen: Man ändert seine Wahrnehmung, seine Gefühlsbesetzungen, seine Verhaltensgewohnheiten und schließlich seinen Lebensstil – und das ist oft vielen Nahestehenden gar nicht recht.

Das episodale Gedächtnis hingegen speichert die Stress- oder Glückshormonausschüttungen bestimmter einzigartiger Erlebnisse. Ein Arzt in einer meiner Supervisionsgruppen sagte einmal: »Gott vergibt – das Bindegewebe nie!« Ein Säugling, der sich »die Seele aus dem Leib schreit« – weil er vielleicht in einem Körbchen am einen Ende des Ackers liegt, während die Eltern am anderen Ende pflügen – und nicht »beantwortet« wird, resigniert irgendwann und verstummt. Das erklärt, weshalb manche Menschen kein Wort herausbringen, wenn sie plötzlich von dem »Gefühl« – sprich: der damals eingespeicherten Reaktionsweise – überflutet werden, »Es hört mir ja ohnedies keiner zu« oder »Es versteht mich keiner!« Dann braucht es späterhin Wagemut – und Übung! –, dennoch »in Beziehung« zu bleiben, sich nicht zurückzuziehen, sondern der anderen Person zu sagen: »Ich verstehe, dass du dir jetzt nicht die Mühe machen willst, mich zu verstehen – es ist mir aber wichtig, weil du mir wichtig bist, ich werde daher später noch einmal versuchen, mich dir verständlich zu machen.«

Deswegen braucht es auch Wagemut – den »Mut der Verzweiflung« – sich in Psychotherapie zu begeben, wenn man die Folgen einer Traumatisierung überwinden will: Man muss sich ja neuerlich der »Ur-Szene« – der traumatisierenden Situation – aussetzen. Erinnern – wiederholen – durcharbeiten. So lautet die Kurzfassung der Freud'schen Methode, und viele meinen dann, das damalige Erleben zu erzählen und den »Besserwisser« hinter – oder vor – der Couch kommentieren zu lassen, wäre ausreichend. Das ist eine Fehlinterpretation. Erinnern und wiederholen bedeutet, die Ur-Szene noch einmal genau so zu durchleiden wie damals – als Kind, als Opfer, als Beschuldigte/r, als Angeklagte/r, als Bloßgestellte/r – und dann mit dem Wissen und Können des Erwachsenen – und mit mitfühlender Unterstützung der therapeutischen Fachkraft – als das zu erkennen, was es war, und sich von all dem zu reinigen, was Alltagsbewertungen und Täterverteidigung behaupten, was aber »in Wahrheit« nicht zutrifft (→ Selbstcoaching S. 207).

Wagemut

Das Geheimnis einer »therapeutischen[7] Beziehung« – die auch auf der Parkbank mit einer wildfremden Person entstehen kann – besteht darin, dass man sich »beantwortet« und verstanden fühlt. Sich selbst verstanden – »erkannt« im biblischen Sinn – zu fühlen, setzt die Energie frei, die man für den nächsten Wachstumsschritt benötigt. Vorher ist diese Energie zumeist in Selbstverteidigung und Selbstschutz gebunden.

Diese Sehnsucht, beantwortet zu werden, wurzelt im Bedürfnis des Säuglings nach dem sogenannten »Glanz im Auge der Mutter« – dem Zeichen ihrer Fürsorge und Liebe. Ich kann mich noch gut

---

7   Im Altgriechischen heißt *therapeuein* dienen, freundlich behandeln, hochachten, gut sorgen, pflegen, heilen, aber auch sorgfältig ausbilden.

erinnern, wie verzückt ich jeweils vor den Gitterbettchen meiner schlafenden Baby-Söhne gestanden bin und mich an ihrem Da-sein erfreut habe, und auch heute noch habe ich die Bilder der Menschen, die ich liebe, in Sichtweite meiner Schreibtische und hole mir aus ihrem Anblick die Liebeskraft, die ich benötige, um in den Zustand der Begeisterung zu geraten, den ich brauche, um inspiriert und kreativ zu sein.

Bekommt man in dieser frühesten Lebenszeit »ausreichend« Liebe, wagt man später mehr, weil man ein Gespür dafür erworben hat, was und wie viel man braucht und was zu viel ist. Man hat Fürsorge erfahren – »erlernt« – und kann sie auch für sich selbst anwenden. Vernachlässigte Kinder kennen und wissen das oft nicht und suchen an ungeeigneten Orten, bei unpassenden Menschen oder auch Substanzen (Alkohol mitgemeint) nach der Entspannung der Sicherheit – oder sie ziehen sich mutlos und verängstigt zurück.

Das wird oft noch durch eine furchtsame Haltung der Mütter oder Großmütter – selten von Vätern – verstärkt. Um das Kind vor Schaden zu bewahren, wird gewarnt, gedroht, verboten. Ich nenne dies, wie bereits erwähnt, das »Dornröschen-Syndrom«: Wie der besorgte König im Märchen befiehlt, alle Spindeln zu vernichten, damit sich seine Tochter nicht, wie im Fluch angekündigt, daran stechen und in hundertjährigen Schlaf verfallen kann, wird Kindern Wissen und damit Kompetenz vorenthalten – etwa wie sie sich gegen Gewalt schützen bzw. Hilfe organisieren könnten. Man behütet sein Kind nicht durch Isolation oder Wegsperren, sondern durch sinnvolles Gefahrentraining – so wie man eine Bergtour plant, indem man sich auf mögliche Gefährdungen vorbereitet.

Manche Eltern – hier vor allem Väter – meinen ihre Kinder durch Härtetraining zu Wagemut anleiten zu sollen. Immer wieder kann man in der Tagesberichterstattung von oft tödlichen Bergunfällen als Folge bergsteige-gieriger Väter lesen, die ihre viel zu jungen Söhne – von Töchtern habe ich nie gelesen – gegen den Protest der

Mütter auf ihre Touren mitnahmen; ich kenne viele solcher Fälle aus meiner Beratungspraxis. Ich denke da beispielsweise an einen »späten« Vater, der seine wesentlich jüngere Gattin als Angsthäsin verspottete, weil sie dagegen war, dass er mit dem fünfjährigen (!) Sohn Tagesausflüge per Fahrrad von Wien zu seinen Eltern im Burgenland unternehmen wollte (und dies auch bewerkstelligte und den Buben dabei fast dem Erschöpfungstod aussetzte).

Es gibt aber leider immer noch auch Lehrkräfte, die SchülerInnen demütigen, wenn sie vor bestimmten »Leibesübungen« oder ähnlichen »Aufgaben« scheuen. Hier fällt mir eine Schülerin mit einer Fischallergie ein, die von der Lehrkraft im Kochunterricht einer Hauswirtschaftsschule gezwungen wurde, trotz Information und Widerstand den im Unterricht zubereiteten Fisch zu essen. Ähnliche schwarzpädagogische Gewalttaten erfahre ich regelmäßig in der Supervision von VorschulpädagogInnen: Dort sind es die Hilfskräfte, die ohne pädagogische Ausbildung von den Bürgermeistern der jeweiligen Orte in diese »Jobs« vermittelt wurden, weil sie wähnten, dass »eine Frau« quasi aufgrund ihres Chromosomensatzes »das ohnedies alles kann«.

Überhaupt wird auch heute – im Zeitalter von Kühlschränken und Tiefkühltruhen – noch immer Zwang zum Aufessen ausgeübt, und das trotz der zunehmenden Nahrungsmittelunverträglichkeiten. Wie soll ein Kind wagemutig werden, wenn es seinem eigenen Widerstandsgefühl nicht trauen darf?

Seit Neuestem wird »Resilienz« – fast schon ein Modewort – gefordert und in PädagogInnenkreisen zum Thema gemacht: »Wie können wir Kinder resilient machen?« Ganz einfach: Indem man ihnen ihre angeborene Resilienz – ihre Widerstands- und Wiederaufstehenskraft – nicht aberzieht!

Kinder, die sich von Geburt an wertgeschätzt und ausreichend beschützt (nicht überbehütet) fühlen konnten, beweisen späterhin Optimismus und Mut auch in schwierigsten Situationen, einfach aufgrund des eingespeicherten Selbstvertrauens. Sie kommen gar nicht auf die Idee, dass es Menschen gibt, denen es Lust bereitet, andere zu schädigen oder ihnen wehzutun. Um von dieser Eigentümlichkeit zu erfahren, reicht Aufmerksamkeit auf die Inhalte einer »unbereinigten« Märchen- und Sagen- bzw. später Hochliteratur – man muss sie nur entschlüsseln. Märchen und Sagen sind ja nichts anderes als Psychologielehrbücher aus der Zeit, als die meisten Menschen weder lesen noch schreiben konnten und daher all diese Inhalte memorieren mussten – so wie die Waldmenschen in Ray Bradburys *Fahrenheit 451*.

Ein Motiv, das in vielen Märchen auftaucht, ist »das unschuldige Kind«: Um zu dem von Monstern bewachten Schatz zu gelangen, wird es benötigt, um die Horrorallee zum Zielpunkt zu durchwandern. Weil es unschuldig ist – nämlich noch keine Resonanz zum Bösen besitzt –, hat es auch keine Angst. Es weiß nicht, dass Monster gefährlich sein können ... denn wie Hundebesitzer wissen: Ein Tropfen Angstschweiß ausgedünstet – und schon hat der Hund sein »Spiel« (»Er will ja nur spielen«) gewonnen!

So erinnere ich mich an eine Supervisionsstunde, in der eine meiner Studentinnen aus ihrem Praktikum berichtete: In einer Sozialberatungsstelle tauchte ein Mann auf, der ihr dadurch auffiel, dass er andauernd mit einem Messer seine Fingernägel zu reinigen versuchte. Als er sie verließ, kam gerade die Kollegin zur Tür herein, die sie im Beratungsdienst ablösen sollte; erstaunt fragte sie meine Studentin, was denn der »Killer-Seppl« (Name geändert) gewollt hätte, und berichtete dann von seinen zahllosen Gefängnisaufenthalten, unter anderem wegen Totschlags. Als dieser Klient die Woche darauf wieder zu meiner Studentin kam, waren seine ersten Worte, als er ihr ins Gesicht blickte: »Aha – jetzt wissen 'S, wer ich bin!« Er hatte aus ihrem Gesichtsausdruck erkannt, dass sie »ihre Unschuld verloren« hatte.

Für mich zählt es auch zum Wagemut, sich jemandem ohne Vorurteile zu nähern bzw. die eigenen Vorurteile bei sich wahrzunehmen und auf sie zu verzichten. Deswegen mag ich es auch nicht, wenn KlientInnen mir im Erstgespräch sofort ihre bisherigen »Diagnosen« aufdrängen. So kam beispielsweise einmal eine Frau und verkündete fast stolz: »Ich habe eine schizo-affektive Psychose!« Aus diesen Worten entnehme ich nur, dass sie sich nicht immer im gleichen bzw. den Tatsachen entsprechenden ausgeglichenen Gemütszustand befindet, sondern mitunter unrealistisch heftigen Phantasien unterworfen ist und wohl auch danach handelt. Was konkret ihr »Leiden« ist, weiß ich da noch lange nicht – das muss ich erst achtsam erfragen. Die langjährige Leiterin des Instituts für Tiefenpsychologie und Psychotherapie der Meduni Wien, die Psychiaterin und Psychoanalytikerin Dr. Marianne Springer-Kremser, sagte einmal – mutig! – in einem Vortrag im Parlament, Diagnosen dienten eigentlich lediglich der schnellen Verständigung in der Fachärzteschaft, welche Medikationen als angemessen eingesetzt werden könnten. In meiner zusätzlichen Ausbildung als personzentrierte Gesprächspsychotherapeutin bin ich immer wieder darauf hingewiesen worden, dass Diagnosen die Hilfesuchenden nur auf einen – mehr oder weniger lang dauernden – Augenblickszustand »fixieren«, daher der Veränderung nicht dienlich sind. Deswegen will ich mir auch meine eigenen Urteile bilden und zwar aufgrund des Verhaltens im Hier und Jetzt und mir gegenüber; ich mag andere Menschen nicht auf irgendein Verhalten in der Vergangenheit hin »festlegen«. Mich interessieren vielmehr die Umweltbedingungen, unter denen jemand mit sich, mit anderen Menschen oder mit dem Gesetz in Konflikt gekommen ist.

Konflikt definiere ich dabei sehr weit. Immer wieder werden wir in der Medienberichterstattung damit konfrontiert, dass jemand ein Baby zu Tode geschüttelt oder spielende Kinder angeschossen

Es zählt zum Wagemut, sich jemandem ohne Vorurteile zu nähern.

hat. Üblicherweise bemühen sich dann jene, die diese Informationen empfangen haben, sich sogleich vom Täter (bitte geschlechtsneutral zu verstehen) zu distanzieren und sein Verhalten zu verdammen. Psychoanalytisch gedeutet weist das darauf hin, dass man dem möglichen Gleichhandeln zu nahe gekommen ist – oder befürchtet, dass einem so etwas unterstellt werden könnte. Immerhin kennen fast alle Menschen die »guten Ratschläge« (Schläge!), sich »mit Gewalt« gegen diejenigen durchzusetzen, die einfach nur stören.

Mutlosigkeit
Sehr viele Menschen besitzen keine anderen Verhaltensmodelle als die der Gewalt oder des Wegschauens und Sich-tot-Stellens. Diese werden ja auch reichlich in den Medien vorgeführt und »bereichern« so das geistige Repertoire an Anleitungen zur Überlegenheit. Überlegen sein wollen bedeutet aber nicht, überlegt zu handeln.

So geraten Menschen in eine Situation, für die sie in sich kein friedfertigendes »Rezept« vorfinden, daher greifen sie auf die archaischen Reaktionsmuster zurück: Kämpfen, Flüchten, Totstellen. Kindesmisshandlungen zählen zur ersten Gruppe ebenso wie Gewalt in der Familie oder Schlägereien auf der Straße oder wo auch immer. Es sind Signale der Mutlosigkeit – nämlich des fehlendes Mutes, sich selbst infrage zu stellen: Was spielt sich eigentlich im Augenblick in meinem Inneren ab? Fühle ich mich kompetent oder fühle ich mich hilflos? Und wenn ja – wo bekomme ich Hilfe?

Eine alte Forderung von mir besteht darin, schon dem Säuglingswäschepaket eine DVD beizulegen, auf der Tipps zur die Gesundheit schonenden Bewältigung von Stress-Situationen nicht nur doziert, sondern auch vorgespielt werden.

Lärm beispielsweise bedeutet Stress: Unser Gehör ist ja darauf ausgerichtet, äußere Gefahren frühzeitig zu orten – denken wir nur an die Szenen in Wildwestfilmen, in denen die Eingeborenen das

Ohr auf den Boden drücken, um aus den Erschütterungen durch das Pferdegetrappel ihrer Feinde deren Entfernung abzuschätzen. Wird dieses Lauschen durch andere Geräusche behindert, wird meist ohne viel nachzudenken versucht, diese Störung auszuschalten. Dann schreit man den Störenfried an oder versucht ihn oder sie zu überschreien. Wir kennen das von Talkshows, wenn diese zum Catch-as-catch-can ausufern. Aber auch wenn man angesprochen wird, während man an laufendem Wasser tätig ist oder wenn einen jemand über ein anderes Zimmer hinweg anredet, werden fast alle Menschen aggressiv; sie bringen das aber eher selten mit der eigenen Hilflosigkeit im Nicht-Hören in Verbindung, sondern attackieren die Person, die es »wagt«, einen in diesen Unzulänglichkeitszustand zu versetzen.

Auch schrille Dauertöne nerven. Babygeschrei etwa. Dabei hat diese Tonhöhe genau den Sinn, Beachtung und Hilfe herbeizuführen – mehr Möglichkeiten, auf die eigene Hilfsbedürftigkeit aufmerksam zu machen, hat ein Säugling oder Kleinstkind ja nicht. Leider sind viele der möglichen Bezugspersonen aber so ausgebrannt und erschöpft und daher selbst hilfsbedürftig, dass sie nicht in der Lage sind, ein Kind so zu beantworten und zu versorgen, wie es not-wendig wäre. Und vielfach sind sie selbst so sprachlos wie ein Kleinstkind, dass sie ihre eigene Bedürftigkeit gar nicht äußern können – und auch nicht gelernt haben, diese wahr und ernst zu nehmen. Sie haben dann nicht den Mut, sich zu zeigen, wie sie sind – und wenn das ein Kind tut, werden sie wütend, weil sie nicht ertragen, dass jemand anderer wagt, was sie selbst als vermeintliche Schwäche bewerten, und glauben, dies verstecken zu müssen. Das alles hat mit den frühesten Lebenserfahrungen zu tun.

Erik H. Erikson schreibt über die Position der Mütter und deren Bereitschaft, ihr Kind anzunehmen und zu »nähren« (nämlich nicht nur materiell, sondern auch emotional und geistig). Diese hänge von mehreren »Errungenschaften« ab: von ihrer eigenen Entwicklung als Frau wie von ihrer unbewussten Einstellung zum

Kind, vom Verlauf von Schwangerschaft und Geburt, von der Einstellung ihrer Umwelt (Ärzteschaft mitgemeint) zum Stillen und auch von den Reaktionen des Kindes (die, ergänze ich, oft ganz andere Ursachen haben können als das mütterliche Handeln). Das alles gilt aber nicht nur für die leibliche Mutter, sondern für alle Menschen, die mit Kindern – oder Lebewesen überhaupt – zu tun haben.

Wie also vor erzieherischem Fehlverhalten warnen ohne Abwehr gegen unerwünschte Schulmeisterei hervorzurufen?

Zuerst einmal braucht es den Mut, den Ist-Zustand kritisch zu betrachten anstatt ihn – und damit sich selbst – zu verteidigen. Dazu gehört auch die Erkenntnis, dass man sich vielleicht in einem unbewussten Konkurrenzverhältnis zum Kind befindet. Vielen Frauen fällt so etwas bei ihrem Partner auf – aber bei sich selbst merken sie es nicht. Mein Vater – Direktor eines altsprachlichen Gymnasiums – amüsierte sich köstlich über einen seiner Kollegen, der sich im Konferenzzimmer lautstark darüber empört hatte, dass ihm seine Frau und seine kleinen Kinder keine Weihnachtskekse übergelassen hätten, während er auf Schikurs weilte; dass mein Vater selbst wütend wurde, wenn jemand die täglich zugestellte Zeitung vor ihm las, brachte er mit solchen Fürstenallüren allerdings nicht in Zusammenhang ...

Es liegt oft an den Dominanzbedürfnissen der Erwachsenen, dass Kindern die angeborene Wehrhaftigkeit aberzogen wird. »Solange du deine Füße unter meinem Tisch hast, hast du zu tun, was ich will!« lautet eine der gängigen Parolen, mit denen Duckmäuser herangezüchtet werden.

Kleinmut
Blickt man zurück in die Geschichte, dann wird klar, dass kaum einer der wenigen wagemutigen Menschen Widerspruch oder Widerstand gegen die »Oberen« überlebte. Im Gedenkjahr 2017 wird an 500 Jahre Reformation erinnert werden; dabei sollte auch wieder

ins Bewusstsein gerufen werden, dass Martin Luther die Reichsacht, durch die er für vogelfrei erklärt worden war, nur überleben konnte, weil sein großmütiger Landes- und Schutzherr Friedrich der Weise ihn heimlich auf die Wartburg verbringen ließ, wo Luther dann, als bärtiger Junker Jörg getarnt, das Neue Testament ins Deutsche übersetzte. Viel mehr noch als Luthers Helfer riskierten Menschen in der Zeit des Nationalsozialismus ihr Leben, wenn sie Verfolgte versteckten – in ihren kleinen Wohnungen, nicht auf befestigten Burgen, und ohne das schützende Prestige hoher Abkunft und Funktion. All diese Helfer standen nicht allein: Sie wussten sich in einer Gemeinschaft Gleichgesinnter, die sie in ihrem Denken und Handeln bestätigten.

Kinder haben diesen Rückhalt nicht, besonders in den heutigen Kleinfamilien, deren Verwandtschaft meist weit weg wohnt und daher nicht gegensteuern kann, wenn Kinder klein oder zu Nichts gemacht werden. Meist gäbe es sehr wohl oppositionelle Verwandte – Großelternteile oder Personen mit Außenseiterstatus als Quasifamilienangehörige –, an denen Kinder erkennen können, dass es noch andere Sichtweisen gibt als die ihrer »Erziehungsberechtigten«.

Als ich noch in der von mir 1989 mitbegründeten Ersten Wiener Sexualberatungsstelle tätig war, wurde ich auf dem Weg dorthin Zeugin, wie ein Mann – vermutlich der Vater – ein schätzungsweise dreijähriges Mädchen zwingen wollte, ins Rinnsal zu urinieren. Das Kind weinte und wehrte sich. Da sich auf der anderen Straßenseite ein Gasthaus befand, sprach ich den Mann an und machte mich erbötig, mit dem Mädchen die Damentoilette aufzusuchen. »Mischen Sie sich nicht ein!«, brüllte mich der Mann daraufhin an. »Ich mach das so, wie ich will!« Das kleine Kind sah mich mit erwartungsvoll großen Augen sehr ernst an. Ich atmete meine Erregung in den Boden hinab und sagte ruhig: »Ich respektiere, dass Sie nicht wollen, dass ich meine Hilfe anbiete. Aber ich möchte betonen, dass ich Ihr Verhalten nicht richtig finde. Man sollte nie auf der Straße urinieren, wenn es sich vermeiden lässt!« Mir war wichtig, dass das Mädchen erfuhr, dass es Menschen gab, die so dachten, wie es selbst.

Das Mindeste, was man tun kann, wenn man keine Möglichkeit für veränderndes Handeln sieht, ist in korrekter Weise zu protestieren bzw. seinen Standpunkt zu behaupten. Der Begriff Standpunkt beinhaltet die Kraft zum Widerstehen und Standhaftigkeit. Wenn kleine Kinder nicht weitergehen wollen und sich auf den Boden werfen, sich gleichsam in der Erde festkrallen wollen, üben sie Widerstand. Die wenigsten Eltern reagieren dann mit Gelassenheit und ruhigen Erklärungen, weshalb das Weitergehen wichtig wäre – welche Vorteile und Nachteile sich ergäben –, sondern drohen, schimpfen oder lassen das Kind allein zurück (zumindest einige Zeit oder einige Meter). Sie ahnen nicht, welche traumatische Wirkung solch ein Strafverhalten nach sich ziehen kann.

Sie erkennen aber auch selten, dass sie selbst in einer Gefahrensituation stehen, ein Mikrotrauma zu erleben. (Es gibt ja nicht nur die großen Traumata, wo Leib und Leben gefährdet sind, sondern eben auch die kleinen, die die Selbstsicherheit und Selbstachtung zu beeinträchtigen drohen. Und: viele solcher Mikrotraumen können sich zu einer ernsten Gesundheitsschädigung auswachsen.) Viele Eltern kennen solche mikrotraumatischen Situationen, in denen sich eine fremde Zuschauerschaft im destruktiven Befehlston – »Jetzt tuschen Sie dem Bankert endlich eine (Ohrfeige)!« – einmischt, wenn ein Kind sich nicht »pflegeleicht« benimmt. Einmischung ist aber nicht unbedingt Zivilcourage oder gar Krisenintervention – sie ist oft nur besserwisserische Wichtigtuerei.

Bei Erwachsenen, die sich »verhaltensauffällig« erweisen, trauen sich wenige, ähnliche Kommentare von sich zu geben. Sie wären auch nicht hilfreich. (Alternative Techniken → Selbstcoaching S. 207.) Ich war einmal recht erfolgreich, als ich auf der Straße einem Paar begegnete, bei dem der Mann die Frau grob am Arm packte und wild auf sie einschimpfte. Ich war schon einige Schritte weit hinter ihnen, als ich mich entschloss umzudrehen, das Paar einzuholen und meine Hilfe anzubieten: »Sie haben einen Konflikt? Kann ich Ihnen bei der Problemlösung behilflich sein?« Sofort ließ der Mann die Frau los, sah mich verwirrt an und bremste sich ein: »Nein, nein – nicht nötig – ich hab' mich nur aufgeregt ...« Ich mache das manchmal, aber nur, wenn ich genug Zeit habe, mich auf ein Gespräch einzulassen – und erlebe dann, dass es Menschen gibt, die für so einen »Break« (wie beim Boxen) dankbar sind – und andere, die ungehemmt ihre Gewalt ausüben wollen und dann auch gleich gegen mich.

Verhaltensauffälligkeiten sind Abbilder selbst erlittener Ruhestörungen – denn jeder Mensch sucht Seelenfrieden und eigenständige Lebensgestaltung.

Kinder wollen neugierig sein dürfen, die Welt erkunden, Fertigkeiten einüben (beispielsweise im Spiel) und dazu brauchen sie Ermutigung, manchmal Anleitung, manchmal Verbesserungsvorschläge (und damit andere Botschaften als Kritik, Schimpf und die Beschämung des »Lass das! Das kannst du nicht!«). Werden sie kritisiert, werden sie kleinmütig (oder hinterlistig) und trauen sich späterhin nicht mehr so viel Offenheit zu, wie sie es eigentlich aufgrund ihrer Begabungen tun könnten.

Ein Großteil der Menschen, die sich in Psychotherapie begeben, leidet an den psychischen Folgen des Unverständnisses, der Fühllosigkeit und Ablehnung zumindest eines Elternteils und sucht die Ursachen als vermutete eigene Schuld bei sich selbst. Ich werde oft gefragt: »Warum tut er/sie das?« und antworte dann meist »Weil er/sie das so will!« Es gibt vielfach keine logischen Begründungen, sondern nur Generationenfolgen von Imitationsverhalten, das

Jeder Mensch sucht Seelenfrieden und eigenständige Lebensgestaltung.

irgendwann einmal Sinn gehabt hatte – wie die Geschichte zeigt: In absoluten Alleinherrschaften, Militärdiktaturen, fundamentalistischen Sekten und Terrorregimes ist Kleinmut oft lebensrettend. Leider sind auch manche Familien oder Institutionen »geschlossene Systeme«, in die man zwar hinein, aber kaum wieder herauskommt, und wo es keine öffentliche Kontrolle gibt.

»Kindern muss man Grenzen setzen!« wird in solchen Zusammenhängen oft als Begründung zitiert, und »Ich lass mich doch nicht von einem Kind tyrannisieren!« Tyrannei ist der Gegenpol zur Feigheit; zwischen diesen beiden Extremen liegt eine große Bandbreite unterschiedlichster Abstufungen von aggressivem bis resignativem Verhalten, die vielfach weder erkannt noch in Taten umgesetzt werden.

Mutwillen

Tyrannen (und Terroristen) neigen zu »mutwilligen« Terroraktionen, um ihre Untergebenen in Angst und Schrecken zu halten. Als Methode dazu wird dieser Mutwillen den Gegnern zugeschrieben – selten als unbewusste »Projektion«, meist strategisch geplant, um die folgenden Bestrafungen begründen zu können. Bekannt ist die Rechtfertigung von Hitlers Einmarsch in Polen: Diese hätten begonnen und jetzt würde eben »zurückgeschossen«.

Oft beginnen solche unwahren Schuldzuschreibungen bereits damit, dass kleinen Kindern gezielte Absichten unterstellt werden, etwa, dass sie ihre Eltern ärgern wollten. Das können sie aber gar nicht – einerseits, weil man niemanden gegen dessen Willen in Ärger versetzen kann, andererseits, weil sie noch gar nicht wissen – d. h. keine entsprechenden Neurosignaturen entwickelt haben –, wie man es anstellt, wenn man jemanden ärgern will. Dazu braucht man nämlich nicht nur einen Durchführungsplan, sondern auch Mentalstärke: Man muss sich selbst gleichsam zur Waffe machen und Erwartungen und damit auch Werte anderer verletzen.

Seit den 1970er-Jahren gilt, zumindest nach dem Willen des »Gesetzgebers«, Partnerschaft, Mitbestimmung und Teilhabe als Leitwert in der westlichen Welt. Vorher »herrschte« die hierarchische Ordnung der Stärkeren, Reicheren, Wissenderen und damit Mächtigeren – und viele wollen diese »Ordnung« heute noch durchsetzen; manche verkaufen das sogar unter dem Schlagwort »Ordnungen der Liebe«, wie der ehemalige römisch-katholische Priester Bert Hellinger. Dabei heißt es im Galaterbrief des Paulus: »Es gibt nicht mehr Juden und Griechen, nicht Sklaven und Freie, nicht Mann und Frau; denn ihr alle seid ‚einer' in Christus Jesus.« (Gal 3,28) – was so zu verstehen ist, dass Menschen unabhängig von ihrer Unterschiedlichkeit von Gott gleichwertig gedacht sind.

Partnerschaft erfordert gegenseitigen Respekt. Dies bedeutet jedoch nicht, dass man nicht Unmut erleben und auch äußern darf. Es kommt auf den Tonfall und die ihn bestimmenden Gedanken an, ob jemand sich weiterhin vertrauensvoll und »auf gleicher Augenhöhe« mitzuteilen wagen wird.

»Oderint, dum metuant« – »Mögen sie mich hassen, wenn sie mich nur fürchten« – laut seinem Biografen Sueton das Motto des altrömischen Soldatenkaisers Caligula (12–41 n. Chr.), ein Zitat aus einem Theaterstück des Dichters Lucius Accius (170–86 v. Chr.), das sich auch bei Cicero (106–43 v. Chr.) findet –, war früher ein gängiges Drohwort von Lehrern, die dem militärischen Drill huldigten.

Der Volksmund weiß, »Wer einen Hund prügeln will, findet einen Stecken« – und ebenso finden sich immer »aus dem Zusammenhang gerissene« – denn das ist ja ihr Wesen! – Zitate zur Untermauerung der persönlichen Interpretationen grausamer Erziehungsstile. Erziehung findet aber nicht nur in Kinder- und Schulstuben statt (und wieso sich das auch in Pornoangeboten widerspiegelt, soll im → Selbstcoaching-Kapitel erläutert werden).

Ein drastisches Beispiel bietet Niccolo Machiavellis Büchlein *Der Fürst*: Von vielen Lesern als Anleitung zum Siegen und Herrschen verstanden, kann diese Sammlung von einerseits historisierenden Berichten über verschiedene »Herrschaften«, andererseits taktischen Überlegungen, aber auch als listig in unterwürfige Empfehlungsform maskierte paradoxe Enttarnung zweifelhafter Machtstrategien gelesen werden. So findet sich bei Machiavelli gleich die Antwort auf die »Streitfrage: ist es besser geliebt als gefürchtet zu werden oder umgekehrt? Die Antwort lautet, dass man sowohl das eine als das andere sein sollte. Da es aber schwer ist, beides zu vereinigen, ist es viel sicherer, gefürchtet als geliebt zu sein, wenn man schon auf eines von beiden verzichten muss. Denn von den Menschen kann man im Allgemeinen sagen, dass sie undankbar, wankelmütig, verlogen, heuchlerisch, ängstlich und raffgierig sind. Solange du ihnen Vorteile verschaffst, sind sie dir ergeben und bieten dir Blut, Habe, Leben und Söhne an, aber nur (…), wenn die Not ferne ist. Rückt sie aber näher, so empören sie sich.«

In der Kindheit stellt sich die Frage der »Empörung« meist noch nicht, die dann in der Adoleszenz dominiert, nämlich, ob man um der gewohnten oder ersehnten Liebe der »alten« oder »neuen« Bezugspersonen den Unmut der jeweils gegenteiligen in Kauf nehmen will, mitsamt möglicherweise zu erwartender Repressalien wie Entzug von Begünstigungen, Kommunikationsverweigerung oder gar Ausschluss aus der sozialen Gemeinschaft.

Sich anders zu verhalten, als es erwartet wird – und dazu zählt: redlich, gerecht, gesetzeskonform, schonungsvoll, achtsam etc. –, und damit dem anderen Kontrolle unmöglich zu machen, ist eine Machtstrategie: Dadurch sollen andere verwirrt und handlungsunfähig gemacht werden. Mutwillen bedeutet daher beim Erwachsenen – und auch beim Halbwüchsigen – den Willen zum Mut, die sozial vereinbarten Grenzen zu überschreiten. Beim Kind heißt es das nicht – es muss ja erst lernen, was »Grenze« bedeutet und

**Mutwillen bedeutet den Willen zum Mut,
die sozial vereinbarten Grenzen zu überschreiten.**

wofür sie gut ist – denn bei allem, was wir tun, verfolgen wir ein Benefit für uns selbst, sonst täten wir es nicht. Ein kleines Kind »lernt«, indem es das Benefit der Zuwendung, der Anerkennung und der energetischen Nährung gewinnt (wie wir alle auch).

Im ersten sogenannten »Trotzalter« – richtiger hieße es wohl »Selbstbehauptungsalter« – ist das Kleinkind nicht nur muskulär erstarkt genug, »willentlich« zu handeln (greifen, festhalten, loslassen), sondern auch, seinen eigenen Willen, sein kleines unvollständiges »Ich«, zu spüren. Erik H. Erikson schreibt dazu: »Während das menschliche Kind in seiner beispiellos langen Abhängigkeit zunächst bestätigt wird, muss es rasch und mit aller Kraft lernen ›auf seinen eigenen (zwei!) Beinen‹ zu stehen und sich in seiner aufrechten Haltung eine Standfestigkeit anzueignen, die neue Perspektiven mit einer Vielzahl wichtiger Bedeutungen herstellt, denn aus dem *homo ludens* [Mensch, der spielt im Sinn von erprobten, Anm. RAP] wird auch der *homo erectus* [Mensch, der sich aufgerichtet hat, Anm. RAP].«

Erikson betont, dass erst die aufrechte Haltung vors Angesicht bringt, »was vor uns liegt« und wie ein Licht leiten kann, während das, was hinter einem liegt, also unsichtbar ist, einen leicht zu Fall bringen kann. Er erklärt daher: »Deshalb hat das Schamgefühl seine Wurzeln nicht nur in dem Bewusstsein, sich bei aufrechter Haltung vorn eine Blöße zu geben, sondern auch darin, ein ›hinten‹ zu haben – vor allem einen ›Hintern‹.« Diejenigen, die hinter einem sind, können den Rücken stärken – oder einem in den Rücken fallen. Mut zu haben bedeutet daher auch, trotz möglicher Gefahren aus dem Hinten und ohne Rückenstärker wohlüberlegt das zu tun, was man für richtig hält, weil man sich andernfalls den »Hinterhältigen« unterwerfen würde.

Ermutigung

In diesem Alter der ersten Selbstbehauptungsversuche »spürt« das noch nicht sprachmächtige Kind auch die gegnerischen Energien – den Ärger der Bezugspersonen (und jede Person, die sich einem zuwendet, wird in diesem Augenblick zur Bezugsperson) oder deren Anerkennung, Stolz, Liebe. Das erklärt auch, weswegen kleine Kinder oft scheinbar »ohne Grund« losweinen: Sie haben Ungeduld, Kümmernis oder Überforderung bei anderen auf dieser »basalen« Ebene wahrgenommen und reagieren, indem sie sich mittels Tränen von ihrer unbewussten Reaktion »reinigen«. (Mittels Tränen werden Stresshormonausschüttungen aus dem Organismus »ausgeschwemmt«; es »löst« sich also irgendetwas. Daher sollte man Tränen zulassen und nicht verbieten oder verspotten – sie sind ein Gesundheitsfaktor.) Was Kinder dann bräuchten, wären, im Sinne von Caroline Eliacheff, beruhigende minimale Erklärungen dessen, was gerade vor sich geht: Das Kind erlebt dann durch diese Zuwendung gleichsam einen Schutzfilter gegenüber dem, was es zuvor erlebt hat, und kann durch diese neue Distanz wieder zur Ruhe kommen.

Leider wird Kindern – aber auch Erwachsenen – immer wieder ihre Wahrnehmung ausgeredet: »Nein, das ist nicht so, wie du glaubst« statt zur Wahrnehmung zu ermutigen, etwa mit Worten wie »Du hast das – was auch immer, Ärger, Trauer, Ratlosigkeit etc. – ganz richtig gespürt, aber ich möchte nicht darüber reden (möchte das allein in Ordnung bringen etc.)«. Auch kleinste Kinder bekommen dadurch Fürsorge mit und werden in ihrem – hoffentlich noch nicht zerstörten – Urvertrauen gestützt statt verunsichert. Man muss sich nur darauf einstellen, dass die Kinder diese Formulierung übernehmen ...

Urvertrauen zu fördern, bedeutet nicht, Kinder in Watte zu packen. Es bedeutet nur, sich selbst zu kontrollieren, dass man Kin-

Jeder Mensch sollte ermutigt werden, seiner eigenen Wahrnehmung, Intuition und seinem ethischen Urteil zu trauen.

der nicht bedroht oder in anderer Weise ängstigt, sondern möglichst fair – das heißt ohne zu manipulieren – die Welt erklärt; dabei ist es durchaus richtig, die eigene Position gegenüber anderen Sichtweisen zu verdeutlichen. Wenn das Kind ins Fragealter gekommen ist, wird es ohnedies nachforschen – wie wir alle hoffentlich auch! Und es wird intuitiv die Fragen stellen, die ihm ermöglichen, die jeweilige Situation zu verstehen.

Jeder Mensch sollte ermutigt werden, seiner eigenen Wahrnehmung, Intuition und seinem ethischen Urteil zu trauen. Deswegen ist es wichtig, Kinder auch nach deren Bewertungen zu fragen: »Und wie findest du das?« Richtig, gerecht, hilfreich ... oder eben nicht.

Diese Fragen sind deswegen so wichtig, um erkennen zu lernen, wo man nicht ernst genommen wird. Viele Erwachsene amüsieren sich, wenn Kinder »verhaltensoriginell« agieren; sie applaudieren dann Verhaltensweisen, die sie sich selbst nicht erlauben würden, aber insgeheim beim Kind als ihrem Stellvertreter genießen, selbst wenn sie vor anderen entrüstet tun. Ein klassisches Beispiel bietet der Vater im Film *Catch me if you can*, der seinem von Leonardo Di Caprio gespielten Sohn nicht nur das Vorbild für dessen spätere Betrügereien liefert, sondern deutlich zu erkennen gibt, dass er auf dessen Schläue und kriminelle Begabung stolz ist.

Wenn einem so etwas passiert – dass man entzückt grinst, wenn Kindermund tabuisierte Wunschwahrheit kundtut –, oder wenn man beispielsweise bei sexistischen Witzen lacht, reicht es, sich sofort zu korrigieren, damit Bestätigung nicht in eine falsche Richtung lenkt. Alltag ist etwas anderes als Kino, und das eigene Kind ist weder Wicki mit den starken Männern noch Kevin allein zu Haus.

Im zweiten Lebensjahrzehnt sollten die nunmehr Teenager genügend Fähigkeit zur Selbstreflexion erworben haben um zu erkennen, dass sie selbst für die Folgen ihres Verhaltens Verantwortung tragen. Das bedeutet, selbst zu entscheiden, welchen Gruppierungen und Ideologien man sich anschließen und gegen welche man sich abgrenzen mag (Familie mitgemeint). Das braucht Mut, denn viele Eltern dulden keinerlei Abgrenzungen – und wenn es nur das Absperren des Kinderzimmers ist –, sondern reagieren mit Bestrafungen und seien diese noch so subtil.

Grenzen ziehen zu können ist aber Voraussetzung für die Entwicklung der eigenen selbstbestimmten Identität, und dies bedeutet einen Suchprozess, der nie abgeschlossen ist – außer man ist zu feig, sich weiter zu entfalten und der oder die zu werden, als welche man im Keim (man könnte auch sagen: von Gott) angelegt ist.

In der Medien- und Konsumgesellschaft des 3. Jahrtausends wird allerdings die für diese Selbstbesinnung und Identitätsentwicklung nötige Ruhe und Stille wenig gefördert, sondern im Gegenteil mit laufenden Aufrufen zu Gruppenaktivitäten und Permanent-Musik-Berieselung eine neue Uniformität propagiert. Gleichklang ist aber vielen Jugendlichen vor allem deshalb wichtig, weil die körperlichen und seelischen Veränderungen verunsichern, soziale Gemeinschaft hingen Sicherheit verspricht (auch wenn sie dies meist nicht einhält). Sie brauchen daher Wahlmöglichkeiten – und diese sollten sie schon vor dieser Entwicklungsphase kennengelernt haben.

Wachstumsschmerzen

Nun bin ich auf allen Gebieten des Lebens gefordert,
mich zu verausgaben, zu geben (...)
Das Paradies der Erfüllung liegt nicht länger
hinter den sieben Bergen, es befindet sich in mir selbst.
Mutter und Vater können mich nicht mehr beschützen.
Ich selbst muss – relativ – autonom mein Leben setzen.
MATHIAS JUNG

Dass Längenwachstum körperliche Schmerzen bereiten kann, wissen viele Menschen aus eigener Erfahrung – wenn sie auf dieses Phänomen hingewiesen wurden. Erst dann bildet sich ein Wahrnehmungsneuron für dieses Erleben – und je nachdem, in welchem Tonfall ihnen die diesbezüglichen Informationen vermittelt werden, werden sie das als eine Erfahrung unter vielen einordnen und späterhin vergessen, oder sie werden sich in diesen Augenblicken des Leidens nicht mögen.

Ich vergleiche dies mit dem Geheimnis der »sanften Geburt«: Erst als in den Schwangerschaftsratgebern rund um 1970 erklärt wurde, was im Körper der Frau während der Entbindung abläuft und wie sie selbst durch bewusstes Atmen in bestimmten Rhythmen die nötige Dehnung der Unterleibsmuskulatur und der Schambeinfuge unterstützen kann, verloren viele Frauen die Angst vor den – meist von anderen Frauen, die sich als Märtyrerinnen wichtig machen wollten, angekündigten – Schmerzen und auch die daraus entstandenen Verkrampfungen. Ähnliche »Krämpfe« gibt es auch seelisch, nur werden sie üblicherweise nicht als Dehnung des Herzens wertgeschätzt, sondern in herablassendem Tonfall als »Seelenkrämpfe« verachtet.

Sprache hat Suggestivkraft – sie bewirkt, je nachdem, wie sie gestaltet wird, Gedanken und begleitende Gefühle, Körperempfindungen und auch Zukunftsphantasien. Wenn jemandem, der oder die über Schmerzen klagt, »Führ dich nicht so auf!« und »Reiß dich zusammen!« an den Kopf geworfen wird, wird die Person nicht nur nicht in ihrem augenblicklichen Zustand akzeptiert und ernst genommen, sondern sie bekommt einen »Windstoß« negativer Energie (nämlich der chemischen Botenstoffausschüttung der abwehrenden Anderen), der vermutlich entweder zu Verstummen und Rückzug oder aggressiver Gegenwehr führen wird.

Dass ich das Wort »Windstoß« verwende, zeigt auf, dass es eigentlich keinen gängigen Ausdruck für das gibt, was bei solch einer Antwort ausgesendet wird und was im Körper der Person abläuft, die so »abgewürgt« wird. (In weiterer Folge werden wir das Wort »Fluidum« kennenlernen, das auch einen Versuch darstellt, etwas Ähnliches aus dem japanischen Kulturkreis ins Deutsche zu übersetzen.) Wenn wir über unseren Normalsprachschatz nachdenken, werden wir noch viele andere Phänomene – Erscheinungsformen – entdecken, für die eine unmissverständliche Bezeichnung fehlt. Denken wir etwa an neue Worte wie Mobbing, Burnout oder Stalking: Die Phänomene gab es immer schon, nur hieß es dann früher »Die sind mir aufsässig«, »Der/die hat einen Nervenzusammenbruch« oder »Der/die lässt mich nicht in Ruhe!« Erst mit der Einordnung mittels eines klar definierten Fachausdrucks in die »Systeme« Psychologie/Psychotherapie/Psychiatrie bzw. Strafjustiz wurde diesen Erlebens- oder Verhaltensformen ernsthafte Beachtung zuteil.

Der britische Verhaltensforscher Richard Dawkins spricht von »Memen« (Einzahl: das Mem), wenn geistige Inhalte sich quasi »fortpflanzen« und das Denken und Fühlen vieler Menschen »befruchten«. Er schreibt dazu in dichterischer Metaphorik: »Beispiele für Meme sind Melodien, Gedanken, Schlagworte, Kleidermode, die Art, Töpfe zu machen oder Bögen zu bauen. So wie Gene sich im

Genpool vermehren, indem sie sich mithilfe von Spermien oder Eiern von Körper zu Körper fortbewegen, so verbreiten sich Meme im Mempool, indem sie von Gehirn zu Gehirn überspringen mithilfe eines Prozesses, den man im allgemeinen Sinn als Imitation bezeichnen kann. Wenn ein Wissenschaftler einen guten Gedanken hört oder liest, so gibt er ihn an seine Kollegen und Studenten weiter. Er erwähnt ihn in seinen Aufsätzen und Vorlesungen. Kommt der Gedanke an, so kann man sagen, dass er sich vermehrt, indem er sich von einem Gehirn zum anderen ausbreitet.« Diese Sätze des Wissenschaftlers Dawkins könnten den Eindruck erwecken, als würde dieser Vermehrungsprozess nur in der Wissenschaft vor sich gehen – tatsächlich ist er die Basis des Erfolgs von Dichtern, Songschreibern, Kabarettisten, Werbetextern und – Jugendlichen, die ihre eigenen Moden und Sprachen kreieren (wie kleine Kinder auch – aber denen wird das Bilden neuer Wörter sofort wieder ausgeredet, denken wir nur an das so treffende Wort »zerscherben«, das so viele Kinder für sich neu »erfinden« und das sogleich auf »zerbrechen« korrigiert wird).

In der Zeit der Adoleszenz (Heranwachsen) oder Pubertät (Reifwerden) suchen die nunmehr Jugendlichen über den Umweg über eine neue Gruppenidentität nach ihrer eigenen Identität, und das bringt sie oft in Konflikt mit ihren Eltern, sofern die zu denen zählen, die ihre Kinder am liebsten klonieren würden.

Unmut

Die Suche nach der eigenen Einzigartigkeit bedeutet Abgrenzung von dem, was bisher war, und das war zumeist Folgsamkeit gegenüber den elterlichen Ermahnungen und Erwartungen. Unmut ist vorprogrammiert – denn wenn der Mut, mit seinem Aussehen und

Sprache hat Suggestivkraft.

Verhalten zu experimentieren, eingebremst wird, staut er sich als nicht ausgelebte Kampfkraft und sucht sich Um- und Auswege, doch noch herauszubrechen. Aber auch wenn die Appelle, so zu bleiben wie bisher, d.h. sich nicht weiterzuentwickeln, nicht befolgt werden – was gut ist! –, entsteht Unmut.

Dem ersten sogenannten Trotzalter folgt nun ein zweites: Man spürt, dass man mehr Freizeit und Freiraum braucht, und erlebt schmerzlich, dass einem diese Erweiterungen nicht in dem Maße zugestanden werden, wie man sie benötigen würde, um sich so recht entfalten zu können. Man will nicht mehr tun, was alle tun – nämlich die daheim –, sondern denen zugehören, von denen man sich mehr Anerkennung erhofft als in der heimatlichen Atmosphäre (und wenn es der Islamische Staat wäre oder eine rechtsnationale Verbindung). Mehr bedeutet dabei aber weniger Qualität als Quantität. So kommt mir eine Situation ins Gedächtnis, in der mein jüngerer Sohn, damals in etwa 16, 17 Jahre alt, sich etwas von zu Hause abholte und dabei von drei oder vier Freunden begleitet wurde. Wann immer er etwas sagte, wiederholten die Freunde den Satz im Chor. Er sagte beispielsweise »Ich komme in zwei Stunden wieder« und der Chor brummte »in zwei Stunden wieder« und so ging das bei jedem Satz. Erstaunlich!

Viele Eltern haben in dieser Zeit nicht den Mut, ihre halbwüchsigen Kinder loszulassen. Stattdessen lassen sie sich in kraftraubende Machtkämpfe ein und treiben damit ihre Kinder von sich weg. Erik H. Erikson, der ja auch die Kindererziehung in exotischen Kulturen beobachtete, schreibt dazu: »Auf der ganzen Welt scheint man davon überzeugt zu sein, dass die richtige Erziehung darin bestehen muss, konsequente Scham, Zweifel, Schuld- und Furchtgefühle im Kinde zu erwecken. Nur die Art und Weise, wie das geschieht, wechselt.« Man kann dazu auch feststellen: Solche Eltern versuchen ihre eigenen Gefühle von Scham und Zweifel auf das Kind zu übertragen – denn meist müssen sie sich die Kritik ihrer eigenen Eltern und Schwiegereltern anhören, was sie nicht alles falsch machen. Das Kind soll sich dann stellvertretend für sie schämen.

Dahinter liegen zwei Motive: Das vordringlichste ist Konkurrenz. Wer seine gesamte Selbstachtung aus dem Muttersein oder Besserwissertum ableitet, muss sich wie die böse Stiefmutter im Märchen von Schneewittchen permanent vergewissern, allezeit die Nummer eins zu sein. Weicht das Kind vom eigenen Lebensplan ab – findet also einen anderen Lebensstil attraktiver als den der Eltern –, fühlen sich diese oft wie in einem Wettbewerb disqualifiziert (und sind es ja tatsächlich, wenn man mit einer anderen Generation rivalisiert, statt deren Anderssein möglichst nur staunend zu beobachten). Erst unlängst hat mir eine Mutter erzählt, dass sie und erfreulicherweise auch ihr Mann den Kontakt zu ihrer Schwiegermutter abgebrochen haben, unter anderem, weil diese unentwegt das »Styling« ihres sechsjährigen Enkels kritisierte und der – pädagogisch ausgebildeten – Schwiegertochter vorwarf, sie verstünde nichts von Kindererziehung. Eine andere Mutter berichtete, dass ihre Schwiegermutter, als sie sie bat, in ihrer Abwesenheit die Blumen zu gießen, die Gelegenheit wahrnahm, alle Kleiderkästen durchzuforsten und in Säcken zusammenzufassen, was ihrer Ansicht nach ausgemistet gehörte, denn »Wenn man euch das nur sagt, tut ihr ja nichts!« Wenn man die TV-Filme *Single Bells* und *O Palmenbaum* von Xaver Schwarzenberger sieht, amüsiert man sich über solche Schwiegermonster – in der Realität hingegen werden viele depressiv, weil sie ihren Un-Mut »um des Friedens willen« hinunterschlucken, statt den Mut zu haben, Grenzen zu setzen.

Als ich 1989 vom Kurzzeit-Chefredakteur Robert Hochner eingeladen wurde, eine wöchentliche Kolumne in der *AZ* (ehemals *Arbeiter-Zeitung*) zu schreiben und dies stolz meiner damals 77-jährigen Mutter berichtete, sagte die zwar ausgebildete, aber nie praktizierende Volksschullehrerin und Pianistin: »Jetzt fängst du schon wieder etwas Neues an! Kannst du nicht endlich einmal Ruhe geben?!« Ich widerstand der Verlockung, mich zu verteidigen, und antwortete (den Tatsachen entsprechend): »Mutter – um das zu beurteilen, bist du nicht kompetent!« Sie sah mich daraufhin verblüfft an, holte tief Luft und sagte »spitz« resignierend: »Wenn du meinst ...« Jedenfalls kam nie wieder ein Wort der Kritik oder des Zweifels über ihre Lippen.

Ich nenne dies »Exorzismus-Technik«: Man muss den Namen sagen, nur dann kann man den »Teufel« vertreiben. Wenn man nicht »Apage Satanas!« befiehlt, fühlt »er« sich nicht angesprochen und bleibt.

Das zweite geheime Motiv hinter der Besserwisserei ist Herrschsucht. Dass bei Hunden Sekunden entscheiden, wer Topdog und wer Underdog ist, wissen alle HundehalterInnen, sobald ein Gasthund den Fressnapf des Haushundes leert und dieser mit anklagendem Blick bei Herrchen oder Frauchen Abhilfe ersehnt. Solche unzivilisierten Anwandlungen findet man auch bei Menschen mit Fürstenallüren: Oft sind es die Älteren, die unbedingt einen »minderwertigen Vergleichsmenschen« brauchen, um sich gut zu fühlen – es gibt aber auch Junge, die lange genug von der Familie als Prinz oder Prinzessin angebetet wurden und diese Überordnung immer und überall erwarten bzw. einfordern.

Die amerikanische Sprachwissenschaftlerin Deborah Tannen beschreibt in ihrem Buch *Du kannst mich einfach nicht verstehen* an etlichen Beispielen, wie Männer, wenn sie die Gelegenheit bekommen, auf eine Interessensfrage einer Frau zu antworten, ihre Antworten zu überlangen Pseudoreferaten ausdehnen und sich damit als Alleswisser zu profilieren versuchen. »Weil Frauen Gemeinsamkeit schaffen wollen, neigen sie dazu, ihren Sachverstand herunterzuspielen, statt ihn offen zu zeigen«, schreibt Tannen, und sie resümiert: »Frauen, die ihr überlegenes Wissen zeigten, lösten Ablehnung und nicht Respekt aus.«

Aus meiner Erfahrung muss ich allerdings ergänzen, dass sich solche Statusspiele (Powerplays in der Sprache der Transaktionsanalyse, → Selbstcoaching S. 207) heute – nach einigen Jahren des gegenseitigen Respekts zwischen Männern und Frauen – wieder häufiger beobachten lassen – und zwar auch unter Frauen, vor allem aber zwischen den Generationen. So dreht sich derzeit ein häufiger Beratungswunsch um die Hilflosigkeit von Ausbildnern/Vorgesetzten gegenüber nicht-unterwürfigen Auszubildenden/Untergebenen, umgekehrt aber auch um Möglichkeiten, als MitarbeiterIn die Demütigungen von Vorgesetzten psychisch zu überleben. »Überlebenstechniken« dazu finden sich im Selbstcoaching-Kapitel.

Heute besitzt die junge Generation »überlegenes Wissen«, nämlich hinsichtlich der neuen Medien. Die subtil ausgetragenen Machtkämpfe um den Expertenstatus, den Deborah Tannen zwischen aktiv agierenden Männern und passiv duldenden Frauen beobachtete und beforschte, sind heute wieder deutlicher festzustellen. Ich führe das auf die verschärften Konkurrenzbedingungen in den Führungsetagen in Politik und Wirtschaft zurück, die sich aus der pessimistisch beantworteten angespannten Wirtschaftslage ergeben und top down – von der Spitze hinab bis zur Basis – unbewusst nachgeahmt werden. Das führt vielfach dazu, dass die eigenen Dominanzbedürfnisse den jeweils »Anderen« unterstellt werden bzw. viele nicht ertragen, dass hierarchisch Untergeordnete ihnen »auf Augenhöhe« gegenübertreten.

Hierarchie ist aber eine juristische Konstruktion zur Festlegung von Zuständigkeiten, Verantwortlichkeiten und auch Sanktionsberechtigungen. Sie ist kein Freibrief für Unmut und schlechtes Benehmen – und schon gar nicht für Erstnachtsrechte.

So funktioniert die »Exorzismus-Technik«: Man muss den Namen sagen, nur dann kann man den »Teufel« vertreiben.

Anmut

In den Jahren der Adoleszenz gilt es, der Fürsorge oder Tyrannei der Eltern zu entwachsen und Selbstverantwortung zu übernehmen – aber auch Selbstschutz vor unerwünschter Anmache. Dafür braucht man eingeübte Modelle.

Selbstverantwortung zulassen ist nicht gleichbedeutend damit, Heranwachsende sich selbst zu überlassen, auch wenn das in manchen Familienkonstellationen oft unvermeidlich ist. Auch hier hängt es von Erklärung, Anleitung und Risikominimierung ab und damit von der Sozialkompetenz derjenigen, die diese Vorbereitungsarbeit leisten sollten. Das wird insofern besonders bedeutsam, weil sich in dieser Zeit des Heranreifens eigentlich alles insgeheim aber dennoch primär um die Geschlechtsreife – und was man aus ihr macht – dreht.

Wenn Jugendliche nicht durch Pubertätsakne und autoaggressives Herumdrücken an Mitessern und Pickeln entstellt sind, umgibt sie eine besondere Aura von Restkindlichkeit und neuem Sexappeal, der in der Mode- und Medienwelt vielfach durch die Imitation von Popstars verstärkt wird. Ob man mit diesem geheimen Zwang zur Angleichung Probleme hat oder nicht, ist Folge der bisherigen Ermutigung durch die Bezugspersonen der früheren Kindheit. So wie viele von ehrgeizigen Eltern das Ver-Ge-bot mitbekommen haben »Sei erfolgreich – aber ja nicht erfolgreicher als ich!«, so bezieht sich dies jetzt nicht nur auf den schulischen oder sportlichen etc. Bereich, sondern auch auf den sexuellen.

Es müssen neue Grenzen gezogen werden und zwar für sich selbst. Das Sexualleben der Kinder geht die Eltern genauso wenig an wie umgekehrt das Sexualleben der Eltern die Kinder. Es braucht neutrale Personen, von denen man Informationen, Rat und Beistand bekommt, und die finden sich in Beratungsstellen und -einrichtungen. Gegenüber den Eltern ist die Inzestschranke zu wahren, gegenüber Lehrkräften spricht die Benotungsmacht dagegen. Selbst wenn man – wie ich – gelegentlich in Schulen eingeladen wird, zum Thema Sexualität vorzutragen, ist es problematisch, wenn neugierige Lehrkräfte ihre Informationsmängel gleich mitbeheben wollen; ich pflege diese Beeinträchtigung von Vertraulichkeit immer gleich im Sinne eines Parallelprozesses zum Thema zu machen: Die Lehrkräfte kontrollieren mich – »Was redet die da?« – so wie Eltern ihre Kinder zu kontrollieren versuchen – »Was treibst du denn da?«, d. h. sie verhalten sich als eine Art »verlängerter Arm« potenziell unmutiger Eltern. Außerdem geht es ja auch um Intimes, das angesprochen werden wird und sichtbar macht, was das bei einem selbst auslöst – was fördert, was hindert? Mit Pokerface dabeizustehen fördert eher nicht ...

Es braucht ziemlich viel Mut, sich selbst einzugestehen, dass man vom Nachwuchs überrundet wird und in die zweite Reihe zurücktreten sollte – besonders wenn sich der »Fortpflanz« (© Angelika Hager) an eigenen Kleiderschränken oder Fahrzeugen gütlich tut. Umgekehrt ist es schwer auszuhalten, wenn Mutter oder Vater die eigenen Liebesobjekte umflirten oder womöglich sexuell belästigen und manchmal sogar ausspannen.

Anmut bedeutet, dass sich das Leben mit all seinen Widrigkeiten noch nicht tief in die Gesichtszüge eingegraben hat oder Schicksalsschläge das Rückgrat aus dem rechten Lot gebracht haben. Anmut bedeutet auch, dass man noch nicht von Nikotin ausgetrocknet und von Alkohol aufgeschwemmt ist. Anmut bedeutet, dass man noch voll Hoffnung auf einen erfreulich gedachten Lebenslauf glänzende Augen besitzt, dass man sich bewegt ohne dass einen Sorgen niederdrücken, und spricht, ohne dass einem die Angst die Kehle zuschnürt. Und dass man den Mut zum ersten großen Weggehen hat.

Wenn die Muskulatur des Kleinkinds stark genug ist und es sie auch ausprobieren darf, beginnt es wegzulaufen und hochzuklettern, zuerst nur kurze Distanzen, dann immer größere. Es liegt an den wörtlichen oder nur mimischen Kommentaren der Eltern oder Verwandten, ob ein Kind voll Neugier in den Kindergarten marschiert oder sich ängstlich an seine Mutter klammert. Wir Menschen sind originäre Nestflüchter. Nesthocker werden »gemacht« – durch überfürsorgliche (oder bequemliche) Pflegepersonen oder durch schockierende Erlebnisse wie Eingesperrtwerden, Bedrohtwerden, Verspottetwerden oder Gewalt außerhalb der Familie. Die gibt es nämlich auch, und gar nicht so wenig.

Anmutige Menschen sind »anmutend«. Das ist einer der Hintergründe von sexueller Ausbeutung von Kindern und Jugendlichen. Man sucht in »unverbrauchten« (!) Jugendlichen die eigene Unversehrtheit und fügt ihnen vielfach genau das zu, was einen selbst beeinträchtigt hat, und verteidigt es oft noch. »Hat es mir nicht geschadet, wird es dir auch nicht schaden!« lautet dann oft die Selbstrechtfertigung – und dieser Satz allein beweist schon die grausame Geisteshaltung.

Mir ist erst viele Jahre später bewusst geworden, dass eine Schulfreundin, Tochter eines Bahnbediensteten, möglicherweise deswegen immer wieder von zu Hause ausriss, weil sie von ihrem Vater sexuell belästigt wurde – und nicht, weil sie kostenlos Bahn fahren konnte. Sie hatte mir einmal gestanden, wie sehr es sie ekle, wenn ihr der Vater Zungenküsse gäbe. Vielleicht war das nur ein Test, ob sie mir mehr anvertrauen könne. Ich aber war mit meinen damals 14 Jahren noch zu uninformiert, ich konnte mich nur mitekeln – was ich ja auch tat –, aber nicht weiterfragen. Aber dass es nicht Abenteuerlust war, weswegen sie immer wieder von daheim weg wollte, wusste ich – und ich bewunderte ihren Mut. Denn mir war ja auch oft so zu Mute, allerdings aus anderen Motiven, aber ich sah für mich keine Chance.

Heute, gut fünfzig Jahre später, hört man kaum mehr etwas von »ausreißenden« Jugendlichen – außer im Zusammenhang mit dem Eintritt in den Dschihad. Auch die Bemühungen engagierter SozialarbeiterInnen um die Einrichtung eines Mädchenhauses analog den Frauenhäusern, in das sich weibliche Jugendliche flüchten könnten, wenn sie daheim nicht sicher wären, sind im Sand verlaufen. Ob der Anschein den Tatsachen entspricht, wäre eine Studie wert, aber die will wohl niemand – Elternrechte sind immer noch stärker als Kinderrechte.

Zur Anmut der Bewegung gibt es aber auch ein Zerrbild: den Stolperschritt der Mannequins am Catwalk. In einer Zeit, in der die Fragen »Bin ich schön?« und »Wo stehe ich in der Reihe der Konkurrentinnen?« größte Wichtigkeit erhält, brauchen Jugendliche Vorbilder. Bei den meisten Burschen sind es eher Actionhelden, die den Mut und die Stärke repräsentieren, die als Männlichkeit beworben wird und in deren Reihe nur am Rande Powerfrauen sichtbar werden. Bei den Mädchen dominieren Popstars in orientalisch anmutenden Tänzerinnen-Outfits, und wenn diese Celebrities wenigstens singen können, ist das schon ein Lichtblick. Die Botschaft der Nabelfreiheit ist allerdings eine missverständliche. So mailte mich einmal ein Ex-Klient an, er habe in seiner Familie Streit, weil er meine, wenn junge Mädchen ihren Nabel herzeigten, so sei das eine eindeutige Botschaft an Männer, sich ihnen sexuell zu nähern. Nein, mailte ich zurück, das sei nur eine Mode, die auf die Showbühne passe und nicht in den Alltag, aber das sei den Mädchen noch nicht bewusst – und die Modeproduzenten sparten damit am Stoffverbrauch. »Aber Hunde zeigen doch auch ihren Bauch, wenn sie gekrault werden wollen!« insistierte der Mann auf seiner Sichtweise. Ich antwortete daraufhin nur mehr trocken: »Falls Sie es noch nicht gemerkt haben – Frauen sind keine Hunde!«

Wie schon erwähnt, widmete eine meiner StudentInnen in der Zeit, in der ich als Universitätsprofessorin die von mir entwickelte Methode PROvokativpädagogik an der Donau-Universität Krems unterrichtete, 2009 ihre Masterarbeit bei mir dem Thema Helden-

Wir Menschen sind originäre Nestflüchter. Nesthocker werden »gemacht«.

tum und ließ dazu eigenständig, aber nach Geschlechtern getrennt (und wohldokumentiert und reflektiert) zwei Kurzfilme von 17-Jährigen aus derselben Klasse gestalten. Bei den Buschen herrschte körperlicher Kampf und Sieg vor, bei den Mädchen die Rettung der Heldin aus einer Konkurrenzsituation mit einer anderen Frau durch einen »Prinzen«. Die Rollenklischees und die »Spiele« sitzen offenbar immer noch! Deborah Tannen berichtet aus verschiedenen Studien, dass Männer und Frauen unterschiedliche Ziele mit einem Gespräch verbinden: Das »Spiel« der Männer laute »Habe ich gewonnen?«, das der Frauen hingegen »War ich hilfsbereit genug?« Dahinter verberge sich bei den Frauen die Frage »Magst du mich?«, bei den Männern hingegen »Hast du Respekt vor mir?« Das wäre dann auch eine Erklärung für die große Kooperations- bzw. Unterwerfungsbereitschaft von Frauen und die Neigung von Männern, ihre Ziele auch mit Gewalt durchsetzen zu wollen: Zeigt die Frau keinen Respekt, muss sie bestraft werden. Meist gab es dazu auch ein passendes Vorbild in der eigenen Kinderstube. »Geiselmentalität« nennt das die langjährige Chefredakteurin der *tageszeitung* (*taz*), Bascha Mika, und erinnert: »Selbstverständlich gibt es Frauen, die keinen Streit in ihrer Beziehung riskieren können, weil sie in einer existenziellen Zwangslage sind. Aber das ist im Mittelschichtmilieu meist nicht das Problem. Da sind Frauen konfliktscheu, weil sie immer noch glauben, sie dürfen das nicht, sonst würde etwas zusammenbrechen. Dabei kann diesen Frauen eigentlich nicht viel passieren. Sie haben gelernt zu denken, haben irgendeine Ausbildung und eine finanzielle Perspektive. Sie könnten unabhängig sein. Aber das machen sie sich nicht klar und ordnen sich in der Partnerschaft lieber unter, als zu streiten. Aggressivität löst bei ihnen Schuldgefühle aus, sie fürchten, die Kontrolle über sich zu verlieren.«

Das stimmt einerseits auch für Heranwachsende, denn selbst wenn sich Mütter von gesundheitsschädigenden Partnern getrennt haben, bleibt die Illusion, einem selbst würde so etwas nicht passieren, weil man doch viel schöner und kraftvoller sei als »die Alte«. Sehr treffend hat das Elfriede Hammerl in ihrem Buch *Hotel Mama* gleich zu Beginn am Beispiel des Dialogs einer selbstverliebten Tochter beschrieben, die ihrer um deren Realitätssicht besorgten (alleinerziehenden) Mutter vorhält, dass diese einen Beruf ausübt statt Kuchen zu backen oder mit der Tochter shoppen zu gehen, und im Ernst meint, dass sie sicherlich ein Leben wie Popstar Madonna haben wird, aber ohne deren Arbeitslast, mit einem superreichen tollen Mann, der alles zahlt, und Personal für die Versorgungsleistungen: »Ich werd' mich später einmal nicht so stressen, das sag ich dir. Ich bin nicht so karrieregeil.«

Andererseits verhindern die immer wieder präsentierten Werbebotschaften die Wahrnehmung abweichender Wirklichkeiten, weil man meint, allein durch Veränderung des Körpers (wie durch kosmetische Operationen oder Krafttrainings) Versagenserlebnisse vermeiden zu können und frei von Selbstzweifeln zu werden.

Mutproben

Die Jahre des Heranwachsens an die Großjährigkeit sind seit meiner Jugend (damals 21 Jahre) laufend verkürzt worden (heute 18, Wahlberechtigung in Österreich bei 16 Jahren). Die Begründungen variieren – aber die Angleichung an die Berechtigung, ein Auto zu lenken, lässt an das Motiv der Absatzsteigerung denken wie auch für die Absenkung der Wahlalters an Hoffnungen auf Wahlzugewinne. Mit Reife lässt sich beides nicht argumentieren. Das zeigt sowohl die Unfallhäufigkeit bei jungen Männern als auch das Wahlverhalten der sogenannten No-future-Generation. Diese beschreibt allerdings vor allem den männlichen Teil; der Großteil der Mädchen pflegt sich in jungen Jahren an ihre Partnerpersonen und überhaupt auch generell anzupassen; erst in ihren dreißiger Jahren redimensionieren die meisten ihre Hoffnungen auf Wunscherfüllung und damit auch den Raum, den sie anderen in ihrem Leben einräumen.

Vor allem im Straßenverkehr zeigen sich zunehmend Autorennen als Mutproben – »wie im Kino«. Männer gelten grundsätzlich als gefährdetes Geschlecht. So zitiert der Soziologieprofessor Walter Hollstein Untersuchungen, nach denen Jungen eine höhere Säuglingssterblichkeit aufweisen, im Durchschnitt acht Jahre weniger als Frauen leben, sich dreimal so häufig wie Frauen umbringen, zu 25 Prozent weniger zum Arzt gehen. 80 Prozent aller Todesfälle von Jungen im Alter zwischen 14 und 25 Jahren sind durch Unfälle, Suizid oder Totschlag verursacht. Im Gefängnis ist das Verhältnis von Männern zu Frauen 25 zu 1, und zwei Drittel der Schulwiederholer sind Burschen. Vielfach wird Mut und Männlichkeit mit selbstschädigendem Verhalten gleichgesetzt. Von Herb Goldberg stammt die Auflistung der »sieben maskulinen Imperative«:
— Je weniger Schlaf ich benötige,
— je mehr Schmerzen ich ertragen kann,
— je mehr Alkohol ich vertrage,
— je weniger ich mich darum kümmere, was ich esse,
— je weniger ich jemanden um Hilfe bitte und von jemandem abhängig bin,
— je mehr ich meine Gefühle kontrolliere und unterdrücke,
— je weniger ich auf meinen Körper achte, desto männlicher bin ich.

Was hier noch fehlt, ergänzt die für ihren Spott bekannte österreichische Popgruppe EAV (Erste Allgemeine Verunsicherung) mit »... echte Helden brauchen kein Kondom«! – weil eben echte Helden nichts von Prävention halten. Nicht am Berg und nicht im Bett.

Eine markante Altersgrenze ist die Sexualmündigkeit – und auch dort werden Mutproben eingefordert. Wer nicht »willig« ist, wird als prüde, altmodisch oder schwul/lesbisch verspottet. Er soll in den Chor der grölenden Angstverachter einstimmen, und Sexualität macht Angst – vor allem in einer Zeit, in der nicht mehr Sexualunterdrückung, sondern die demonstrierte Sexualleistung gefordert wird. Das hat aber nur mit Konkurrenz zu tun und nichts mit der Achtsamkeit in und gegenüber Liebesbeziehungen. Ich denke dabei an einen jungen schwulen Gesellen, den die ach so lustigen Arbeitskollegen permanent mit Fotos nackter Frauen belästigten, um ihn »auf den richtigen Weg« zu bringen. Der junge Mann hatte den Mut, sich beim Firmenchef über diese »sexuelle Belästigung am Arbeitsplatz« zu beschweren. Die gibt es nicht nur wie im Hollywood-Film »von oben nach unten«, sondern auf allen Kommunikationsebenen, und es gibt sie nicht nur heterosexuell. Bei lesbischen Frauen kommt noch dazu, dass sie oft körperlich attackiert werden, weil manche Männer die Formen sexueller Kommunikation nützen, um »ihr Mütchen zu kühlen« – diese Rüpeleien lassen sich am leichtesten als »Spaß« verteidigen. Zumindest so lange, als es noch Uninformierte gibt, die auf diese Schutzbehauptung hereinfallen.

»Muss ich Sex haben?«, auch »Muss ich mit dem Sex haben?« lauten auch oft Anfragen innerhalb von Beratungswünschen. »Natürlich nicht!« drängt sich sofort als Antwort auf, immerhin ist mangelnde Freiwilligkeit bei Eheschließungen und somit Einwilligung zum Geschlechtsverkehr seit dem Spätmittelalter kirchenrechtlich ein Ehenichtigkeitsgrund (wie grundlose und dauerhafte Verweigerung allerdings auch) und seit 1989 als Vergewaltigung in der Ehe sogar im säkularen Strafrecht ein Straftatbestand. Tatsächlich wird aber Sexualverkehr eingefordert wie ein Fahnengruß. Als ich Ende der 1960er-Jahre praktisch als Alibifrau in den Vorstand der Jungen Generation der SPÖ Wien gewählt wurde, stellte mich kurz darauf der Organisationssekretär vor die Frage, mit wem ich schlafen wolle – mit ihm oder mit dem Obmann, denn »weder noch gibt's nicht!« Ich wandte mich damals Hilfe suchend an meinen Ehemann, so planlos stand ich dieser Überforderung gegenüber, und er wies dann auch den Herrn Sekretär zurecht. Dreißig Jahre später hatte ich noch einmal mit diesem Herrn zu tun: Ich hatte mich zwischenzeitlich selbstständig gemacht und suchte Aufträge für mein Beratungsunternehmen, unter anderem auch bei der Organisation, die er dazumal leitete. Für ihn war das offensichtlich die lang aufgeschobene Gelegenheit, sich an mir rächen zu können. Er meinte am Telefon, wenn ich Arbeit suche, solle ich doch im *Nachtboten* – einem pornografischen Kontaktmagazin – inserieren ... Und wieder war ich sprachlos vor so viel Widerwärtigkeit. Kurz darauf verlor er seinen Job und auch das damit zusammenhängende Strafverfahren wegen finanzieller Malversationen.

Um Widerstand in einer sozial kompetenten Weise zu leisten, um nicht Opfer von Gewalt gegen Leib – denn auch die Psyche zählt zum Leib! – und Leben zu werden, braucht es wieder adäquate Neurosignaturen und das bedeutet Vorbild und Einübung. Sich diesen zu versperren, ist auch eine Form von Machtspiel und Gewaltausübung und nicht eine »mutige« Überkompensation von Schüchternheit. Im sexuellen Bereich stammten vor sechzig Jahren die Vorbilder für schnellen, d. h. beziehungslosen Sex noch von den Tieren am Bauernhof, heute strömen sie überreich aus Pornofilmen. Das Niveau ist das gleiche.

Während vor der sogenannten Sexuellen Revolution der späten 1960er-Jahre Unwissen, Beklemmung, Angeberei und Stümperei die sexuellen Erfahrungen Jugendlicher untereinander prägten, hat sich dies in der heutigen Generation Porno in Pseudowissen, Überkompensation von Zögerlichkeiten und Überfülle von »neosexuellen« (© Volkmar Sigusch) Praktiken gewandelt. Was all die Generationen von sexuellen DebütantInnen eint, ist die Zerbrechlichkeit des sexuellen Ich-Gefühls bei der Fragestellung »Bin ich normal?«

Normal sein bedeutet, nicht zu weit aus der Normbandbreite herauszufallen. Gelebte Sexualität (im Sinne von geschlechtlichen Beziehungen) fällt eigentlich in den Intimbereich und geht niemanden etwas an (außer möglicherweise die Strafjustiz). Genau diese Schutzzone wird aber zunehmend infrage gestellt: Das Vorbild der umfassend entblößten Medienstars vermittelt die Botschaft, man könne dem alltäglichen Zuwendungsmangel entkommen, wenn man stattdessen mediale Aufmerksamkeit gewönne. Also müsse man demonstrieren, dass man eine präsentable Sexualpartnerschaft – oder im Sinne von Polyamorie mehrere – »besäße«. Hatte die im Mittelalter eingeführte Pflicht-Öffentlichkeit der Trauung den Sinn, Geheimehen zu verhindern (denn vorher wurden Ehen in der Wohnstube der Braut von deren Vater »geschlossen«), werden heute ehebandfreie Paarungen über Facebook nicht nur kundgetan, sondern gleich mehr oder weniger deutlich bebildert. Das sind wohl die neuen Mutproben als Ersatz für traditionelle Initiationsriten: Man prüft und feiert nicht mehr den Eintritt in die umfassende soziale Welt der Erwachsenen, sondern summiert und publiziert die Reisetätigkeit in die individuelle sexuelle Welt der jeweiligen Partnerperson.

Die Gegenwart wird mit den Schlagworten von der »flüchtigen« Moderne (© Zygmunt Bauman) und vom »flexiblen« Menschen (© Richard Sennett) gekennzeichnet. Beides hängt mit der global gewordenen Wirtschaft zusammen, die Menschen ohne Bindungen braucht, die man zwischen den Kontinenten hin und her verschieben kann (und diejenigen, die dafür nicht gebraucht werden, jederzeit aus dem Arbeits- und Sozialleben ohne Reue verschwinden lässt). Die Vorbilder dazu kommen wieder aus Film und Werbefernsehen, wenn blitzlichtartig Sekundendetails aneinandergereiht werden und den Eindruck vermitteln, dass im realen Leben auch alles so schnell und ohne Schadensfolgen vor sich geht.

Im Beziehungsleben stimmt das nur, wenn man sich nicht tief auf die andere Person einlässt. Jeder Hobbygärtner weiß, dass man Flachwurzler herauszupfen kann, während man sich bei Tiefwurzlern stundenlang plagen muss (oder eine Fräse benutzt). Jede Trennung, egal ob durch Tod, Scheidung oder »nur so«, gleicht einer Amputation – wenn man nur ein bisschen liebt. Sie braucht Zeit für Trauerarbeit. Deswegen spricht der Volksmund ja auch von einem Trauerjahr. Wird man aber gegen seinen Willen verlassen, braucht es mehr noch: Es braucht den Mut, sich den Verlauf des »Sterbeprozesses« anzuschauen und die eigene Rolle dabei, und den Mut, diese Analysearbeit vor dilettantischen Einflüsterungen der Nächsten zu schützen, die unter dem Vorwand des Tröstens sich am Leiden anderer ergötzen wollen – ganz im Sinne des »Herrn Karl«, dieser bitterbösen Persiflage des wendehalsigen Wieners von Helmut Qualtinger und Carl Merz, wenn er erleichtert verrät: »I schlaf ja guat. Net immer, natirlich ... Manchmal, wann i so lieg, hör i die Rettung vorbeifahrn ... tatüü ... Dann denk i ma nur: Karl, du bist's net ...«

Je tiefer man sich mit dem anderen verbunden hat, desto mehr tut das Herz weh. Das sind seelische Wachstumsschmerzen: Man muss das Herz weiten, um den Schmerz zu ertragen. Ich nenne das den »seelischen Spagat«: So wie man beim Trainieren der Ballettübung Spagat Muskelkater vermeiden kann, wenn man »in den Muskel hineinatmet« und damit die Dehnung erleichtert, kann man das auch mit dem Herzen tun, denn das Herz ist bekanntlich ein Muskel! Man braucht dazu nur den Mut, ganz bei sich zu bleiben und die eigene Kraft nicht an den oder die anderen zu vergeuden, die einen enttäuscht – d. h. aus der Täuschung herausfallen lassen – haben.

»Beim ersten Mal da tut's noch weh« beginnt der Refrain eines Liedes von Hans Albers, in dem es um eine verlassene Matrosenbraut geht. Der weitere Text lautet: »Da glaubt man noch, dass man es nie verwinden kann – doch mit der Zeit, so peu à peu, gewöhnt man sich daran.« In traditionellen Initiationsriten wird den Initianden bewusst und rituell Schmerz zugefügt quasi als körperlich erfahrbare Grenzsetzung zwischen – angeblich – behüteter Kindheit und beginnender unbehüteter Erwachsenenzeit. Der Backenstreich römisch-katholischer Bischöfe bei der Firmung kann auch dazu gerechnet werden. Man soll sich in Zukunft diese Grenzsetzung im episodalen Gedächtnis bewahren.

Übermut

Manche Menschen fügen anderen aber aus Übermut Schmerz zu. Jugendliche beispielsweise, die damit austesten wollen, was alles man sich von ihnen gefallen lässt. Auch manche Männer, die ihre vermeintliche Überlegenheit auskosten wollen, indem sie Jugendliche, bevorzugt aber Frauen, »necken«. Mit wahrem Mut hat das nichts zu tun, sondern mit verbrämtem Sadismus und unerkannter Selbstunsicherheit. Befindet man sich selbst noch im Zustand des Halbstarken, liegt die Verlockung nahe, in gleicher Weise in Kampflaune zu reagieren und damit eine Eskalation der Situation zu riskieren. Die französische Psychoanalytikerin Marie-France Hirigoyen hat in ihrem Buch *Die Masken der Niedertracht* diese Mentalität als Perversion bezeichnet, und ich habe in meinem Buch *Kaktusmenschen* davor gewarnt, sich von deren gelegentlichen Blüten davon täuschen zu lassen, dass sie mit ihren Stacheln Nähe verhindern wollen.

Die transaktionsanalytische Psychotherapeutin Fanita Englisch unterscheidet Menschen die »untersicher« oder »übersicher« sind. Untersicher reagiert man oft mit Scham- oder gar Schuldgefühlen, übersicher hingegen wählt man eine überhebliche oder verächtliche Reaktionsform. Dazu zählt auch, bewusst die Werte anderer Menschen zu verletzen – ihnen gleichsam einen Fehdehandschuh hinzuwerfen und zu warten, wie diese dann reagieren werden, möglicherweise auch um sich zu beweisen, dass einem deren Negativreaktionen nichts ausmachen.

Diese Machtspiele sind meist gegenseitige: Der Nachwuchs grenzt sich auf diese Weise vom Lebensstil der Älteren ab – aber auch die Älteren zeigen selten Interesse oder Verständnis für die Bemühungen um solch eine andere Form, sich zu organisieren. In der Beratungspraxis kommen dann Streitereien um Ernährungspraktiken, Musikvorlieben und Freizeitaktivitäten, Partnerpersonen und

Bei seelischen Wachstumsschmerzen muss man das Herz weiten, um den Schmerz zu ertragen.

Wohnformen zutage, auch wenn die jungen Leute gar nicht mehr bei den Eltern wohnen. So erinnere ich mich an ein Elternpaar, das beim ehemaligen Lehrherrn des Lebensgefährten ihrer Tochter, einer fast vierzigjährigen Ärztin, über dessen Ausbildungserfolge »nachfragen« gegangen war, weil der Mann seine Lehre nicht abgeschlossen hatte, und geiferten, dass die Tochter ihnen die Besuche in ihrer Wohnung untersagt hatte, »wo wir ihr doch diese Wohnung gekauft haben!« Von mir wollten sie Tipps, wie sie die Tochter dazu bringen könnten, sich ihrem Willen zu unterwerfen. Bekommen haben sie Fragen, was ihnen wichtiger sei: eine lebensuntüchtige Tochter, die ewig an ihrem Rockzipfel hängen würde, oder eine eigenständige, die gut ohne Unterstützung zurecht käme und so der Beweis für eine gelungene Erziehung wäre; oder anders herum: eine gute Beziehung zur Tochter und deren Lebenszufriedenheit, oder deren Gehorsam (der ohnedies nicht erzwingbar sei) bei gleichzeitigem Lebensleid und Enttäuschung über tyrannische Eltern. Sie kamen nicht wieder. So wiederholte sich Enttäuschung noch einmal: Sie fühlten sich in ihrem – aus ihrer Sicht gerechtfertigten – Ziel von mir ebenso wenig verstanden wie von ihrer Tochter. Ein Parallelprozess.

Ich summiere solche Situationen bewusst unter Über-Mut, denn Übermut ist nicht immer lustig oder risikofreudig, sondern einfach eine Grenzüberschreitung – und die abzuwehren gibt es viele Formen, sprachliche oder körperliche oder auch strukturelle wie eben Kommunikationsabbruch.

Viele Eltern oder Ältere überhaupt finden Jugendliche peinlich, wenn sie mit ihrem Körper experimentieren – was er aushält und was die Umwelt aushält –, und suchen dann eine übergeordnete Autorität, die dieses Experimentieren abstellt, wenn sie selbst mit ihrem Repertoire von Nörgeln bis Strafen nicht weiterkommen (und nicht deswegen gewaltsam attackiert wurden, was neuerdings gelegentlich vorkommt). Zum Trost sei erwähnt, dass ebenso die Kinder ihre Eltern peinlich finden. Als meine Söhne in diesem Alter der Loslösung waren, hatten mein Ehemann und ich keinerlei Probleme mit ihnen, denn wir hatten kurz vorher in einer massiven Ehekrise gesteckt und waren so total miteinander und mit nächtelangen Marathongesprächen ausgelastet gewesen, dass wir keine Kraft mehr dafür aufbringen wollten, mit den Söhnen zu streiten; infolge der Bewältigung dieser unserer Herausforderung kleideten wir uns in Tracht – mein Ehemann war ein leidenschaftlich bekennender Steirer – und das inmitten der Großstadt Wien war unseren Kindern so peinlich, dass sie selbst auf Kleidungs- und Haarexperimente verzichteten, um zu zeigen, dass wenigstens sie »normal« waren. Der Über-Mut lag also damals auf unserer Seite – wir brauchten auch sehr viel Mut, uns zueinander als Paar zu bekennen, denn sowohl meine Freundinnen als auch seine Freunde drängten uns, uns scheiden zu lassen. Ein einziger Freund meines Ehemannes setzte sich mit uns zusammen und erwies sich als hilfreich für den neu zu vereinbarenden Zusammenhalt. Und unsere Söhne erlebten, dass wir ernsthaft und friedfertig an unserer Zukunft als Paar arbeiteten – vielleicht sogar das erste Mal.

Wenn man also die Entstehungsgeschichte von Mut zusammenfasst, dann wurzelt er einerseits in einer sicheren Basis von Vertrauen zu sich selbst, das man in der Erfahrung von der Vertrauenswürdigkeit anderer erworben hat, und im Erkennen, dass es Grenzen gibt und dass man diese auch selbst setzen und auch verändern kann.

Leben ist begrenzt – räumlich, denn wir können nicht überall gleichzeitig sein, und zeitlich, denn alles hat seine Zeit, auch wenn uns in der Fernsehberichterstattung von Auto- oder Skirennen vorgegaukelt wird, dass man in knapper Zukunft immer noch schnel-

> **Übermut ist nicht immer lustig oder risikofreudig, sondern eine Grenzüberschreitung.**

ler sein kann als gestern. Wenn heute von einer No-future-Generation gesprochen wird, der die Motivation zur Vorwärtsentwicklung fehle, ignoriert man, dass es die verkürzte Zeitperspektive der Kinozeit ist, die Zielerreichung in suggerierter Zeit unmöglich erscheinen lässt und zur Resignation führt.

In »ausgewachsener« Größe sollte man den Überblick einüben, auch weit in die Zukunft zu schauen und die Zeit realistisch einzuschätzen, die man benötigt, um Hürden und Grenzen (auch die höchstpersönlichen) zu respektieren und in der passenden Form zu bewältigen.

Wenn man sein Leben eigenständig plant, geht man eine Bindung mit sich selbst ein – in unterschiedlichen Zeitperspektiven und Verbindlichkeiten. »Eine Bindung«, schreibt die Soziologieprofessorin Eva Illouz, »stellt eine Reaktion auf eine Struktur von Möglichkeiten dar, die ihrerseits den Prozess des Sichbindens beeinflusst, also seine Geschwindigkeit, seine Intensität und sein Vermögen, sich selbst in die Zukunft zu projizieren.«

Wenn wir den Mut erworben haben, unser Leben selbst zu planen statt uns von anderen verplanen zu lassen, haben wir dabei eine mögliche Verwirklichung unserer Wünsche im geistigen Auge. Wenn wir die dazu nötige Zeiterfordernis in Phasen unterteilen und die jeweiligen Aufgaben klar benennen, erkennen wir auch, wann und wo es Mut braucht, um Grenzen zu überwinden oder zu setzen, aufzumachen oder zu schließen. Sich in diesen Mutzustand zu bringen, richtet körperlich auf, weitet das Herz, stärkt die Immunkräfte und bedeutet gleichzeitig Einübung in Lebensliebe – Selbstliebe inbegriffen.

Der historisch-juristische Zeitpunkt des Erwachsenseins fällt meist nicht mit dem biologischen und schon gar nicht mit dem seelisch-geistig-spirituellen zusammen. Das ist keine Schande, sondern eine Chance, sich stetig weiterzuentwickeln.

Viele Menschen glauben aber, »erwachsen« sein bedeute, nicht bzw. nichts mehr lernen zu müssen. Sie wähnen sich »perfekt« – aber perfekt bedeutet ins Deutsche übersetzt nur »abgeschlossen«, d. h. es ist keine Verbesserung mehr möglich – und das ist eine beängstigende Aussicht, wenn man bedenkt, dass sich Lebensumstände nicht nur individuell, sondern auch generell und global andauernd ändern. Diese Menschen brauchen Mut zum lebenslangen Lernen – oder überhaupt Mut zur Bildung!

In diesem Kapitel geht es also um die Herausforderungen des sogenannten Erwachsenenlebens und für welche man Mut braucht und weshalb.

Endlich erwachsen!

*Weil die Menschen die Freiheit in der Weise von Kindern wollen
und nicht in der Weise von Erwachsenen
und weil sie mehrheitlich über ihr Geschick befinden,
haben sie sich dem Großinquisitor, dem Big Brother,
dem Wohlfahrtsstaat, der Gesetzesakkumulation, den Gurus überantwortet.
Und diese alle werden behaupten, dass sie die Verantwortung übernehmen.
Die Aufklärer wussten, dass das nicht geht – dass dies ein Betrug ist.*
HARTMUT VON HENTIG

Woran merkt man, abgesehen von dem juristischen Berechtigungszustand (z. B. Ausgehen ohne Zeitbeschränkungen und ohne elterliche Kontrolle), dass man erwachsen ist? Zu erwarten, dass sich der Körper nur mehr hinsichtlich der Breite verändern wird, kann täuschen: Nach gelungenen Psychotherapien stellen Menschen oft fest, dass sie noch ein bis zwei Zentimeter an Größe zugelegt haben – sie haben sich »aufgerichtet«.

Seelisch freuen sich viele, endlich tun und lassen zu dürfen, was man/frau selbst will – während andere merken, dass sie sich vieles nicht zutrauen oder dass ihnen die Eltern nichts zutrauen und sie nicht loslassen wollen. Denn leider verwechseln manche Eltern »Kind« als Verwandtschaftsbezeichnung mit »Kind« als Altersangabe: Sie meinen dann, ihren Nachwuchs ewig behandeln zu sollen oder dürfen wie jemanden, der oder die nicht fähig ist, die eigenen Angelegenheiten zu regeln. So etwas gibt es natürlich – aber dafür hat der Gesetzgeber klare Richtlinien vorgegeben, eben damit hier nicht Missbrauch getrieben werden kann.

Um sich aus dem Nest, der Eischale oder dem Hotel Mama zu befreien (oder auch von tyrannischen Ehepartnern oder sadistischen Vorgesetzten), braucht es Mut – und Kraft. Viele Menschen trauen sich nicht, diesen »Durchbruch« zum »Eigensinn« zu wagen, denn auch diese Fähigkeit muss man lernen, d. h. neuronal einüben.

Bis zum Alter von 14 Jahren gelten Kinder als unmündig, danach bis zur Volljährigkeit als mündige Minderjährige, was bedeutet, dass sie ab diesem Alter für sich selbst »sprechen« dürfen – nicht aber alles entscheiden wie beispielsweise Ratenverpflichtungen übernehmen oder Käufe tätigen, die weit über ihre finanziellen Möglichkeiten gehen, oder auch heiraten. In diesen und ähnlichen Fällen brauchen sie die Zustimmung ihres Vormundes – auch da steckt oberflächlich betrachtet das Wort »Mund« darin, tatsächlich stammt es vom althochdeutschen *munt*, das Schutz bedeutet – das sind in der Regel die Eltern, ein Elternteil oder Ersatzelternpersonen oder auch Institutionen wie das Jugendamt. (Aber auch Arbeitgeber sind gegenüber ihren MitarbeiterInnen fürsorgepflichtig; seit dem 1. 1. 2013 sind sie es nicht nur für deren körperliche Sicherheit, sondern sogar verpflichtet, auf deren psychische Gesundheit zu achten! Das umfasst allerdings auch, deren eventuell selbstschädigendes Verhalten anzusprechen – und dazu braucht es wieder Mut.) Viele ersetzen ihre Wissensmängel an gewaltverzichtenden Sprachformen durch grobe Drohungen (→ Selbstcoaching S. 207).

Daher: nicht alle Erziehungsberechtigten bzw. Fürsorgeverpflichteten haben das Wohl ihrer »Schützlinge« im Auge, sondern ihr eigenes, manche beuten die ihrer Fürsorge Anvertrauten – da steckt wieder das Wort »trauen« darin – sogar finanziell oder sexuell aus. Interessanterweise fehlt ein Kurzwort für die Ausbeutung der Arbeitskraft, zu selbstverständlich gilt seit jeher, dass »Untergeordnete« den »Übergeordneten« dienen sollen bzw. müssen.

Wie oft hören Kinder »Halt den Mund!« oder »Kusch!« Deswegen mag ich das Lied »Hupf in Gatsch« von Georg Danzer nicht, in dem es heißt: »Wie er daun später z'haus kummt | liegt seine Frau im Bett | sie mocht a Batz'n Schnoferl, | und sagt: Bist wieda Fett |

Du stinkst scho' von da Weit'n | geh stöll di unter'd Dusch' | er ziahgt sie seine Schuach aus | und sogt: Na bitte Kusch ...« Es wird damit ein Vorbild – ein »Vor-laut« – für Gewalt gegeben, auch wenn es in scheinbaren Bierzelt-Humor verpackt ist. In meiner Jugend sagten diejenigen, die sich für fein hielten, gerne »Sei schweig!« Egal, wie grob oder maniriert man jemand anderem den Mund verbietet – man versucht, sie oder ihn mundtot zu machen. Mundtot ist aber auch eine Form von Tod.

Wirklich erwachsen sein – und nicht nur so zu heißen – bedeutet anstelle der Ausrede vom Auftrags- bzw. Befehlsnotstand Eigenverantwortung wahrzunehmen. Wahr-zu-nehmen. Und dazu gehört auch, seine Stimme zu gebrauchen, um Grenzen zu setzen, und wenn es nur die bestimmt vorgetragene Aufforderung ist, »Bitte behandeln Sie mich respektvoll!« Meine Erfahrung damit ist, dass gewalttätige Menschen dann noch »eins draufgeben«, also ihre Repression verstärken: »Einen Dreck werd' ich!« oder »Was bildest du/bilden Sie sich ein? Wegen Ihnen werde ich mich nicht ändern!« Dann ist es Zeit, die Kommunikation abzubrechen, und das gelingt auch, indem man – sachlich! Ohne beleidigten Unterton! – sagt: »Ich nehme zur Kenntnis, wie Sie sind (und bleiben wollen)«, und Schluss! Man darf sich danach auf keine weiteren Diskussionen einlassen. Alle nicht gewalttätigen Menschen nehmen sich hingegen sofort zurück und hören mit ihrem rüpelhaften Verhalten auf – außer es sind Politiker und andere, die gewählt werden möchten, die sich vor ihrer Anhängerschaft »produzieren« wollen.

Allerdings kann es schon geschehen, dass man in Krisensituationen in frühere Entwicklungsphasen zurückfällt – »regrediert« – und verstummt – so wie in der Kindheit, als man weder Kenntnis noch Sprachschatz besaß, seine Menschenwürde zu verteidigen. Manche wünschen sich dann eine alles beherrschende Elternfigur, die für sie schützend an die Seite tritt oder an deren Schulter sie sich zumindest anlehnen und ausruhen können, aber, wie die Doyenne der österreichischen GesellschaftsjournalistInnen, Senta

Ziegler, einmal bekannte: »Ich bin darauf gekommen, dass ich selbst für mich die ›starke Schulter‹ sein muss!« Das ist auch der Hintergrund, weswegen viele Menschen nach einer Führerfigur rufen, wenn sie sich von einer demokratischen Regierung nicht ausreichend gefördert fühlen: Sie erwarten fürsorgliche Elternkompetenz, auch wenn sie diese selbst nur im Märchenbuch oder der Fernsehwerbung erlebt haben und nicht in der eigenen Familie.

Eigentlich sollte Familie genau der Ort sein, wo man ehrlich miteinander umgehen kann und darf. Ehrlichkeit ist aber nicht gleichbedeutend mit Brutalität. So erfahre ich immer wieder von meinen KlientInnen, dass sie in Krisensituationen, wenn Verborgenes ans Tageslicht drängt – beispielsweise eine außereheliche Beziehung –, vom ungetreuen Teil angefaucht werden, wie sehr er oder sie sich immer des Friedens willen zurückgehalten habe, »aber jetzt sage ich dir auch mal etwas!«, und dann folgen Vorhaltungen bis Beschimpfungen, eben alles, was an jahrelang »unter den Teppich« gekehrtem Beziehungsmüll zu einem Berg angewachsen ist.

Wenn man es aber geschafft hat, ein »ehrliches Gespräch« zu führen, ohne in Aggression oder Trotz zu verfallen, ohne wegzulaufen oder Mentalreservationen (geheime Vorbehalte) zu pflegen, verspürt man ein Gefühl von Erleichterung und Freiheit: Man kann frei durchatmen, weil man sich nicht mehr verkrümmen muss, weil man erfahren hat, dass man ernst genommen wird und unbesorgt so sein, wie man im tiefsten Herzen ist: ein liebenswerter und liebensfähiger Mensch. Das bedeutet für mich das ultimative Lebensgefühl, und das nenne ich Mut. Lebensmut.

Freimut

Freimut bedeutet, zu sich stehen (zu dürfen – man muss es sich ja auch selbst erlauben!). Die eigene Meinung – das, was »das Meine« ist – frei heraussagen zu dürfen, ohne dass jemand, dem das nicht passt, einem gleich über den Mund fährt. Hoffentlich.

So erzählte mir eine Freundin, wie entsetzt sie gewesen sei, dass ihre Freundin, als sie ihr von den Fernsehübertragungen der Opern *Tosca* und *Turandot* vorgeschwärmt hatte, fragte »Und wer ist das, Puccini?« Sie hätte darauf gemeint, Puccini müsse man doch kennen. Die Freundin habe sich verteidigt und ihr Überheblichkeit vorgeworfen. Ich kommentierte dazu, die Freundin habe Recht getan: Wertschätzend wäre gewesen, der Freundin ohne viel Aufhebens einfach die Informationen zu geben. Immerhin bedeutet es Mut, jemandem so zu vertrauen bzw. sich zu trauen, Unwissenheit zuzugeben. Mir hat jedenfalls mein Vater, ein begnadeter, aber auch legendärer Lehrer, weil er 27 Sprachen beherrschte, immer wieder gesagt: Wenn jemand mehr weiß, muss er sein Wissen den anderen zur Verfügung stellen! Das gehört sich aus Dankbarkeit dafür, dass man mehr Wissen erwerben durfte. Er selbst war der Sohn eines »kleinen« tschechischen Schneiders, der in der Monarchie nach Österreich ausgewandert war und erst 1918 Österreicher wurde, und hatte sich sein Hochschulstudium teils mit Nachhilfestunden, teils mit Kohlenschaufeln selbst verdient.

In der klassischen österreichischen Operette *Die Fledermaus* singt der meist von einer Altistin dargestellte Fürst Orlowsky »Das ist bei mir so Sitte – chacun à son goût – jeder nach seinem Geschmack« –, und so treiben es seine Festgäste dann auch. Viele Menschen ertragen aber nicht, dass jemand von ihrer eigenen Lebensweise abweicht. Eine Klientin von mir, hochqualifizierte Regionalleiterin einer großen Firma, wurde etwa von einer Kollegin auf übelste Weise diffamiert, weil sie – erfahrene Triathletin – es nach Meetings vorzog, etwas für ihre Gesundheit zu tun und laufen zu gehen, anstatt ohne Pause mit den Kunden »für die gute Stimmung« an der Bar des Seminarhotels Hochprozentiges in sich hineinzugießen. Sie kam ohnedies später immer noch mal kurz dazu, damit nicht der Eindruck entstünde, sie würde die andere Form der Freizeitgestaltung schlecht finden – sie wollte nur ihre eigene leben dürfen. Auch hier wurde der Freimut der Selbstgestaltung nicht als Selbstfürsorge respektiert, sondern als Kritik an anderer, möglicherweise gar nicht so frei gewählter, Abendgestaltung kritisiert: ein völlig unnötiger und Energie raubender Konkurrenzkampf zwischen phantasierter Kritik gegenüber tatsächlicher Kritik.

Freimütig zu sich und der eigenen Sichtweise zu stehen, wie in dem Bekenntnissatz Martin Luthers 1520 vor dem Reichstag zu Worms »Da mein Gewissen in den Worten Gottes gefangen ist, ich kann und will nichts widerrufen, weil es gefährlich und unmöglich ist, etwas gegen das Gewissen zu tun. Gott helfe mir, amen« (das »Hier stehe ich, ich kann nicht anders« wurde erst später hinzugedichtet), trauen sich heute nur wenige. Wenn aber doch, wird ihnen das schlecht ausgelegt, denken wir nur an den zuerst bewunderten, dann verteufelten griechischen Wirtschaftswissenschaftler und 2015 Kurzzeit-Finanzminister Yanis Varoufakis, dessen marxistisch geprägte Strategie zur Schuldenbewältigung als illusionär abgetan wurde statt sie seriös als zwar wissenschaftlich untermauerte, jedoch politisch unerwünschte »politische« Möglichkeit abzulehnen.

Freimut wird begeistert kommentiert, wenn er laut werden lässt, was die »schweigende Mehrheit« insgeheim auch denkt, aber nicht auszusprechen wagt; ein österreichisches Beispiel dafür liefert die als ÖBB-Stimme beliebte Schauspielerin Chris Lohner, wenn sie humorvoll aus dem Sex-Nähkästchen der nicht mehr ganz jungen Weltdame schreibt und plaudert. Freimut wird erst dann zum Problem, wenn man es mit übermächtigen Gegnern zu tun hat – und übermächtig sind vor allem anonyme Massen.

Zumutungen

»Du darfst dich mir zumuten!«, habe er seinem Freund gesagt, erzählte mir ein Kollege. Ein mutiger Satz – verspricht er doch der anderen Person, sie bedingungslos anzunehmen, egal, was sie von sich gibt. Vor allem aber beinhaltet er das Angebot, auf Bewertungen zu verzichten.

Bewertungen gehören nach den Grundsätzen der meisten psychotherapeutischen Schulen zu den Kunstfehlern, die nicht passieren sollten, weil sonst die Gefahr besteht, dass man als eine Art Elternersatzperson die KlientInnen erneut von ihrem eigenen Empfinden ablenkt wie vormals schon Eltern und Lehrkräfte, Freundeskreis und Medien. Psychotherapie sollte aber von alten und nicht mehr zeitgemäßen Fremdbestimmungen reinigen und die Kraft zur Selbstbestimmung frei legen – und das kann durchaus dazu führen, dass sich ein Kreis schließt und man doch wieder zum Alten zurückkehrt, aber dann nicht, weil man darauf hinmanipuliert wurde, sondern weil man aus eigenem Wissen und Gewissen es für richtig hält.

Viele Menschen finden Zumutungen empörend – so haben sie es von früh auf gelernt. »Empörend« – das bedeutet, dass man innerlich oder auch äußerlich hör- und sichtbar »in die Luft geht«. Das ist eine Form, die eigene »Über-leg-en-heit« aufrechtzuerhalten, beispielsweise wenn jemand versucht, auf gleicher Augenhöhe zu kommunizieren (und möglicherweise dabei nicht ganz den rechten Ton trifft, wie viele Jugendliche, für die Ältersein kein Anrecht auf Dominanz verleiht, → Selbstcoaching S. 207).

Zumutung beinhaltet den Mut, auf jemanden aufrecht und aufrichtig zuzugehen, und das benötigt eine gute Portion Angstfreiheit – und die erwirbt man unter anderem aus mehrfach erlebter Erfahrung, dass ohnedies nicht das passiert, was man befürchtet hat. Solche Befürchtungen stammen aus elterlichen oder geschwisterlichen Drohungen, sie sind »neurotisch«, was bedeutet, sie stammen aus alten neuronalen Verknüpfungen, die in der gegenwärtigen, oft ähnlichen Situation aktiviert wurden. Man braucht einem wissbegierigen Kind – und Kinder, die nicht verstört wurden, sind alle wissbegierig – etwa nur kommentarlos Geschichten vorzulesen

Freimütig zu sich und der eigenen Sichtweise zu stehen, trauen sich heute nur wenige.

oder zu erzählen, in denen ein tyrannischer König einen Überbringer einer schlechten Nachricht hinrichten lässt, und »lehrt« damit, dass es lebensgefährlich ist, schlechte Nachrichten zu berichten. Das kennen vermutlich alle Kinder, die irgendwann einmal etwas »angestellt« haben und zusätzlich zu ihrem Verlust an Selbstvertrauen noch ihr »schlechtes Gewissen« vorgehalten bekommen. Aber gibt es in diesen Fällen überhaupt so etwas wie ein schlechtes Gewissen? Ist dieser Vorwurf nicht auch eine – in dem Fall negative – Zumutung? Nämlich dem anderen böse Absicht zu unterstellen? Wo es sich doch eher um Unwissenheit, Inkompetenz, vielleicht auch Feigheit gehandelt hat? Und solches betrifft nicht nur Kinder und Jugendliche – auch Erwachsene kommen immer wieder in solche Situationen. Dazu zwei Beispiele aus meiner eigenen Ehe, die wohl vielen, Frauen wie Männern, vertraut sind.

Beispiel eins: Ich bin eine »zweite Ehefrau«, d.h. als ich meinen Ehemann kennenlernte, war er nach einer »Muss-Ehe« bereits einige Jahre geschieden gewesen; nach einem turbulenten halben Jahr unserer Bekanntschaft ließ ich mich von ihm heiraten, vor allem weil ich ihm in einer schweren Zeit demonstrativ Beistand leisten wollte. Es war vielleicht ein oder zwei Wochen nach unserer Heirat, als er mir, ganz Kavalier, etwas zum Anziehen schenken wollte und mich dazu in einem Großkaufhaus in der Wiener Mariahilferstraße »ausführte« (wie das damals in den 1960er-Jahren als Gunsterweis galt). Dort stießen wir auf seine geschiedene Ehefrau, die sich trotz vielfältiger Alternativen die Probierkabine neben der aussuchte, in der sich ich und mein Ehemann befanden. Kurz darauf hörten wir sie von nebenan mit gedehnter Stimme näseln: »René – magst du nicht zu mir gustieren kommen?« (Mein Ehemann hieß Reinhold.) Ich hätte erwartet, dass mein Ehemann ablehnt – aber er trottete kurz nach nebenan, kam aber sogleich wieder zurück. Was er dort geflüstert hatte, konnte ich allerdings nicht verstehen. Als wir wieder allein waren und ich ihm sagte, dass er nun eine Chance vergeben hätte, mit mir unser Paar-Sein zu demonstrieren und den »Außenangriff« abzuwehren, sah er betroffen drein und sagte nur gequält: »Was hätte ich denn machen sollen?« Damals, 1968, als schlichte Juristin, fiel mir keine Antwort ein. Heute, mit all meinem psychologischen und psychotherapeutischen Wissen, hätte ich geantwortet: »Das kann ich dir sagen: Du hättest sagen sollen: ›Bitte versteh', dass ich mich meiner Ehefrau widme.‹«

Beispiel zwei, ein Jahr später: Dieses Mal waren wir bei einer Studienkollegin zu einem privaten Fest eingeladen, und zu fortgeschrittener Stunde setzte sich eine leicht betrunkene fremde Frau meinem neben mir sitzenden Mann auf den Schoß. Wiederum sah er nur hilfesuchend – oder verunsichert – zu mir, setzte aber keinerlei Abwehrhandlung. Diese Szene besprachen wir erst Jahre später und erkannten, dass wir beide kein Modell für solch eine »Zumutung« besaßen. Heute würde ich wahrscheinlich irgendetwas in der Art »Ich borge Ihnen gerne meinen Ehemann für zwei Minuten – aber nicht länger!« oder »Reinhold, willst du jemanden auf dem Schoß haben? Soll das nicht *ich* machen?« oder auch »Ich glaube, Sie verwechseln gerade meinen Ehemann mit einem Lehnstuhl!« (denn heute kenne ich das Buch von Oliver Sacks *Der Mann, der seine Frau mit einem Hut verwechselte* – da geht es allerdings um die Symptome einer neurologischen Erkrankung) oder sonst irgendetwas Lustiges, das ihr – aber auch meinem verblüfften Ehemann – erlaubt, »das Gesicht zu wahren«. Viele Jahre später gestand er mir, dass er immer schon ein Problem gehabt hatte, seinem inneren Gefühl entsprechend, Nein zu sagen, und wir kamen bei tieferer Analyse darauf, dass das damit zusammenhing, dass er sich immer den Wünschen seiner Mutter willfährig zeigen wollte (und Gegenteiliges heimlich tat), um mit seinem älteren Bruder, ihrem Lieblingskind, gleichziehen zu können.

Kleine – »unerzogene« – Kinder haben noch den Mut zum Widerstand: Sie wehren sich nach ihren körperlichen Möglichkeiten, wenn ihnen etwas nicht passt. Im Lauf der Zeit wird ihnen aber

»auf die Strenge« beigebracht, sich denjenigen, die Macht haben, zu unterwerfen. Nun wäre – siehe den bereits erwähnten Rat von Dr. Medicus – säuselnde Grenzsetzung missverständlich. Es braucht also wieder den richtigen Ton, und der besteht aus Ernsthaftigkeit und Präzision: Es genügt, klar zu sagen, was man will bzw. nicht will, aber auch, warum.

Von der viel zu wenig bekannten österreichischen Lyrikerin Traude Zehentner stammt das folgende Gedicht:

Bitte Mutter!
lass mich doch selber
die Erfahrung machen
dass meine Beine noch zu kurz sind
um über die Bank zu steigen

sonst bleibt mein Verstand zu kurz
auch wenn die Beine wachsen

Hinter vielem, was als Zumutung bezeichnet wird, steckt ein Generationenkonflikt – oder deutlicher formuliert: der Anspruch der älteren Generation auf Unterwerfung der jüngeren. So empfand es auch ein Vater, Gewerbetreibender, der seinen Betrieb aus Altersgründen an seinen Sohn übergeben und sich für sich selbst nur einen kleinen Teilbereich behalten hatte, als Zumutung, dass ihm der Sohn für den Bezug von Waren aus dem Hauptbetrieb keinen kräftigen Rabatt gewährte. Für ihn war es sein klares, d. h. nicht extra zu vereinbarendes, »Recht«, dass er als ehemaliger Eigentümer Sonderkonditionen zu bekommen habe. Der Sohn argumentierte, dass er den Betrieb modernisieren wolle und daher die eingeforderte Großzügigkeit wirtschaftlich nicht zu verantworten sei. Der Vater grollte. Diesen Groll konnte ich zum Verschwinden bringen, indem ich aufzeigte, wie gut er seinen Sohn ausgebildet hatte – nämlich als kostenbewussten Kaufmann, dem man für seine Geschäftsgebarung »zu Recht« Vertrauen entgegenbringen könne.

Es ist nicht leicht für Angehörige der zwei unmittelbaren Nachkriegsgenerationen, die einerseits auf Gehorsam gedrillt worden waren, deren Leben andererseits oft von ihrem Schweigenkönnen abhing, mit Jüngeren und Jungen konfrontiert zu sein, die sich »kein Blatt vor den Mund nehmen« und vor der beanspruchten Altersautorität nicht »in die Knie gehen« (was aber nicht heißt, dass man sich deren Internet-verkürzten Neusprech gefallen lassen muss oder sollte). Meist wird dann auf die sogenannte antiautoritäre Erziehung geschimpft und behauptet, diese ermuntere zu Grenzenlosigkeit, Verachtung sozialer Werte, Tabubrüchen und überhaupt zu prinzipiellem Ungehorsam – eine deutliche Verwechslung mit der sogenannten Laisser-faire-Erziehung, in der keine Grenzen gesetzt werden und erwartet wird, dass die Kinder von selbst ihre eigene Ordnung im Chaos entwickeln (was sie auch tun – aber erst ab einem bestimmten Alter). Antiautoritäre Erziehung hingegen bedeutet, kritisch gegenüber autoritärem Verhalten zu sein, daher Regeln zu hinterfragen und bessere zu vereinbaren, wobei vereinbaren ja schon besagt, dass man sich ernsthaft mit den Positionen und Ansprüchen der Gegenseite auseinandersetzen muss.

Konfliktbereinigung kann gewaltsam geschehen – das ist der alte Stil, in dem die Mächtigeren die Spielregeln samt Sanktionen diktieren – oder partnerschaftlich im gewaltverzichtenden Dialog. Der allerdings erfordert Mut zur Kooperation – und damit auch Mut zu Entgegenkommen und allenfalls auch Ergebenheit.

Es liegt am Erziehungsstil der jeweiligen Generation, ob sie auf Konkurrenz und Rivalität oder Kooperation und Integration hin erzieht. Im ersteren Fall gibt es Sieger und Verlierer, die möglicherweise ihren Lebensmut verlieren, depressiv und krank oder gar kriminell werden und damit unnötige Kosten verursachen. Im zweiten Fall wird so lange verhandelt, bis man eine für beide Teile passable Lösung gefunden hat – und dieser Prozess erfordert wieder Freimut – auch den Mut, eigene Fehlsicht und Fehlverhalten einzugestehen – und Respekt, und der besteht aus Rücksicht auf die gerechten Bedürfnisse, die sich aus der Menschenwürde ergeben, und gegenseitiger Wertschätzung.

Bei mir suchte einmal ein Betriebswirt Beratung für die Problemlage, dass er und sein im gleichen Betrieb arbeitender bester Freund sich für die gleiche übergeordnete Position beworben hatten. Er rätselte nun, wie er sich in der Zeit vor der Entscheidung verhalten solle und ob die Freundschaft diese Konkurrenzsituation überleben würde. Ich riet ihm, diese Problematik konkret mit seinem Freund zu besprechen und eine Vereinbarung zu treffen, ob sie während dieser kritischen Zeit ihren Kontakt auf das Berufliche beschränken, oder ob sie offen – freimütig – über ihre Erlebnisse und ihre Gefühle dazu sprechen wollten, und zwar auch über ihre Hoffnungen, Befürchtungen, Unterstellungen, Phantasien und Verärgerungen. Gefühle hat man – aber man kann sie steuern und auch verändern (→ Selbstcoaching S. 207).

Konkurrenz, Eifersucht, Rivalität – das sind traditionell Tabuthemen. Man sieht die andere Person oder Personengruppe als Feinde, die einen bestehlen oder vernichten wollen. Sie vergiften Teambeziehungen, aber auch Partnerbeziehungen und können, wie die Geschichte lehrt, zu Bürgerkriegen führen – oder aber zur »friedlichen Koexistenz«.

Was aber dazu nötig ist, ist ein gezielter Umgang mit Sprache. Das bedeutet, vorher nachzudenken und alternative Formulierungen gegeneinander abzuwägen. Dass das nicht immer gelingt, vor allem wenn man emotional stark betroffen ist, ist kein persönliches Versagen, sondern nur der Hinweis, dass man Bildung – Sprachbil-

Konfliktbereinigung erfordert Mut zur Kooperation.

dung, die Bildung einer friedfertigenden Sprache – und Übung, oder noch mehr Übung – braucht. Und oft braucht es sogar die Entwicklung neuer Worte.

Wenn man auch bei der Inhaltsdiagnostik, was von seinem Innenleben man aussagen will, die Differenzierungsmethode anwendet, merkt man bei genauer Überprüfung, dass es ziemlich viele Lücken – also eine Menge nicht vorhandener Worte – gibt. Ich zitiere in diesem Zusammenhang gerne das Märchen vom Rumpelstilzchen, dem ja unterstellt wird, dass es sich aus Zorn in zwei Stücke gerissen hat. Aber ist es wirklich »nur« Zorn? Ist es nicht viel mehr Verbitterung, von der Müllerstochter, nunmehr Königin, so sehr betrogen worden zu sein, und auch Enttäuschung und Trauer, dass sein Herzenswunsch nach einem Kind, das es aufziehen und ins Leben begleiten dürfte, verunmöglicht wurde, und auch Verzweiflung als Zeichen dafür, dass mehrere widersprüchliche Gefühle in ihm toben? Ich habe in einem meiner Bücher dazu geschrieben: Dieses Gesamt-Gefühl, das keinen Namen hat, kennen all die Frauen, die ihren Ehemann oder Lebensgefährten durch die Zeit seines Studiums begleitet und finanziert haben und nach dem Abschluss verlassen wurden – und vielleicht hat es eben genau deswegen keinen Namen, weil sonst zu viele Frauen diese Form von Ausbeutung anklagen würden.

Es braucht daher auch Mut zur eigenen Sprachschöpfung – und den Mut, die Verantwortung für die eigene Sprachmacht zu übernehmen. Denn es sollte uns zweierlei bewusst werden: So wie viele von uns kein Problem haben, beim Schimpfen die tollsten Sprachneuschöpfungen »dem Gehege ihrer Zähne entfliehen zu lassen« (© Homer), könnten sie diese »Mutanfälle« auch zur Schaffung einer wertschätzenden Konfliktbereinigungssprache nützen; Mutanfälle sind aber auch ein Energiezuwachs und damit der Beginn eines kreativen Prozesses – und der ist nicht erst dann wertvoll, wenn er zu einem bezahlten Ergebnis führt. Ich schrieb vor langer Zeit einmal eine Kolumne für das Branchenblatt *Extradienst* des

Wiener Verlegers Christian W. Mucha über den deutschen Spitzen-Werbetexter und Wortmarken-Erfinder Manfred Gotta, in der ich auf die bereits erwähnte »determinierende Kraft des Namens« hinwies und daraus den – nicht ganz ernst gemeinten – Schluss zog, wenn man schon Gott(a) heiße, läge es doch nahe, auch mit dem Wort Wirk-lichkeit zu schaffen wie das offensichtliche Vorbild, das »sagte« und »es ward«.

Ob wir Worte und Sinngebungen, die uns zugemutet werden, annehmen wollen oder nicht, kann man erst entscheiden, wenn man erstens ein Wahrnehmungsneuron für diese Wahlmöglichkeit besitzt und zweitens ein Handlungsneuron, wie man das macht. Beides gehört zum »Werkzeugkoffer« der Erwachsenen – und wenn das darin fehlt, gehört es »nachgekauft«. Das Angebot findet sich in Büchern und Seminaren – beispielsweise in meinen.

Ich plädiere in meinen Seminaren (und habe es beispielsweise in meinem Buch *Die Tao-Frau* geschrieben) immer wieder dafür, andere Menschen nicht herablassend zu »schonen«. Dadurch lernt man nichts Neues, und außerdem wird man infantilisiert (→ Selbstcoaching S. 207). Ich plädiere dafür, auch den Begriff Höflichkeit differenziert zu betrachten: Er verweist auf die Etikette bei Hof, wo man sich dem Monarchen nur von Angesicht zu Angesicht nähern durfte (und nicht die Hinterseite zeigen – denn so konnte man nicht kontrollieren, was sich hinterrücks als mögliche Gefahr aufbaute), niederknien oder knicksen. Knicks ist eine wörtliche Verniedlichung nur für Frauen, von denen ja nicht extra Unterwürfigkeit gefordert werden musste, denn sie waren ohnedies dazu verpflichtet. Deswegen bedeutete es eine besondere Ungeheuerlichkeit, wie Baronesse Mary Vetsera (in der Filmszene von *Kronprinz Rudolfs letzte Liebe* aus 1956, dargestellt von Christiane Hörbiger) vor Kronprinzessin Stéphanie, der Gattin ihres Geliebten Kronprinz Rudolf, aufrecht stehen blieb statt sich devot zu beugen – in Brigitte Hamanns Rudolf-Biografie findet sich allerdings kein Hinweis auf eine derartige historische Wahrheit.

Es gibt aber auch befreiende Ungeheuerlichkeiten wie den Ruf des kleinen Kindes »Aber er hat ja gar nichts an!« in Hans Christian Andersens Märchen von »des Kaisers neuen Kleidern«. Der Vater des Kindes bestätigt: »Hört die Stimme der Unschuld!« Da meldet es sich wieder – das unschuldige Kind, das frei ist von Angst ebenso wie von Rachsucht.

Aber sollen wir nicht alle wieder werden wie die Kinder (Matthäus 18,3)?

Wankelmut
Das unschuldige Kind hat noch keine Angst vor Liebesverlust – außer es ist ihm bereits damit gedroht worden. Es hat eher Angst vor Unbekanntem und vor Alleinsein, denn erst wenn es sich aufgerichtet hat – und damit ein aufrechter Mensch geworden ist, auch wenn es manchmal schwankt, stolpert, strauchelt oder anderswie zu Boden geht –, kann es Wachstumsschritt für Wachstumsschritt Überblick und damit immer mehr die Weite unterschiedlicher Perspektiven gewinnen. Gleichzeitig damit wird es mit der Forderung konfrontiert, nur eine liniengerade Zielrichtung anzuvisieren. In diesem Sinn wird oft die Bibel zitiert mit »Euer Ja sei ein Ja, euer Nein ein Nein« – dabei geht es dort nur ums Schwören, das Jesus ablehnt, ebenso wie das Herumschwätzen. Es geht nur um schlichte Wahrhaftigkeit (Matthäus 5,37). Davon zu unterscheiden ist der Prozess der Entscheidungsfindung, der unterschiedlich lange dauern kann. Oft wird man aber unter Druck gesetzt, »ohne viel nachzudenken« zu handeln – und dies ist ja auch das geheime Ziel dieser Pression: Zusagen zu treffen, und oft gereuen diese deswegen auch später. Man fühlt sich manipuliert oder gar missbraucht.

Wankelmut ist keine Schande – er ist echter Mut.

Die alte Forderung, »linear« zu denken und zu handeln, löst sich gegenwärtig zugunsten der neuen Forderung nach »Multitasking« – der Fähigkeit, mehrere Dinge gleichzeitig zu tun – auf. Frauen können das angeblich besser. Natürlich – denn von Natur aus müssen Mütter von Kleinkindern diese immer im Auge behalten und gleichzeitig kochen, abwaschen, putzen, womöglich noch einen Garten betreuen und alte MitbewohnerInnen pflegen und in Landwirtschaft und Gewerbe selbstverständlich im Beruf mitarbeiten (oder als Studentinnen für ihre Prüfungen lernen). Irgendwann zeigt sich dann ein Burnout – früher hieß das Nervenzusammenbruch – und sie bekommen den Vorwurf, dass sie zu viel arbeiten, aber wie sollten sie auch nicht, wenn sie keine Unterstützung bei den Arbeiten bekommen, die jemand anderer auch erledigen könnte? Und nicht den Mut aufbringen, darum zu bitten – weil sie ahnen, dass sie dann nur zu hören bekommen, sie müssten ja nicht außerhäuslich tätig sein. Dabei liegt nicht dort die Überforderung, sondern in Anzahl und Alter der daheim zu versorgenden Personen bzw. zu erfüllenden Pflichten und der dafür nicht gezollten Anerkennung. Die Stunden im Beruf sind dagegen oft Erholung, denn dort bekommt frau zumindest Geld für ihr Zeit- und Energieopfer.

Wenn heute Multitasking als Berufsqualifikation hoch gelobt wird, bedeutet das im Klartext: man solle in gleicher – oft weniger – Zeit die Arbeit erledigen, die vormals mehrere Personen bewältigt haben, oder sogar noch mehr Arbeitsanfall. Besteht eine Hierarchie, wird die Forderung einfach nach unten weitergegeben – und angenommen. Zweifel an der Machbarkeit wird als persönliches Versagen oder unkollegialer Widerstand gebrandmarkt. Was dabei meist mit ausgelöst wird, ist die Aktivierung von Neurosignaturen der Scham und Angst vor Ausstoßung aus Kindheits- und Jugendjahren und das Schwanken zwischen möglichen Reaktionsformen. Meist folgen noch Selbstbeschimpfungen wegen des Wankelmuts, nicht alles hinzuschmeißen oder zumindest lautstark zu protestieren.

Mutige – d. h. durch Schamgefühle nicht total blockierte – Menschen suchen dann Beratung oder Coaching[8] (wenn sie es sich finanziell leisten können bzw. wollen). Sie gönnen sich eine in solchen Angelegenheiten erfahrene und neutrale Gesprächspartnerperson, welche die Schritte von der Unsicherheit zur Sicherheit kontrollierend mitgeht.

Wankelmut ist keine Schande – er ist echter Mut. Mut zum Schwanken zwischen mehreren gleich gültigen Handlungsoptionen. Er bedeutet, sich selbst die Zeit zu gewähren, die man braucht, bis etwas entscheidungsreif ist. Bis der Kairos, der »entscheidende« Augenblick, da ist, so wie bei Odysseus, bevor er sich der frechen Freier seiner Gattin entledigt. Was man dazu allerdings benötigt, ist der Mut zur Ambiguitätstoleranz – zum Ertragen von Spannungen zwischen gleich drängenden Impulsen und deren Bewertungen – und auch Frustrationstoleranz, den inneren Krieger zum Abwarten zu motivieren statt zum erleichternden, aber vermutlich folgenschweren Losschlagen.

Wankelmut wird als Schimpfwort gebraucht. Aber wie das Wort klar besagt, braucht es eben Mut, zwischen Wahlmöglichkeiten zu zögern. Deswegen ist der sogenannte Wankelmut bei den Leuten unbeliebt, die nicht wollen, dass man sich Zeit zum Nachdenken und Nachfühlen nimmt. Sätze wie »Bleib, wie du bist!« – gern gebraucht, wenn jemand die Karriereleiter hinaufsteigt – besagen im Klartext: »Entwickle dich nicht weiter!«, und auch der Satz aus der Margarinewerbung der 1990er-Jahre »Ich will so bleiben, wie ich bin!« sabotiert den Mut zur Veränderung. Denn wenn man meint,

---

8   Der Begriff Coaching wird seit den 1990er-Jahren zunehmend inflationär angewendet: So gibt es Bewerbungscoachings, Lerncoachings, Beziehungscoachings, Partnerschaftscoachings, Mediencoachings etc. Tatsächlich wurde der aus dem Sport stammende Begriff aber für eine komplexe Beratungstätigkeit von Führungskräften übernommen und setzt sowohl juristische bzw. betriebswirtschaftliche und gleichzeitig psychologische Ausbildung und nachweisliche Erfahrung im Berufsfeld der Kundschaft voraus.

dass sich jemand ins Negative verändert, kann man ihn oder sie ja auch direkt mit dieser »Unleidlichkeit« konfrontieren – oder sich diese für eine passendere Gelegenheit aufheben.

Vermutungen
Was ebenso Zeit braucht, ist die Überprüfung der eigenen Vermutungen. Wir alle sind nicht frei von Vorurteilen – und das ist auch gut so. Wir brauchen die Fähigkeit der schnellen Einschätzung von Menschen und Situationen, und dazu verhilft uns wiederum unser semantisches Gedächtnis – unsere Erfahrung. Auch hier werden Menschen oft verspottet, wenn sie genau das »intuieren«, vermuten oder erahnen, was jemand anderer verbergen will.

Intuition – der sogenannte »sechste« Sinn – wird im Volksmund oft als »das Gras wachsen hören« oder »eine Nase haben« umschrieben. Offensichtlich hat diese »Begabung« viel mit der Fähigkeit von Tieren – beispielsweise Hunden – gemein, die auch mehr hören und riechen als der Durchschnittsmensch, der sich meist ja auch nicht vorstellen kann, dass es Menschen gibt, die mehr Farben sehen als gewöhnlich (weil sie nachweislich mehr Zapfen im Auge besitzen als »normal«; umgekehrt wird Farbenblindheit aber nicht angezweifelt) oder sogar *Farben hören, Töne schmecken* (so der Titel des Buches von Richard E. Cytowic über die sogenannte Synästhesie) können. Intuition haben wir offenbar alle – als Kinder. Wir hören dann wie die Goldmarie im Märchen von »Frau Holle« den Apfelbaum rufen und das Brot im Backofen schreien – aber wir werden nicht ernst genommen. Es heißt dann »Was bildest du dir denn da ein?!« und wir verstummen – und vergessen. Der slowenische Bildhauer und »Lithopunkteur«[9] Marko Pogačnik beschreibt in seinem Buch *Die Erde wandelt sich* die Mög-

---

9 Lithopunktur ist ein von Marko Pogačnik entwickeltes Verfahren, die Erde durch gezielte Steinsetzungen ähnlich wie einen Menschen mit Akupunktur zu behandeln.

lichkeiten, Pflanzengeister zu »sehen« und bildet auch Beispiele aus seiner Praxis ab. Dieses »intuitive« Sehen kann man lernen (z. B. in manchen Schamanismus-Ausbildungen), und manchmal kommt man auch durch Zufall – oder Inspiration, so wie die Propheten im Alten Testament – darauf, wie das geht, und dann wird es wiederholbar.

Als ich im Zuge meiner persönlichen Veränderung durch das berufliche Umlernen von der einseitig sachorientierten Juristin zur weitumfassenden personzentrierten Psychoanalytikerin (aber auch durch meine Zen-Praxis) immer mehr Angstreaktionen verlor und immer entspannter wurde, erweiterte sich damit auch meine Wahrnehmungsbandbreite. Total überrascht war ich aber, als ich an einem brütend heißen Sommertag durch die Wiener Hegelgasse Richtung Schwarzenbergplatz eilte und plötzlich eine akustische Halluzination erlebte, dass nämlich die Pflanzen in den ummauerten Beeten am Straßenrand nach Wasser brüllten. Als ich dann Jahre später im Rahmen meines Unterrichts für künftige Sexualberater von meiner ehemaligen Studentin Barbara Baldini durch Vorarlberg chauffiert und an der Schule ihres Sohnes vorbeigefahren wurde, hatte ich das Gefühl, dass die Fassade irgendwie leer war und mir zurief »Wir wollen Efeu haben!« Als ich diese »Phantasie« sogleich Barbara mitteilte, bestätigte sie mir verwundert: »Da war ja auch Efeu drauf – der wurde im Zuge der Renovierung abgerissen!« Mich wunderte das nicht mehr – hatte ich doch bereits bei Marko Pogačnik gelesen, dass man den Pflanzengeistern »Ersatzwohnungen« anbieten sollte, damit sie nicht unter Heimatlosigkeit leiden müssen. Solche Erlebnisse zuzugeben, braucht auch Mut. Deswegen sollten auch die »Grün-Aktivisten« in ihren Bemühungen um Bruder Baum und Tiergeschwister nicht veralbert, sondern wegen ihres Mutes besonders wertgeschätzt werden – möglicherweise zeigen sie uns nur vor, wie weit »Ehrfurcht vor dem Leben« (© Albert Schweitzer) gehen sollte.

Es ist üblich, solche Erfahrungen als »Spinnerei« abzutun. Aber

»spinnen« wir nicht immer unsere neuronalen Netzwerke? Und manchmal fehlt eben – noch – eine sprachliche Symbolisierung für das, was wir wahrnehmen. Ich habe im Rahmen meiner psychiatrischen Ausbildungen (z. B. bei Stephan Rudas und Hannes Ranefeld) immer wieder gehört, wir sollten weniger auf die Bilder achten, in denen uns Patienten ihre Angstvorstellungen berichten, sondern auf die Gefühle, die darin erkennbar wären, und überlegen, welche Realität dahinter verborgen sein könnte, und dass es zum Respekt vor der Menschenwürde anderer gehöre, deren gewähltes Sprachbild zu respektieren, denn möglicherweise wäre es für diese unerträglich, die Realität in den »wahren« Worten ins Bewusstsein zu lassen.

Etwas als Spinnerei oder Einbildung – dabei machen wir uns alle immer geistige Bilder, sie bleiben nur meist unbewusst – abzuwerten, kann auch als Glied einer langen Kette von Abwehrsätzen verstanden werden, an deren Anfang die böse Absicht der Verwirrung oder Täuschung stand. Ich zitiere in diesem Zusammenhang gerne den Film *Das Haus der Lady Alquist* aus 1944, in dem Charles Boyer als schurkischer Ehemann seine Ehefrau, dargestellt von Ingrid Bergman, in den Wahnsinn zu treiben versucht, damit er ihr Haus in Besitz bekommt, das sie von ihrer, von ihm wegen deren Juwelen ermordeten, Tante geerbt hat. Er versteckt dazu Gegenstände und behauptet, seine Frau sei vergesslich oder wahrnehmungsgestört. So nimmt er beispielsweise ein Bildchen von der Wand und als sie den hellen Fleck auf der Tapete bemerkt und nach dem Bild fragt, streitet er vehement sowohl die Existenz des Bildes als auch die helle Stelle ab – und sie beginnt an ihrem Verstand zu zweifeln. Und genau das will er ja: sie in ein Irrenhaus abschieben. »Crazy making« heißt diese Methode in der Fachsprache, und sie wird nicht nur zum Zweck des Verrücktmachens eingesetzt, sondern Tag für Tag, um Geheimnisse (z. B. außereheliche Beziehungen) zu verschleiern.

Diese Verwirrtaktiken beschreibt auch Gavin de Becker, Chef einer amerikanischen Sicherheitsfirma, die Prominente wie Madonna oder Robert Redford berät, und dessen Methoden von der US-Regierung, Polizei und Oberstem Gerichtshof angewandt werden, in seinem Buch *Mut zur Angst*. Er zeigt auf, wie viele spätere Opfer von Gewaltverbrechen schon frühzeitig ein »ungutes Gefühl« hatten, aber aus Höflichkeit oder weil sie ihrer eigenen »inneren« Wahrnehmung nicht trauten, den Grenzüberschreitungen nicht Einhalt geboten.

Gavin de Becker schreibt: »Ich habe viel über Sicherheit gelernt, indem ich über viele Jahre hinweg diejenigen, die Gewalt ausgesetzt waren, fragte: ›Hätten Sie das voraussehen können?‹ Meistens erwiderten sie: ›Nein, es geschah ganz plötzlich‹, doch wenn ich dann schweige und einen Moment warte, fügten sie meist folgende Aussagen hinzu: ›Als ich den Typ zum ersten Mal getroffen habe, hatte ich ein ungutes Gefühl ...‹ oder ›Wenn ich genau zurück denke, dann war ich schon misstrauisch, als er auf mich zukam‹ oder ›Jetzt ist mir bewusst, dass ich das Auto an diesem Tag schon einmal gesehen hatte‹. Wenn man sich dessen jetzt bewusst ist, heißt das natürlich, dass man es damals auch schon gewusst hat. Wir alle nehmen diese Signale wahr, denn es gibt einen universellen Code der Gewalt.« Und de Becker resümiert bedauernd: »Die Menschen der westlichen Welt vergöttern Logik, auch wenn sie falsch ist, und sie leugnen Intuition, selbst wenn sie stimmt.« Zusätzlich betont er, dass Redewendungen wie »urplötzlich« oder »aus heiterem Himmel« den weitverbreiteten Aberglauben fördern, dass sich menschliches Verhalten nicht vorhersagen lässt. Er schreibt auch: »Die Art menschlicher Gewalt, die wir am meisten verabscheuen und fürchten, nämlich diejenige, die wir ›zufällig‹ und ›sinnlos‹ nennen, ist keines von beiden. Sie hat immer ein Ziel und einen Sinn, zumindest für den Täter. Es steht uns frei, diese Absicht weder zu untersuchen noch zu verstehen, doch es gibt sie, und solange wir sie ›sinnlos‹ nennen, können wir ihr keinen Sinn geben.« Intuition hingegen sieht er als einen »kognitiven Prozess, der viel schneller abläuft als uns bewusst ist und sich sehr von dem

»bekannten Schritt-für-Schritt Denkprozess unterscheidet, auf den wir uns so gern verlassen«.

Erst wenn man aufhört, Gewalt mit einem Geheimnis zu umgeben, bahnt man den Weg frei, sie zu untersuchen und sich auf sie vorzubereiten. Immer wieder erzählen mir meine KlientInnen ihre Hilflosigkeit gegenüber der Frage »Misstraust du mir etwa?« Ich sage dann immer: Die einzige Antwort lautet »Ja!«, ganz freundlich. Wir alle haben das Recht, *immer* misstrauisch zu sein – und wir haben auch ein Recht auf den Mut, das zuzugeben, und den Mut, sich psychologisierende Laiendiagnosen von »fehlendem Urvertrauen« zu verbitten.

Langmut
Das Wort Mut stamme vom indogermanischen *mo*, lese ich in Wikipedia unter Berufung auf das *Deutsche Wörterbuch* von Gerhard Wahrig, und das heiße »sich mühen, starken Willens sein, heftig nach etwas streben«; weiters wird dort auf das germanische *moda*, »Sinn, Mut, Zorn«, und das althochdeutsche *muot*, »Sinn, Seele, Geist, Gemüt, Kraft des Denkens, Empfindens, Wollens« verwiesen.

»Ver-muten« könnte man unter Hinweis auf die Vorsilbe »ver«, die ja üblicherweise auf eine missglückte Zielerreichung verweist (siehe ver-legen, ver-sprechen, ver-lieben), als schnelles Finden einer Erklärung im Gegensatz zum tiefschürfenden »muten«, das seine Anwendung im Bergbau oder Wünschelrutengehen hat, interpretieren. Das würde auch der Benennung Gavin de Beckers von Intuition (in welchem Wort wieder das lateinische *tueri*, »schützen«, steckt) als rasantem kognitiven Akt entsprechen.

Zeit ist Geld – so das Zitat aus Benjamin Franklins *Ratschlägen für junge Kaufleute* aus 1748 – kann als Wurzel des Befehls zum schnellen und immer schnelleren Arbeiten angesehen werden. Heute wird es in vielen weiteren Lebensfeldern zum Motto gemacht und durch die Rennsport-Berichterstattung samt Uhrenwerbung an den Planken, vor allem aber die unrealistische Kinozeit, in der Liebesbeziehungen blitzschnell gelingen und Trennungen ebenso rasant ablaufen, ins Unbewusste eingespeichert. Dazu kommt noch die Wegwerfmentalität: Reparieren kostet zu viel Zeit und Mühe, also weg damit und her mit einem Neumodell! Das trifft vor allem lästige Ehepartner und ist auch ein Motiv der beklagten sogenannten Bindungsunfähigkeit, mit der diejenigen pathologisiert werden, die lange Zeit brauchen, Lebensentscheidungen zu treffen.

Das Bindungsverhalten kleiner Kinder ist seit Langem ein Forschungsgegenstand der Entwicklungspsychologie. Derzeit häufen sich die Fortbildungsangebote für Angehörige von Psycho-Berufen zum Thema der angeblichen Bindungsangst von Männern. Auch die Soziologieprofessorin Eva Illouz beschäftigt sich damit in ihrem Buch zur Frage, warum Liebe weh täte. Sie setzt dabei Liebesbindung als gesundes Verhalten voraus, und wenn diese nicht realisiert wird, führt sie das auf einen Konflikt zwischen den Bestrebungen Autonomie und Anerkennung zurück, wobei ihr wohl beizupflichten ist, dass in der gegenwärtigen flüchtigen Gesellschaft allein Autonomie hoch bewertet wird. Sie schreibt, das kulturelle Motiv, das Wert ausmache, sei Autonomie, daher würde die Bitte um ein Versprechen als Ausübung von Druck betrachtet. Versprechen würde eine »illegitime« Einschränkung der Freiheit bedeuten, nämlich »morgen anders zu empfinden als heute«. Und sie resümiert: »Eindeutig bestimmen Männer die Spielregeln von Anerkennung und Verbindlichkeit.«

Aus meiner Sicht überträgt sie damit die Versorgungsbedürftigkeit des Kleinstkindes, das auf Bindung angewiesen ist, auf Erwachsene. Erinnerungen an Konrad Lorenz' Graugänse tauchen auf, die ihn quasi als Mutterersatz annahmen und ihm überall hin

Geduld heißt nicht Dulden.
Geduld heißt nur, sich Zeit zu lassen.

nachschwammen. Auch wenn in der gegenwärtigen »flüchtigen Gesellschaft« der »flexible Mensch« gefordert ist, der frei von Bindungen auf Arbeitsplätze quer über den Globus verschoben werden kann (hingegen oft verdammt wird, wenn er vor Folter und Krieg flieht), besteht der Mensch aus mehr Verhaltensweisen als seinem Niederlassungsverhalten. Das ist ja die Herausforderung an tiefe – nicht nur oberflächliche! – Beziehungen, dass sie auch große räumliche oder zeitliche Distanzen überdauern. Peer Gynts ewige Braut Solveig, Odysseus' treue Gemahlin Penelope sind Prototypen des Muts zum Ausharren und Aushalten. Früher war das, was Illouz als Mut zur emotionalen Abhängigkeit positiv berichtet, Pflicht – heute zählt diese Form von Abhängigkeit aber zum Mut zu autonomen Entscheidungen! Man braucht dazu nur einen »langen Atem« – und der fehlt den Menschen, die sich an der nicht der »Echtzeit« entsprechenden »Kinozeit« orientieren, in der ganze Generationen auf neunzig Minuten »verdichtet« werden.

In einer Zeit, die schnelle – unbedachte – Kaufentscheidungen propagiert, ist Geduld keine Tugend. So wird von Managern die Fähigkeit zu schnellen und dennoch durchdachten Entscheidungen verlangt. Jene braucht den Mut und die Kompetenz zu ganzheitlichem Denken und kann erlernt werden (→ Selbstcoaching S. 207), diese hingegen erfordert Überprüfungszeit – nicht nur hinsichtlich des tatsächlichen Bedarfs, sondern auch in Bezug auf die eigene Seelentiefe mit Gier, Neid und dem Bedürfnis, die innere Leere durch äußerlichen Erwerb zu füllen.

Geduld heißt nicht Dulden! Geduld heißt nur, sich Zeit zu lassen. Der Zeitpoet Martin Lammerhuber erinnert: Wir haben alle die

Mut als ultimatives Lebensgefühl wurzelt in Selbstakzeptanz, Selbsterkenntnis und damit Selbstsicherheit.

gleiche Zeit! Ich rate meinen KlientInnen immer, genau zu überlegen, wie sie ihre Zeit »budgetieren« – und in dem Fall, dass sie von Zeitdieben bedrängt werden, konsequent und daher voll Mut zum Nein-Sagen darauf hinzuweisen »Dafür habe ich in meinem Zeitbudget keinen Posten vorgesehen!«

Frohgemut
Wenn Eva Illouz das Dilemma von einerseits Abhängigkeitswünschen, die sie vor allem Frauen unterstellt, und Autonomiebestrebungen, die sie primär Männern zuschreibt, abhandelt, vergisst sie, dass Gefühle haben eines ist, Handeln hingegen etwas anderes, auch wenn sich beides häufig vermischt. Besonders wenn sie zu lieben glauben (oder anders formuliert, sich jemand oder etwas, eine Berufsposition etwa, sehr zu besitzen wünschen), erlauben viele Menschen ihren Gefühlen, ihr Denken zu bestimmen: Sie bauen innere Hoffnungsbilder von Beglückungszuständen auf – die überwiegend denen aus Film und Werbung gleichen – und wenn die Realität dem nicht entspricht, verlieren sie sich in Trauer. Oder Wut.

Mut als ultimatives Lebensgefühl wurzelt in Selbstakzeptanz, Selbsterkenntnis und damit Selbstsicherheit: Man weiß, wer man – derzeit – ist und wie das Befinden im Augenblick ist und dass man sich verändern, verbessern, weiterentwickeln kann – aber auch im Gegenteil erstarren, nachlassen, schrumpfen.

Selbstakzeptanz beinhaltet auch, eine realistische Selbstsicht auszuhalten, dass man vielleicht nicht so gut ist, wie man gerne sein möchte, und sich dennoch wertzuschätzen; sie bedeutet aber auch, ohne Zorn zu registrieren, dass man vielleicht nicht die Chancen geboten bekommt zu zeigen, wie gut man ist, und sich dann nicht in einem sinnlosen Kampf gegen geistige oder soziale Betonmauern zu verausgaben, sondern den Mut aufzubringen, sich selbst unbestimmt lange Zeit zuzugestehen. Kampf würde nur Lebensfreude vergeuden.

Auch wenn es naheliegt, sich »innerlich« über Konkurrenten

oder sich selbst zu ärgern, oder den eigenen Frust unkontrolliert nach außen abzulassen, bietet sich stattdessen erhöhte kritische Aufmerksamkeit gegenüber den Geschehnissen in der Außenwelt an: Dann verbindet man nämlich außen und innen und findet leichter die richtige Wahrnehmungsdistanz. Was zu nah ist, sehen wir ja nicht mehr, sondern spüren es nur, angenehm oder unangenehm – wir brauchen nur eine Hand ganz nah aufs Auge zu legen, dann merken wir das beispielhaft. Was aber zu weit weg ist, nehmen wir bestenfalls vage als Umriss wahr und sind auf unsere Vor-Urteile angewiesen.

Es gibt aber nicht nur den Blick in die horizontale Ferne, es gibt auch den Blick in die Tiefe und den in die Höhe. Diese Dimensionen können entweder quantitativ oder qualitativ verstanden werden – oder beides gleichzeitig. Das wäre dann ein Abschied vom linearen Denken – »von A zu B«, juristisch: von der Auslösung hin zur Folge, von der Wirkung zurück zur Ursache – hin zu einem umfassenden, komplexen und synchronen, das die Wahrnehmung immens erweitert, vor allem aber auch das Herz.

Dann liebt man nicht nur zielgerichtet, sondern allumfassend. Dann verschwindet auch jegliche Angst, denn Angst stammt aus Beengtheit und bewirkt Enge: Enge des Herzens, des Fühlens, des Denkens. An ihre Stelle tritt die Herzöffnung und damit Einfühlung und körperlich spürbares Mitgefühl, und genau davor, vor dieser Entgrenzung, fürchten sich wieder viele Menschen: Sie sprechen dann von einem Gefühl des Zerfließens, und das löst bei vielen unbewusst die Kindheitsangst vor unkontrolliertem Harnfluss aus, deswegen »nehmen sie sich zusammen« und versäumen damit auch den Beginn des Erlebens von Transzendenz und »religio« – der Rückverbindung mit der gesamten Schöpfung.

Frohgemut sein: Das beinhaltet neben dieser herzoffenen Liebe auch Vertrauen zu sich selbst, man könnte auch sagen Hoffnung und Zuversicht. Dieses ganzheitliche Gefühl bedeutet »Glaube« – nicht das »Für-wahr-Halten« von irgendeiner Behauptung, sondern die intuitive Gewissheit der eigenen Selbstwahrnehmung samt dem Wissen, dass irgendwo und bei irgendwem die Lösung für jedes augenblickliche Problem vorhanden ist, was man im Zustand des Frohgemutes eher entdeckt als in konzentrierten Denkanstrengungen – so wie wir alle wissen, dass wir verlegte Schlüssel (oder was auch immer) nicht dann finden, wenn wir hektisch danach suchen, sondern erst dann, wenn wir aufgeben und wie von Zauberhand die Zeitung (oder was auch immer) aufheben, worunter sich das Suchobjekt befindet. Auch da könnten wir frei nach Gavin de Becker sagen, wir hätten es doch schon vorher gewusst – wir hätten uns nur den Zustand der Intuition nicht erlaubt.

Erwachsen zu sein, ist noch lange nicht die Endstation der Persönlichkeitsentwicklung. Solange man lebt, kann man seelisch und geistig wachsen – wenn man den Mut dazu aufbringt.

Mut zum lebenslangen Lernen ist deswegen vonnöten, weil das inkludiert, dass man sich selbst für verbesserungsfähig oder gar verbesserungsfällig erkennt. Im Beruf wird Lifelong Learning propagiert, vor allem um hinter internationaler Konkurrenz nicht zurückzubleiben; das ist dort bedenklich, wo es nur in Nachahmung mündet. Es lenkt vom eigenen Weg ab, wenn man nach der Konkurrenz schielt.

Das ultimative Lebensgefühl besteht aber darin, eine eigene Spur zu ziehen und sich an ihr zu erfreuen, wie es ein Kind tut, wenn ihm eine »Schöpfung« gelungen ist. Den eigenen Lebensweg finden (oder auch erfinden), selbst wenn er vom Mainstream abweicht, das hat mit »Rückgrat« zu tun, mit Selbstverantwortung und letztlich mit persönlicher Ethik.

Zeit der Reife

Um an die Quelle zu kommen,
muss man gegen den Strom schwimmen.
KONFUZIUS

Reife hat nicht unbedingt etwas mit dem historischen Alter zu tun. Man kann mit zwanzig sehr reif sein und mit sechzig noch immer unreif. Meine Mutter predigte mir immer, »Empor sollst du dich pflanzen, nicht nur fort!« Im Original lautet der Satz von Friedrich Nietzsche »Nicht nur fort euch zu pflanzen, sondern *hinauf* – dazu, o meine Brüder, helfe euch der Garten der Ehe!« Damit wird darauf hingewiesen, dass es nicht nur um körperliche Selbstvermehrung geht, sondern vor allem um geistige, und das bedeutet nicht nur seelische, sondern auch spirituelle Reifung.

Empor, hinauf – diese Richtungsworte lösen wohl bei allen ein geistiges Bild von Höhe aus. Wenn man diese Worte intuitiv auf sich wirken lässt, folgt meist ein tiefer Atemzug und ein Aufrichten der Wirbelsäule. In der psychotherapeutischen Methode Focusing heißt dies »body shift«. Man »nimmt Haltung ein«, und diese Art von Haltung umfasst wiederum Körper- wie auch Geisteshaltung. Will man ein aufrechter und aufrichtiger Mensch sein – was immer wieder aufs Neue auch Mut erfordert – so hilft es, seine Körperhaltung bewusst zu kontrollieren und zu korrigieren. Niedrige oder feige Gesinnung lässt den Rücken krumm werden und führt langdauernd entweder zur Niedertracht oder zur Niedergeschlagenheit.

So lautet eine Standardfrage, die ich (beispielsweise wegen Sexualdelikten) straffällig gewordenen Männern stelle, »Was für ein

Mann wollen Sie sein?« Ich möchte sie damit einladen, sich selbst für den Augenblick und für die Zukunft zu bewerten und ein klares Idealbild von sich selbst zu entwerfen – denn meist haben sie sich diese Frage überhaupt noch nie gestellt. Sie haben nur an ihren Lust- oder Finanzgewinn gedacht oder besser die damit verbundenen Gefühle quasi erträumt; sich in Gefühlen zu suhlen, vermindert aber die Fähigkeit, in die Zukunft zu blicken (weil dabei jeweils widersprüchliche Gehirnpartien aktiviert werden). Schafft man sich hingegen eine realistische Zukunftsvision von sich selbst, kann man auch erkennen, woran es noch mangelt, um das darin verpackte Ziel zu erreichen. Der nächste Schritt wäre dann, das Fehlende zu erwerben, und das kann auch Nachlernen bedeuten.

Hochgemut
Wenn man voll Mut beschlossen hat, Schritt für Schritt einen Weg zu immer mehr Reife zu gehen, fühlt man sich üblicherweise zuerst hochgemut. Später können dann Zweifel oder Mutlosigkeit auftreten. Dann ist es wichtig, Methoden der Selbstermutigung zu kennen.

Über meinem Schreibtisch habe ich einen Ausschnitt aus einer Zeitung oder einem Buchumschlag, woher genau weiß ich nicht mehr, aufgehängt, der folgenden Dialog wiedergibt:

Schüler: Ich bin so entmutigt. Was soll ich tun?
Soen Nakagawa: Andere ermutigen.

Wer Mut will, muss auch eine Atmosphäre von Mut schaffen bzw. gestatten.

Bei dem Wort »hochgemut« denke ich daher daran, dass man »hohe Ziele« verfolgt – und solche muss man erst einmal kennen. Dem dienen ja auch Leitbilder, wie man sie beispielsweise in den Foyers von Einrichtungen des Gesundheitswesens wie Ambulatorien der Krankenkassen oder der, wie sie sich nun nennen, Gesundheits- und Krankenhäuser findet, und die leider selten realisiert werden. Ich sehe die Ursache dafür darin, dass diese klugen Appelle nur an die Wand platziert, jedoch nicht in vielen und wiederholten kleinen Gruppengesprächen mit Zielrichtung auf die konkrete Verwirklichung reflektiert werden. Genau das aber könnte das Hochgefühl der Zuversicht bewirken.

Ich appelliere immer, wenn ich in solchen Einrichtungen arbeite und mit dem hohen Arbeitsanfall, Zeitdruck und Perfektionsanspruch konfrontiert werde, der Stress und Burnout-Gefahr erhöht, sich nicht noch zusätzlichen Beziehungsstress aufzuhalsen, sondern den Mut aufzubringen, diese Begleiterscheinungen anzusprechen: Dann sind sie nämlich ausgedrückt (im wahrsten Sinn des Wortes) und schaffen innerseelisch Raum für ideale Kooperation. Wir brauchen Ideale und auch immer wieder Selbsterinnerung daran, sonst besteht die Gefahr zu verrohen.

Unter Reife verstehe ich diejenige Form von Selbstsicherheit, in der man gegensätzliche Positionen, Kritik an der eigenen Position wie auch Unverständnis anderer für die eigenen Zukunftsvorhaben in Ruhe akzeptieren und ohne Aggression oder beleidigten Rückzug weiter verhandeln kann (wenn es die anderen wollen, d.h. ohne Gewalt auszuüben). Daher gehört für mich zur Reife auch der Verzicht auf eigenes Konkurrieren und Rivalisieren. Genau das vergiftet das Klima am Arbeitsplatz und leider oft auch in Partnerschaft und Familie.

In der zweiten Dekade des 21. Jahrhunderts wird viel von der Notwendigkeit von Achtsamkeit und Wertschätzung gesprochen und gleich dazu der Erwerb dieser Sozialkompetenz in Trainings angeboten. Das beweist einerseits, dass es bisher weitgehend an

Wer Mut will, muss eine Atmosphäre von Mut schaffen bzw. gestatten.

diesen Verhaltensweisen gemangelt hat. Andererseits hat es mit dem zaghaften Umdenken von einer kurativen zu einer präventiven Gesundheitspolitik zu tun: Man hat erkannt, dass der traditionelle autoritäre Führungsstil mit Befehl und Unterwerfungspflicht eine nicht unwesentliche Ursache von psychosomatischen Erkrankungen, Erschöpfungszuständen und anderen Leistungsausfällen (wie z. B. der »inneren Emigration«) bildet.

Sie hätte mit ihrem Lebensgefährten ein »ehrliches« Gespräch geführt und damit viele Vorurteile und Missverständnisse ausräumen können, erzählte mir unlängst eine Klientin. Im Wort »ehrlich« steckt der Begriff von Ehre: Ehrlich spricht man so, dass man den anderen nicht in seiner Ehre verletzt, aber auch nicht die eigene. Letzteres täte man dann, wenn man nicht wahrhaftig wäre. In psychosozialen Berufen gelten die drei (es gibt noch mehr) sogenannten Rogers-Kriterien (nach Carl R. Rogers, dem Begründer der klienten- bzw. personzentrierten Gesprächspsychotherapie) als Basis jedes hilfreichen Gesprächs: Akzeptanz als bedingungslose Annahme der KlientInnen, Empathie als hohe Einfühlungsfähigkeit und Kongruenz bzw. Authentizität als eigene Wahrhaftigkeit und damit Echtheit, ohne all die Formen von Verstellung, Höflichkeit und Schonung inklusive – aber auch ohne gut oder besser sein zu wollen.

Hochmut
Das Hochgefühl, ganz in der eigenen Wahrheit und Kraft – denn jede Verstellung verbraucht Energie – zu stehen, hat aber auch ein gegenteiliges Zerrbild, den Hochmut. Wieder ein anderes ist Demut – doch davon später.

Hochmut wird oft mit Stolz gleichgesetzt und das finde ich unpassend. Um beispielsweise auf ein gelungenes Schul- oder Arbeitsergebnis stolz zu sein, braucht man echten Mut – denn meist hat man schon frühe Erfahrungen mit Neid und Rivalität gemacht und weiß, dass man wie im Märchen vom Tischlein-deck-dich damit rechnen muss, dass einem die Freude an der eigenen Leistung und

Habe kaputt gemacht wird. Auch hören viele schon als Kinder »Komm dir nur nicht gut vor!« und »Bilde dir nur nichts ein!« – dabei können wir Letzteres gar nicht vermeiden, denn wir machen uns immer geistige Bilder, sie sind uns nur meist nicht bewusst. Der erstere Appell hingegen ist ein echter »Fluch«, der als »Kopfbewohner« (© Mary Goulding) oft ein Leben lang Zufriedenheit und Entspannung verhindert.

Es sind zutiefst mit sich unzufriedene Menschen, die versuchen, ihre Unterlegenheitsgefühle mit Hochmut zu überkompensieren. Sie betonen dann bei jeder Gelegenheit, wie viel besser – schöner, klüger, reicher, erfolgreicher – sie sind als andere. Als ich noch Bezirksrätin und Landtagskandidatin in Wien Favoriten war (1973–1987), und mit dem von mir erfundenen Kommunikationszentrum Club Bassena viel mediale Aufmerksamkeit bekam, näherte sich mir die damalige Frauenvorsitzende und Gemeinderätin, was in Wien gleichbedeutend ist mit Landtagsabgeordnete, eine vom Beruf freigestellte Pflichtschuldirektorin, mit den Sätzen: »Wenn wir im Gemeinderat über euch reden, dann ...« Den Zwischensatz »euch da unten« verkniff sie sich verbal, aber mimisch und energetisch war er deutlich spürbar. Die gleiche Politikerin wunderte sich laut »Ja kannst du denn das überhaupt?«, als ich 1975 die erste von mehreren Familienberatungsstellen gründete und dort, damals noch »nur« Juristin, Rechtsberatungen anbot. Ich antwortete verblüfft: »Aber ich bin doch promovierte Juristin!« Den verborgenen Abwertungsversuch hatte ich damals nicht erkannt – erst als ich mit der Methodik der Transaktionsanalyse (→ Selbstcoaching S. 207) vertraut war, fielen mir diese häufigen Bemühungen um Installation einer Rang-, besser Hackordnung auf.

Wahrhaftigkeit umfasst den Mut, die eigenen Positionen klar zu stellen.

Von Paul Watzlawick stammt der Hinweis, dass wir immer, wenn wir etwas Sprachliches von uns geben, auch etwas Persönliches von uns geben. Und Sigmund Freud meinte einst, auch wenn er seine Couch verhüllen würde, würde man dennoch deren Umrisse erkennen. Wahrhaftigkeit umfasst daher auch den Mut, die eigenen Positionen klarzustellen – man verhindert damit Phantasien. Auch in der Schöpfungsgeschichte im Alten Testament heißt es ja wiederholt: »Und Gott sah, dass es gut war.« Wir dürfen uns also wohl auch gestatten, im Sinne unserer Gottebenbildlichkeit diese »Schöpfungswonne« (© Walter Schubarth) auszuleben, wenn uns eine »Schöpfung« gelungen ist – aber wir sollten das zu unserer Motivation tun, nicht um andere zu beeindrucken oder zu düpieren.

Kampfmut
Wenn man nun aber den Impuls in sich spürt, jemand Bestimmten besiegen zu wollen, besteht reifes und daher faires Verhalten darin, ihn oder sie zum Duell herauszufordern – was bedeutet, Spielregeln festzulegen und einen Schiedsrichter mit dem Recht des Abbruchs zu bestimmen. So las ich kürzlich in einer Tageszeitung[10], dass eine Polizistin einen Streit mehrerer jugendlicher Mädchen mit der Aufforderung zu einem Tanzduell schlichtete. Schaulustige hätten den Wettkampf gefilmt und die *Washington Post* habe das Video ins Netz gestellt, das zeige, wie die 17-Jährige am Ende die Polizistin umarme.

Kampfmut besteht darin, sich für hohe Ziele einzusetzen, für Gerechtigkeit und gegen Ungerechtigkeit beispielsweise oder für Gesundheit und Leben. Von dem protestantischen Theologen und »Urwald-Arzt« Albert Schweitzer (1875–1965) wurde der Goethe'sche Begriff der »Ehrfurcht vor dem Leben« immer wieder in Erinnerung gerufen: Das brauchte Mut in seiner Zeit des wachsenden Nationalismus und der damit verbundenen Kriegstreiberei.

---
10 *Salzburger Nachrichten* vom 2. November 2015, S. 18.

Schweitzer entgegnete der »primitiven« Geisteshaltung, die er bei seinen Patienten in Afrika vorgefunden hatte, nur Menschen zu unterstützen, die demselben Stamm angehörten, denn jemand anderer »ist nicht mein Bruder«. Sein eigenes »Grundprinzip des Guten« benennt Schweitzer als »das Leben zu erhalten, zu fördern und zu seinem höchsten Wert zu steigern«, das Böse aber »bedeutet: Leben vernichten, schädigen, an seiner Entwicklung hindern«. Deswegen, so meine ich, sollte unser Augenmerk vor allem darauf hingewendet werden, wie wir »Kampfformen« finden, die Leben fördern, und dazu geeignete Vorbilder anerkennend betonen und unterstützen.

Kampfmut ist eine Geisteshaltung. Er bedeutet nicht unbedachte Bereitschaft zum physischen Drauflosschlagen. Diese ist Rauflust oder Ausdruck mangelnder Selbstbeherrschung. Kampfmut hingegen besteht im Ertragen der hohen Anspannung, die sich aus dem Kraftzuwachs ergibt, wenn sich der Körper kampfbereit macht, balanciert durch kluges Überlegen, welche Reaktion auf die jeweilige Herausforderung die sinnvollste ist. Menschen zu verletzen oder gar zu vernichten, ist nicht sinnvoll – denn wenn der grundlegende Konflikt nicht gelöst wird, stehen hinter jedem Besiegten zehn andere auf. Nur fällt einem meist keine andere Lösung ein als die altgewohnte mit Gewalt – und das, weil man sich nicht die nötige Nachdenkzeit nimmt, und das hängt wieder mit der Unerträglichkeit von Spannung zusammen. So gründet auch die vollkommene Schwertkunst, wie sie Shissai Chozan im frühen 18. Jahrhundert festgehalten hat, auf technischer Sicherheit einerseits und geistiger Erkenntnis andererseits, die beide eine Einheit bilden müssen. Reinhard Kammer, der diese Schrift über Kendo, »die Kunst, das

Kampfmut besteht darin, sich für hohe Ziele einzusetzen. Kampfmut ist eine Geisteshaltung.

Schwert zu führen«, der deutschsprachigen Leserschaft näherbrachte, präzisiert zu dieser »geistigen Erkenntnis«: »Der Schwertkünstler hat ohne jede Irritierung durch Gefühle oder Absichten spontan der jeweiligen Situation zu entsprechen.« Die Reaktion müsse so unmittelbar erfolgen, »wie ein Spiegel ein Bild reflektiert«. Diese »absolute Offenheit« gegenüber der Situation sei aber nur dann erreichbar, wenn die einzelnen Komponenten der psychisch-physischen Konstitution – er nennt »Prinzip«, »Fluidum«, »Herz« – sich ohne Einschränkung entfalten könnten, und das könne man einüben. Er betont allerdings, dass vollendete Schwertkunst kein Wert an sich sei, sondern »sie muss im Einklang mit den im Universum verankerten ethischen Grundprinzipien der Menschlichkeit, Sittlichkeit und Loyalität ausgeübt werden. Nur in Hinblick auf den Nutzen für Gesellschaft und Staat ist sie ein Wert.«

Demgegenüber erinnert Niccolo Machiavelli an das Alte Testament, wenn er schreibt: »Als David sich dem Saul anbot, mit Goliath, einem Philister, der die Israeliten herausgefordert hatte, zu kämpfen, stellte ihm Saul, um ihm Mut zu machen, seine eigenen Waffen zur Verfügung. David legte sie an, wies sie aber mit den Worten zurück, dass er sich mit diesen nicht auf seine eigene Kraft verlassen könne, er wolle dem Feind nur mit seiner Schleuder und seinem Messer entgegengehen. Schließlich ist eine fremde Rüstung immer entweder zu weit, zu schwer oder zu klein.« Auch hier wird auf die geistige Einstellung Bezug genommen und nicht auf Materielles.

Nun sind wir heute nicht mehr im 11. Jahrhundert vor Christi Geburt, daher sollten wir den Begriff Rüstung ganzheitlich überdenken: Sich rüsten heißt, sich vorzubereiten, doch besagt dies nichts über die Art und Weise, wie man das tut. Heute, im 3. Jahrtausend n. Chr., mit einer Historie von Aufklärung, Menschenrechten und einer Fülle von Wissen wie nie zuvor, können wir uns getrost »entrüsten«, und das bedeutet für mich, die verbergende Rüstung abzulegen, »offen« Missstände aufzuzeigen, und den Mut zu besitzen, andere, neue, vor allem aber gewaltverzichtende Konfliktlösungsmethoden zu suchen, zu finden und allenfalls zu erfinden. Das Wort »entrüsten« besitzt aber auch den Doppelsinn, sich lautstark aufzuregen und damit andere zu schockieren zu versuchen.

Die Spannung und Erregung, die dem Mut, sich zu entrüsten (und daher offen und im Wissen um die eigene Verletzlichkeit zu sich zu stehen) vorausgeht, kann man eben unbewusst – spontan – ins Unermessliche vergrößert freisetzen und damit manchmal auch andere motivieren, ein Gleiches zu tun, bis man nur mehr wie Tiere aufeinander losgeht – oder man kann diese »Aufladung« spielen, d. h. als Nachahmung sehr bewusst – taktisch oder strategisch – einsetzen. Das kann man gut bei populistischen Politikern beobachten, die sich oft künstlich in Rage hineinsteigern, um diesen Ansteckungseffekt hervorzurufen. Dabei lässt sich deutlich erkennen, wie sich diese Demagogen in den Kopf hinaufhecheln: Sie atmen immer schneller, pumpen sich geradezu auf und produzieren »Druck«, den sie auf ihre Zuhörerschaft hinfauchen. Damit verlieren sie aber ihre »Mitte« und Balance (was ihnen aber egal ist – es ist dies ja auch nicht ihr Ziel). Demgegenüber verzichten Politiker – und Menschen, die andere nicht »verführen« wollen – auf diesen Rattenfänger-Effekt und sprechen und atmen langsam, damit ihr Publikum mitdenken und mitfühlen kann. Unter Zeitdruck geht das nicht. Oder sie schreiben und schaffen damit Raum zur Überprüfung.

Ich vergleiche diese Abläufe gerne mit Musik: Welche Rhythmik hat Kampfgetöse, welche ein Schlummerlied, welche ein Liebesgesang …? Unser »natürliches« Musikinstrument ist unsere Stimme. Wenn wir wirklich mutig sind, verzichten wir auf Kriegslärm, der ja nur einschüchtern will (wie etwa auch die Beschimpfungen, mit denen Cassius Clay alias Muhammed Ali seine Gegner im Boxring zu demoralisieren versuchte), und sagen bzw. schreiben möglichst klar und unmissverständlich, was wir nicht in Ordnung finden und was wir stattdessen einfordern.

Der französische Journalist und Romancier Émile Zola (1840-1902) etwa schrieb – abgesehen von seinen Romanen, in denen er die sozialen Missstände seiner Zeit in die bürgerliche Öffentlichkeit brachte – unter Verzicht auf ein Pseudonym in der Presse kritisch gegen die Tätigkeit des Parlaments und wurde deswegen auch mehrmals verhaftet. 1898 setzte er sich mit dem offenen Brief »J'accuse« – »Ich klage an« – an den damaligen Staatspräsidenten Félix Faure für den aufgrund eines gefälschten Briefs wegen angeblicher Spionage zugunsten Deutschlands zu lebenslanger Haft auf der Teufelsinsel verurteilten jüdischen Hauptmann Alfred Dreyfus ein; obwohl der wahre Täter entdeckt worden war, wurde dieser gerichtlich freigesprochen. Zola enttarnte in seinem Artikel (wie schon einige Jahre vor ihm ein anderer Journalist, aber besser und vollständiger recherchiert), der auf dem Titelblatt der Zeitung L'Aurore erschien, die mangelhafte, tendenziöse und manipulative Beweisführung und antisemitische Voreingenommenheit von Militärs, Richterschaft und Gutachtern. Zola wurde wegen Verleumdung zu Geld- und Gefängnisstrafen verurteilt und trotz der Aufdeckung der Wahrheit erst 1906, also nach seinem Tod, freigesprochen und rehabilitiert.

Sich der Obrigkeit aus Gewissensnöten zu widersetzen, hat im kirchlichen Umfeld zu Hinrichtungen, später Vertreibungen geführt. Nicht jeder überlebte dank hilfreicher Freunde wie Martin Luther (1483-1546). Jan Hus (1369-1415) vor ihm landete in Konstanz auf dem Scheiterhaufen, ebenso der Arzt und antitrinitarische Theologe Michel Servet (1509-1553) auf Betreiben Jean Calvins, während dessen weiterer Gegner Sebastian Castellio (1515-1563) durch Krankheitstod dem Schicksal einer Verurteilung oder Auswanderung entging. Alle hatten sie gewagt, die vorherrschenden theologischen Interpretationen innovativ anders als üblich zu interpretieren. Auch in Wien wurden Protestanten verbrannt – beispielsweise der Tuchhändler Caspar Tauber 1524 oder der als »Ketzerfürst« benannte ehemals katholische Priester Dr. Balthasar

Hubmaier (dessen Ehefrau drei Tage nach seiner Hinrichtung in der Donau ertränkt wurde). Später, nach der Gegenreformation, wurden hingegen gewissenstreue Salzburger Protestanten kollektiv zur Auswanderung gezwungen – ihre Kinder aber mussten zurückbleiben und wurden zwangsweise »rekatholisiert«. Berührende Bildwerke aus der damaligen Zeit zeigen, wie vor den preußischen Stadtmauern die dort lebenden Juden – gleichsam als ebenso immer wieder vertriebene Geschwister – diesen Salzburger Flüchtlingen mit offenen Armen willkommen entgegengingen.

Oft ist es aber nicht religiöse Gewissheit, weswegen gegen die »selbstverständlichen« Schweigegebote für gehorsame Untertanen verstoßen wurde. Nicht jeder Widerstandskämpfer entschied sich für einen gewaltverzichtenden Weg – aber jeder lief Gefahr, in die Todesmaschinerie der bekämpften Diktatur zu geraten wie der evangelische Pfarrer und Theologieprofessor Dietrich Bonhoeffer (1906–1945), der von den Nationalsozialisten wenige Tage vor dem Ende des Zweiten Weltkrieges im Konzentrationslager Flossenbürg hingerichtet wurde.

Heute kann man in angeblich freien und demokratischen Ländern genau die gleichen Vernichtungsstrategien gegen sogenannte Verräter erleben – wie gegen den Wikileaks-Gründer Julian Assange oder den ehemaligen NASA-Mitarbeiter und Whistleblower Edward Snowden. Sie gelten als Nestbeschmutzer und quasi Hochverräter, weil sie Informationen öffentlich machen, die aus gutem – oder besser: bösem – Grund geheim hätten bleiben sollen. Sie geraten ebenso zwischen die Fronten wie die berühmten Gewissensknechte: Die einen bewundern nicht nur ihren Mut zum Outing wie auch zum Durchhalten gegenüber den Aufforderungen, sich den Staatsmächten zu beugen – die anderen verurteilen die mangelnde Loyalität gegenüber Heimatstaat und Auftraggeber. Genau letztere Gehorsamstreue fesselt auch heute noch diejenigen, welche monströse menschliche Destruktivität an Regierungsspitzen nicht sehen wollen. Sie wurzelt in der immer wieder eingemahnten Loyalität gegenüber den Eltern und Lehrkräften, egal wie ungerecht oder gefährlich diese sein können (gottlob sind es nur wenige). Die mit dieser Wahrnehmung verbundene Erkenntnis der eigenen Ohnmacht wäre unerträglich – womit die »Schere im Kopf« erklärlich wird: Was zu viel Chaos im Denken und Fühlen auslösen würde, wird einfach weggeschnitten, unbewusst als kleinmütige Überlebensstrategie beim Durchschnittsbürger, gezielt bei denjenigen Medienmachern, die um ihre Inserate-Einnahmen fürchten. Es gibt aber auch andere.

Mir imponiert beispielsweise der Wissenschaftsjournalist Hans-Ulrich Grimm, der in seinen Büchern seit Jahren die Gesundheitsschäden durch die Konservierungsmethoden bei lang haltbar gemachten Nahrungsprodukten anprangert und dafür regelmäßig von den großen Nahrungsmittelkonzernen gerichtlich verfolgt wird. Mir imponiert auch der Aufdeckungsjournalismus (selbst wenn er von Rachsüchtigen und anderen Verleumdern auf meine Fährte gehetzt wurde), wenn darin sauber und fair recherchiert wird, weil es notwendig ist, vermutete Machtpraktiken immer wieder infrage zu stellen.

Gerechtigkeit setzt voraus, dass sich jemand über Ungerechtigkeit beschwert. Wir leben in einer dualen Welt; in christlicher Metaphorik ist dies eine Folge des Sündenfalls – des Herausfallens aus der Einheit in Gott in die Erkenntnis, dass sich die Welt in Gegensatzpaare wie Gut und Böse aufteilen lässt. Das Wort Sünde stammt ja auch von », sondern« wie in ab-sondern oder Sonderling – und es ist wohl *die* Lebensaufgabe, wieder zur Einheit zurückzufinden.

Demut

Zur Einheit zurückzufinden bedeutet Balance von »sowohl – als auch« anstelle von »entweder – oder«. Das Urbeispiel bildet die Geschlechterdifferenz zwischen Männern und Frauen, die meist als unabänderlich bewertet wird – was nicht stimmt. Ein kurzer Blick in Geschichte und Geografie zeigt die kulturellen Unterschiede, was jeweils als hoch oder niedrig definiert wird und damit Hochmut oder Kleinmut – nicht Demut! – bewirken kann.

Demut bedeutet nicht, sich selbst zu demütigen oder demütigen zu lassen. Demut bedeutet, eigenen Hochmut zu erkennen und bewusst auf solch eine Überheblichkeit zu verzichten. Nicht deswegen, weil, wie der Volksmund weiß, Hochmut vor dem Fall kommt und man sich in einer Art magischen Denkens gegen Rachegeister schützen will, oder weil man damit seine soziale Inkompetenz entblößt, sondern weil man damit seine Freundschafts- und Liebesfähigkeit vernachlässigt.

Transaktionsanalytisch gedeutet, verzichtet man in Demut nicht nur auf Dominanzgelüste gegenüber anderen – bevorzugt solchen, die sich nicht zu wehren trauen oder gar nicht wissen, dass und wie man das auch kann –, sondern ebenso auf gespielte Bescheidenheit oder verschiedene Formen von Sich-klein-Machen und damit andere zur Schonung oder ähnlichen karitativen Gesten zu verführen.

Die kalifornische Psychologieprofessorin Nancy M. Henley beschreibt in ihrem Buch über Körperstrategien unter anderem das devote Verhalten farbiger Amerikaner gegenüber weißen und vergleicht es mit dem Berührungsverhalten zwischen Frauen und Männern. Es sei ein wichtiger Aspekt in unserer »hierarchiebesessenen Gesellschaft«, schreibt sie, der gerne übersehen wird, nämlich hinsichtlich »Berührungen, die (besonders zwischen den Geschlechtern) dazu dienen, die soziale Hierarchie aufrechtzuerhalten«. Ungläubigen empfiehlt sie folgenden »Selbsttest«: »Wenn Sie in einem Büro arbeiten, in einem Laden oder in einer Fabrik, und es gibt irgendein Problem, werden dann eher Sie zum Chef gehen, ihm die Hand auf die Schulter legen, um das Problem zu be-

> **Demut bedeutet, eigenen Hochmut zu erkennen und bewusst auf solch eine Überheblichkeit zu verzichten.**

sprechen? Oder wird es eher der Chef sein, der das tut?« Wer, so fragt sie, wird es eher sein, der dem anderen den Arm um die Schulter legt, die Hand auf den Rücken, ihm gegen die Brust klopft, ihn am Handgelenk hält und so weiter? Sie erzählt auch von einem eigenen Erlebnis aus ihrer Berufssphäre: »Nach einer der großen Frühjahrssitzungen kam der Vizekanzler auf mich zu, fasste mich mit beiden Händen an den Schultern und sagte mir, er habe mir etwas mitzuteilen. Die ganze Zeit, während er mit mir sprach, hielt er mich auf diese einzwängende Art fest. Als er zu Ende gesprochen hatte, ließ er mich los und wollte gehen. Ich hielt ihn zurück und sagte ihm, ich würde ihm gerne etwas über eine These von mir erzählen – über den Zusammenhang zwischen Hierarchien und Berührungen (...). Er zeigte Interesse, und ich begann ihm meine Thesen zu schildern. Er fand sie plausibel; in diesem Moment näherte sich uns der Universitätskanzler, der Ranghöchste auf dem ganzen Platz, legte seine Hand auf den Arm des Vizekanzlers und drängte ihn, ihm zur nächsten Sitzung zu folgen. Der Vizekanzler und ich waren beide überrascht, wie schnell die Wirklichkeit meine These bestätigte.« Henley erinnert auch, dass in Indien die Kaste der »Unberührbaren« sehr wohl von den höheren Kasten berührt werden darf, obwohl nur wenige das tatsächlich mögen: »Das Verbot gilt andersherum: Den Unberührbaren ist es untersagt, ein Mitglied aus einer höheren Kaste zu berühren, was als Befleckung betrachtet würde.« Sie betont aber auch, »Wir dürsten noch immer nach der weihevollen Berührung der Supergroßen« – Priester, Könige, Popstars. Ich kann mich noch gut erinnern, wie damals, als ich noch Kommunalpolitikerin war (1973–1987), viele alte Menschen tagelang davon schwärmten, wenn ihnen im Wahlkampf ein Minister oder gar der Bundeskanzler im Vorbeigehen die Hand gegeben hatte. Das war ein Zeichen der Unterwerfungsbereitschaft ihrer Generation – und gottlob ist diese Form von Devotion heute bei vielen jungen Menschen unbekannt. »Nicht cool«. Umgekehrt gilt es oft als cool, auf unerwünschte Berührungen nicht zu reagieren. Dabei weist auch Gavin de Becker in seinem Buch zur Gewaltprävention gerade darauf hin, dass Täter mit unerwarteten Berührungen abtesten, ob sich jemand zum Opfer eignet oder wehrt.

Es gehört Mut dazu, solches Eindringen in die persönliche Sicherheitszone abzuwehren. Menschen, die keinerlei Dominanzbedürfnisse ausagieren, pflegen sich sofort betroffen zurückzunehmen, während echte Gewalttäter (auch weibliche) sofort mit Gegenangriffen, demütigenden Zuschreibungen, Spott und Schimpf oder auch Handgreiflichkeiten ihre Überheblichkeit verstärken. Sie »spielen« Vorbilder nach. So erlebte ich vor vielen Jahren in einem Hotel in Tirol, dass der »Dienst habende« Großvater der Eigentümerfamilie unbedingt meine relativ kleine Reisetasche tragen wollte und sie mir trotz meiner dankbaren Ablehnung brutal aus der Hand zu reißen versuchte. Ich musste ihn ziemlich laut zurechtweisen, damit er verstand, dass »mein Wille geschehe« und nicht seiner.

Von Paracelsus (1493–1541), dem geheimnisvollen Ganzheitsmediziner, stammt der Satz »Alterius non sit qui suus esse potest« – »Es soll niemand einem anderen gehören, der sich selbst gehören kann«. Als ich 1996 als erste Frau den Paracelsus-Ring bekam, änderte ich diesen Satz in meiner Dankrede in die weibliche Form: »sua« anstatt »suus«. Mir hat Jahre später sehr imponiert, als im Zuge einer Podiumsdiskussion ein befreundeter katholischer Priester die Aussage Mariens, »Ich bin die Magd des Herrn« dahingehend ergänzte »und von sonst niemandem!« – Betonung auf Gott dem *Herrn*, nicht auf Magd. Ein Gedicht aus Rainer Marias Rilkes *Stundenbuch* fällt mir ein, das ich sehr liebe. Es beginnt mit »Ich habe Hymnen, die ich schweige. Es gibt ein Aufgerichtetsein, darin ich meine Sinne neige: du siehst mich groß und ich bin klein.«

Dennoch lässt sich kaum verhindern, dass man ab und zu bei sich Spuren von Hochmut entdeckt. Dann hilft Reue, sich von diesen »Verunreinigungen« zu befreien.

Reumut

Im gegenwärtigen »Zeitalter des Narzissmus« (© Christopher Lasch) gilt Demut als Schwäche oder Mangel an Selbstbewusstsein – wobei dieses häufig als Imponiergehabe missverstanden wird. Wenn man aber den Mut zum Wagnis der Selbsterkenntnis aufbringt, kommt man vielleicht darauf, welche anderen Bedürfnisse sich hinter dem »Spaß« an der Selbstpräsentation verbergen.

Hinter allen Bedürfnissen verstecken sich schichtenweise andere: Da ist beispielsweise zuerst die Freude, sich selbst abzubilden – oder auch die Orte, an denen man war oder die einem gefallen haben oder die man geliebt hat, oder Gegenstände oder Tätigkeiten. Früher buchte man dafür Maler, dann Fotografen und heute knipst man mit dem Handy oder dokumentiert mit der Filmkamera. Es werden diese Instrumente mittels solcher Selbstproduktionen ja auch heftig beworben. Hinter diesen Eigenschöpfungen verbirgt sich die Erwartung der orts- und zeitunabhängigen Wiederholung des ursprünglichen Lustgefühls, und dahinter wieder die Hoffnung auf positive Zuwendung, wenn man jemand anderem sein Machwerk zeigt, und dahinter lauert wiederum die Leere und die Not, Anerkennungsenergie zu gewinnen. Dann merkt man vielleicht, wie nahe dieses existenzielle Bedürfnis an die Fallgruben von Gier und Neid – beides zwei der sogenannten sieben Todsünden – und an Selbstbetrug heranführen kann, und vielleicht kann man mit seinem bedürftigen »inneren Kind« und dessen Einsamkeit mitfühlen.

Man belügt sich selbst, wenn man sich einredet, Abbildungen könnten den lebendigen Austausch mit Geliebten ersetzen. Sie sind bestenfalls Meditationshilfen, schlimmstenfalls fetischistische Wahnvorstellungen. Damit kein Missverständnis aufkommt: Ich habe keinerlei Kritik oder Bedenken gegenüber Homevideos oder Selfies (außer sie werden an extremen Gefahrenorten produziert – da sollten Lebensmut und Selbstverantwortung Vorrang haben). Sie können die eigenen kreativen Fähigkeiten fördern. Sie sollten aber auch die Selbstbesinnung fördern, weswegen man solche Dokumente herstellt: um sie anderen zu zeigen? Und wenn ja: damit sie sich mitfreuen können – oder damit sie neidisch werden sollen? Oder als Mittel zur Provokation?

Eine Klientin fällt mir ein, eine Winzerin mit Heurigenbetrieb, die alljährlich von einem Stammkunden mit dessen Urlaubsfotos belästigt wurde, wohl wissend, dass irgendwann dabei Bilder auftauchen würden, die den Lebemann im Adamskostüm zeigten. Offensichtlich bereitete ihm ihre sichtliche Verlegenheit großes Vergnügen – ebenso wie die hilflose Scham seiner danebensitzenden Gattin – oder aber er meinte damit ihr Interesse an seiner Person zu wecken (eine Erkenntnis, die ich der therapeutischen Arbeit mit Exhibitionisten verdanke: Einige wollten nonverbal demonstrieren, wie sehr ihnen eine bestimmte Frau gefiel). Als Problemlösung kamen wir zu der »homöopathischen« Kur – Gleiches mit Gleichem zu heilen –, nämlich diesen »Über-Mut« mit gespielter »Erleuchtung« zu kontern: »Oh – da fällt mir ein: Ochsenschwanzsuppe sollte ich wieder mal kochen!« Diese Kur hat gewirkt.

Vorhaltungen – transaktionsanalytisch gesprochen: Kommunikation aus dem kritisierenden Eltern-Ich – bringen erfahrungsgemäß keinen Erfolg. Keine Reue, höchstens verlegenes Lächeln, meistens einen Demütigungsversuch: Man versucht, sich selbst zu erhöhen, um den anderen energetisch zu verkleinern. Man hat für Repliken aber eine bessere Wahlmöglichkeit, nämlich die zwischen der ernsthaften Frage im Zustand des Erwachsenen-Ichs »Und weshalb zeigen Sie mir das?« oder eben aus dem humorvoll-listigen Kindheits-Ich wie in dem zitierten Beispiel (→ Selbstcoaching S. 207).

Wie ich in meinem Buch *Die reuelose Gesellschaft* dargestellt habe, gelten heute die »Laster« der sieben Todsünden als Tugenden: Wir sollen gierig sein – und kaufen, passiv – und uns unterordnen, zornentbrannt – und aggressiv, mitleidslos – und geizig, imagebewusst – und narzisstisch, unkeusch – und andere sexuell ausbeutend, und rivalisierend – und neidisch. Reue hingegen wäre ein

Reinigungsprozess: Man überprüft, wie weit man sich dem Mainstream angepasst hat, und lässt schrittweise alles los, was Seele und Geist vergiftet. Man sucht den Weg zu sich, auch wenn er Zeit kostet und manchmal unwegsam erscheint. Eine Klientin schrieb mir, ihre Freundin habe ihr vorgeworfen, sie denke zu viel nach. Ja, das ist eine realistische Gefahr. Im Extremfall mündet sie dann in Grübelsucht – so wie in dem Grimm'schen Märchen von der »Klugen Else«, die sich beim Erblicken der in der Decke stecken gebliebenen Kreuzhacke alle möglichen Katastrophen ausmalt, die passieren könnten, wenn die Hacke herabfallen würde.

Viele Menschen kennen das Gefühl, dass es einen reut, »zu viel des Guten« getan zu haben. Man kommt sich dann oft »blöd« sprich ausgebeutet vor – auch wenn kein Ausbeuter vorhanden ist, sondern nur der verinnerlichte Glaubenssatz, mit seiner Energie geizen zu sollen, oft gepaart mit dem widersprüchlichen Befehl, alles so gut wie möglich (anstatt nur wie nötig) machen zu müssen. Solche »Beliefs« stammen meist aus anerzogenem Perfektionismus (und damit geheimem Hochmut), und in diesem verborgen liegt die Angst, nicht gut genug zu sein, um positive Aufmerksamkeit, Zuwendung, Lob und Liebe zu erhalten. Oft ist es die Stimme einer quengelnden Erziehungsperson, die als »Kopfbewohner« jegliche Aktivität kommentiert, kritisiert und verurteilt. Es braucht den Mut zu Lücken wie auch zum Scheitern, und darin verborgen liegt wiederum das Quäntchen Selbstliebe, mit der man sich selbst verzeiht, eben nur ein ganz normaler, fehlerhafter Mensch zu sein und nicht ein Genie oder Heiliger.

Mut zur Reue bedeutet für mich daher Erkenntnis der verborgenen Untugenden, Ertragen von Schamgefühlen wie auch Mut zur Selbstverbesserung im Sinne von mehr Menschlichkeit. Ich habe im Laufe meines Lebens gelernt, die »heißen« Schamgefühle, die ich früher manchmal erlebte, wenn ich einer Inkorrektheit geziehen wurde, als Heilmittel zu begrüßen: Ich interpretiere diesen Schmerz heute nicht mehr als Adrenalinstoß, der den Körper kampfbereit auflädt, sondern vergleiche ihn mit dem Abreißen eines festhaftenden Pflasters von zarter Haut. Eine Art »Zudecke« wird entfernt – und man erlebt, dass man auch ohne diesen Schutz psychisch überlebt, ja sogar mehr geachtet wird.

Edelmut
Edelmut bedeutet, sich für einen edlen Weg zu entscheiden und nicht für einen »gemeinen«.

Edelmut bedeutet, nicht nur für das eigene Wohlergehen aktiv zu werden, sondern auch für das anderer Menschen bzw. Lebewesen überhaupt und für die gesamte Gesellschaft. Die Worte »edel« und »gemein« zeigen bereits auf, dass Edelmut nichts Allgemeines darstellt, sondern eine Veredelung des »gewöhnlichen«, auf unhinterfragter Gewohnheit beruhenden Verhaltens. »Was ein Hund falsch bellt, geben zehntausend Hunde als richtig weiter!«, zitiert Shissai Chozan eine japanische Volksweisheit.

Wenn man sich entscheidet, ein edler Mensch sein zu wollen, heißt das aber nicht, alle »niedrigen« Gedanken, Phantasien, Impulse unterdrücken zu sollen, ganz im Gegenteil: Es bedeutet, sie als das anzunehmen, was sie sind – Teile unserer Ganzheit. Hätten wir sie nicht, wären wir nicht »ganze« Menschen, sondern unvollständig. Aber sie sollten von uns kontrolliert und beherrscht werden – so wie mein Jungianischer Lehranalytiker gerne betonte: »Einen Komplex darf man durchaus haben – der Komplex darf einen selbst nur nicht haben!«

Will man also edel fühlen, denken und handeln, braucht man nicht nur Wahrnehmungsneuronen zur deutlichen Unterscheidung von edel und unedel, sondern ebenso Handlungsneuronen für das How-to-do wie auch zur Selbstbehauptung, wenn man von

Es braucht den Mut zu Lücken wie auch zum Scheitern.

anderen kritisiert wird, weil man sich nicht in den Mainstream der medial vorgegebenen »in-« und »out-«-Bewertungen einfügt. Erst wenn man die eigene Identität – die sich auch immer wieder verändern kann – kennt und auch im Zweifelsfall bestätigt, kann man tief in sich hineinfühlen und spüren: Das bin ich, wirklich ich, und nicht der Popanz, als den sich andere mich wünschen.

Mut zu den Wurzeln
In der Ablösungsphase der Pubertät beginnen meist die Abgrenzungen. Man sieht die bisherigen Bezugspersonen kritisch und kann sich oft gar nicht weit genug von ihnen distanzieren. Das beginnt mit der Verweigerung sonntäglicher Gemeinschaftsaktionen, oft sogar Mahlzeiten, und endet damit, die (zu) Nahestehenden meist mittels Musik zu vertreiben zu versuchen oder sich hinter elektronischen Kommunikationsinstrumenten abzuschotten. Im Zustand der Reife erkennt man dann oft die dadurch verlorenen Werte und schämt sich ihrer nicht mehr. Man beginnt, seine örtliche wie auch genealogische Herkunft neu zu sehen, weil man das darin enthaltene Gute anerkennen kann und das Negative nicht mehr als Waffe zum Selbstschutz benutzen muss.

So lehnen viele ihre heimatliche Volkskultur ab, weil sie meinen, damit nicht Gefahr zu laufen, als altmodisch verspottet zu werden. Aber wie der Volksmund schon so treffend formuliert: »Wenn man einen Hund prügeln will, findet man einen Stecken.« Die Möglichkeit, verspottet zu werden, liegt außerhalb der eigenen Macht – wozu also Energie darauf verwenden, sie zu vermeiden?

Als ich als junges Mädchen mit meinen Eltern in Dänemark war, war ich verwundert, wie alle Leute, egal welche Berufe sie ausübten, die Geschichte und Kultur ihrer Heimat berichten konnten. In Österreich findet man solch einen Bildungsschatz selten. Möglicherweise hängt dies mit der Schamgrenze der 1930er- und 1940er-Jahre zusammen: Man will nicht an nationalistische Volkstümelei erinnert werden. Oder man folgt der modischen Obsoleszenz (es gibt auch eine technische und eine wirtschaftliche); darunter ist eine Strategie zu verstehen, immer Neues (oder wiederentdecktes, mindestens zwei Vorgenerationen Altes) für die einzig wahre Eintrittskarte in die einzig wahre Gesellschaft zu halten.

Mut zu den Wurzeln braucht man vor allem aber in der globalen Welt: Wenn Europa zusammenwächst und gleichsam eine Baumkrone auf dem als gemeinsam definierten historischen und regionalen Stamm bilden will, müssen sich die Wurzeln logischerweise immer tiefer eingraben, sonst tragen sie das Gewicht der Krone nicht. Identität endet aber nicht an Staats- oder Bundeslandesgrenzen, sie wurzelt auch in den Orten der Kindheit, in den Erlebnissen als Familie und Nachbarschaft und vor allem in unseren begleitenden Gefühlen.

In der »flüchtigen« Moderne liegen tiefe Gefühlsbindungen nicht im Mainstream: Man soll maschinengleich funktionieren (aber tun das Maschinen auch? Brauchen diese dazu nicht schonungsvollen Umgang und regelmäßige Wartung? Und wie sieht es damit beim menschlichen Umgang miteinander aus?) und möglichst keine Störungen aufweisen. Störungen kann man üblicherweise hören – sie zu sehen bedarf bereits genauen Hinschauens und sie zu spüren hohe intuitive Begabung. Konkret: in unserer Stimme drücken sich unsere Gefühle aus (aber ebenso in unserer Mimik, Gestik und auch in den Ausschüttungen chemischer Botenstoffe in allen Körperteilen, nur überdeckt man die meist mit Deodorants und anderen Duftstoffen).

Viele Menschen haben Scheu zu singen. Sie wagen nicht, laut (oder gar vorlaut) zu sein. Die Angst vor Kritik, Spott und Verachtung lähmt ihre Stimmbänder. Dabei wäre Gesang der ideale Gefühlsausdruck – er muss sich ja nicht an Texten oder Melodien festhalten, »lalala«, »oioioi« oder »tschibumtschibum«, jedoch »aus vollem Herzen«, reicht auch. Aber auch im Zeichnen und Malen kann man Gefühle ausdrücken wie auch erkennen, deswegen ist es gesundheitspolitisch völlig falsch, den Schulunterricht in den sogenannten »Musischen Fächern« zu kürzen! Im musischen Selbstausdruck kann man sich eher dem Hochgefühl des Muts zum Ich annähern. Aber vonseiten »der Wirtschaft« wird eingemahnt, man brauche mehr Menschen mit technischen Kompetenzen in der Berufswelt – wobei der Anteil, das Ansehen und der wirtschaftliche Erfolg der musischen Berufe bewusst ignoriert werden.

Mut zum Weggehen
Es ist ein offenes Geheimnis, dass in Österreich jemand nur dann etwas gilt, wenn er oder sie im Ausland Anerkennung erhalten hat. Dass das auch auf diejenigen Personen zutrifft, denen Anerkennung verweigert wurde, die vertrieben wurden oder flüchten mussten, wird schamhaft (oder frech) verschwiegen.

Mir erzählte einmal eine Kunstkennerin, der als Künstler international hoch geschätzte, als Mensch als schwierig kritisierte und letztlich viel zu früh und leidend verstorbene Schauspieler Oskar Werner habe einmal sinngemäß gesagt: Wenn in Österreich jemand ein unorthodoxes Buch verfasse, werde er von der Kritik quasi umgebracht und bestenfalls »gnädig« der Vergessenheit anheimgegeben und damit sei er weg – in Frankreich dagegen würde jemand anderer ein Gegenbuch auf den Markt bringen und das Land hätte dann zwei Autoren und zwei Bücher.

Nicht jeder Mensch zählt zu den »Nestflüchtern« und hat den Mut zur Reise ins Unbekannte (außer der Verbleib in der Heimat ist unerträglich geworden). »Heimat« – das kann auch das Elternhaus sein, ein Arbeitsplatz, eine Religionsgemeinschaft, eine Ehe ... alles, was Gefängnischarakter besitzt oder annimmt. Und natürlich kann es auch der Heimatstaat sein.

Wenn das, was eigentlich Entfaltungsmöglichkeiten, Förderung und Schutz bieten sollte, sich ins Gegenteil verkehrt und nur mehr Einschränkung – beispielsweise der Menschenrechte, Selbstbestimmung inklusive – bringt, nur mehr Schädigung, Gewalt und Verfolgung und Lebensgefahr, dann wäre es zynisch zu verlangen, sich nur seelisch zu distanzieren. Die Psychotechniken dazu gibt es – aber sie würden nur eine subtilere Form von Anpassung hervorrufen und damit das Gewissen beschädigen, und zwar nicht nur das Gewissen der Personen, die Gewalt erfahren haben, sondern auch all derer, die dazu geschwiegen haben.

Es ist nicht leicht, Bindungen aufzugeben – weder die persönlichen noch die räumlichen. Das wird immer deutlich, wenn beispielsweise Menschen, die gemobbt werden, den Gedanken zulassen sollen, sich eine neue Arbeitsstätte zu suchen, oder wenn die Ehefrauen gewalttätiger Männer die Scheidung zu erwägen beginnen. Sie brauchen oft Jahre bis sie erkennen, was sie sich selbst antun (lassen), wenn sie im Zustand der Hoffnungslosigkeit verharren statt sich in den Zustand von Mut und Zuversicht zu bringen (→ Selbstcoaching S. 207).

Der Zustand von Mut und Zuversicht beinhaltet, darauf zu vertrauen, dass man zur rechten Zeit die richtige Entscheidung treffen wird. Ich selbst bevorzuge – und empfehle auch den Ratsuchenden, die dafür offen sind – in solchen Situationen das Taizé-Lied »Meine Hoffnung und meine Freude | meine Stärke, mein Licht | Jesus meine Zuversicht |auf Dich vertrau ich und fürcht' mich nicht – auf Dich vertrau' ich und fürcht' mich nicht«, denn es besitzt in Wortwahl wie auch Melodie eine starke und stärkende autosuggestive Wirkung.

Sich selbst zu vertrauen, muss ja ebenso »erlernt«, d. h. neuronal verankert werden wie jede andere Fähigkeit. Nur mit einem ungeduldigen Appell ist es da nicht getan – man braucht wie immer ein Vorbild, wie man das tut. Deswegen empfehle ich Eltern, die über

> **Der Zustand von Mut und Zuversicht beinhaltet, darauf zu vertrauen, dass man zur rechten Zeit die richtige Entscheidung treffen wird.**

die Zaghaftigkeit ihres Nachwuchses klagen, wenn sie selbst Entschlüsse zu treffen haben, das Abwägen des Für und Wider sowie ihr eigenes Tun laut zu kommentieren, sodass ihre Kinder mitdenken und damit Entscheidungs-Denken lernen können.

Mut zur Verantwortung
Viele Menschen handeln »einfach so«, ohne im Vorhinein Alternativen oder gar die Folgen zu bedenken. Sie verteidigen das dann mit Berufung darauf, dass man ja »spontan« sein solle. Der Kult um die spontane Authentizität stammt aus der Gestaltpsychotherapie und war ein Zielwert für die Enthemmung verklemmter Menschen, und das war in den 1950er- und Folgejahren zumindest deren eigener sexuellen Gesundheit förderlich. Es darf dies aber nicht als Erlaubnis zu ungebremstem Ausleben egozentrischer Begierden ausufern, ohne Rücksicht darauf, was man damit bei anderen bewirkt (was ja leider auch geschah, wie ich in meinem Buch *Tabuthema Kindliche Erotik* aufgezeigt habe).

In den »aufdeckenden« Psychotherapien wird gerne die seelische Regression (das Zurückgleiten) in frühere Entwicklungsphasen gefördert, um dadurch eine »Nachreifung« zu ermöglichen. Es sollen die Gefühle und Handlungsimpulse von damals neuerlich erlebt, überdacht und neu bewertet werden. Ein zweijähriges Kind, das gerade erst laufen und zupacken eingeübt hat und beginnt, sich einen Sprachschatz anzulegen, wird noch nach allem greifen, das seine Aufmerksamkeit erregt hat. Ein dreijähriges hingegen wird bereits fragen, ob es sich etwas nehmen darf (sofern es dazu angeleitet wurde) – umso mehr kann man von einem erwachsenen Menschen erwarten, dass er oder sie die Hände unter Kontrolle hat und nicht »spontan« nach Lust und Laune andere betatscht, und ähnlich sollte er oder sie auch seine Sprache beherrschen können. Manche wollen das aber gar nicht. Sie verteidigen ihr vermeintliches »Recht auf Spontaneität« und behaupten, man täte ihnen Gewalt an, wenn man ihnen Grenzen setzt. Virginia Satir, eine der BegründerInnen der Systemischen Familientherapie, beschreibt diesen dysfunktionalen Kommunikationsstil als »Ablenken«: »Was auch immer der Ablenkende sagt oder tut, es hat keine Beziehung zu dem, was irgendein anderer sagt oder tut.« (Sie benennt noch drei andere Stile, die gegenseitiges Verständnis behindern: Beschwichtigen, Anklagen und Rationalisieren.) Ablenker weichen aus. Sie haben nicht den Mut, Verantwortung zu übernehmen. Dass sie damit ihre Seele vergiften, merken sie oft erst Jahre später oder auch gar nicht.

Im Alten Testament antwortet Kain auf die Frage Gottes, wo sein Bruder Abel sei, ebenso schroff abstreitend mit »Bin ich der Hüter meines Bruders?« Die sachliche Antwort lautet: Wir sind alle berufen, Hüter unseres Nächsten zu sein – und Nächster ist, wen man sieht, hört, spürt. Wir alle tragen Verantwortung. Unterlassene Hilfeleistung ist auch ein Straftatbestand.

Leider fehlt es wieder an Vor-Bildern, an denen man sich orientieren kann. Stattdessen zeigen Film und Fernsehen meist »laufende Bilder« von einsamen Action-Helden, die in der Verfolgung ihrer Ziele »über Leichen gehen«, und Kriminalbeamte, die zwar Kinder haben, aber kaum einmal daheim sind, oder wenn schon Menschen in Beziehungen dargestellt werden, dann entweder als Feinde in Katastrophensituationen oder als Neurotiker im heiteren Familienchaos.

Only bad news are good news – alles andere sei fad, lautet eine häufig geäußerte Fehlmeinung, man müsse daher der Leser- oder Zuseherschaft Spannung bieten (vor allem, damit sie nicht zur Konkurrenz wandert). Das stimmt nicht. Aufmerksamkeit bekommt man immer auch dann, wenn man solche Informationen

> **Wir sind alle berufen, Hüter unseres Nächsten zu sein – und Nächster ist, wen man sieht, hört, spürt.**

verbreitet, die das Publikum in seiner persönlichen Entwicklung (positiv oder negativ) bereichern – egal über welche Medienkanäle das geschieht. Findet kein solches »Aha-Erlebnis« statt, wird die Aufmerksamkeit wieder abgezogen.

»Zuschauer« vor Bildschirmen identifizieren sich unbewusst mit dem Darsteller, aus dessen Blickwinkel die Kamera geführt wird. Das verursacht allein der Mechanismus der Auslösung der sogenannten Spiegelnervenzellen. Lange vor deren Entdeckung wusste man das schon; so zitierte Albert Schweitzer 1952 in seiner Rede »Das Problem des Ethischen in der Evolution des menschlichen Denkens« David Humes (1711–1776) bildhaften Vergleich, wir seien wie Saiten, die beim Erklingen anderer Saiten ebenfalls in Schwingung geraten.

Andererseits verführt das aktionslose Blicken auf den Bildschirm zum »Einüben« des sogenannten Bystander-Effekts. Diese Bezeichnung bezieht sich auf das bloße Betrachten und Nichts-Tun, wenn man Zeuge massiver Lebensgefährdung wird. Auslöser war der Mord an Kitty Genovese 1964 in New York, auf deren Schreie insgesamt 38 Menschen aus dem Fenster sahen und keinerlei Handlungen setzten, die Polizei zu rufen oder selbst einzugreifen oder sich um die verletzte Frau zu kümmern, sodass der Mörder trotz der Schreie zustechen und danach entfliehen, von der anderen Straßenseite beobachten, wiederkommen, erneut zustechen, wiederum entfliehen, noch einmal zurückkommen und sein Mordwerk vollenden konnte. Begründet wird dieser Mangel an Verantwortung bzw. »Zivilcourage« einerseits dadurch, dass man sich selbst als inkompetent (»Ich weiß nicht, was wie zu tun ist«) einschätzt, andererseits mit der sogenannten Verantwortungsdiffusion, also der Hoffnung, jemand anderer würde schon handeln, und zusätzlich noch der Angst, negativ bewertet zu werden, wenn man sich »wichtig macht«.

Ich habe als Universitätsprofessorin für Prävention und Gesundheitskommunikation an der Donau-Universität in Krems ein interdisziplinäres Masterstudium für Kommunalprävention konzipiert, das diesem und anderen Mängeln an Sozialkompetenz Abhilfe schaffen sollte. Leider fanden sich zu wenig Interessierte, sodass es nicht realisiert werden konnte. Mein Ansatz dabei liegt im Empowerment von MultiplikatorInnen, die in eng umfassten regionalen Feldern der Bevölkerung, vor allem Eltern, aber auch den zuständigen BeamtInnen Wissen und Handwerkszeug vermitteln sollten, um der Lähmung aus eigener Hilflosigkeit Ressourcen für eigenverantwortliches Handeln entgegenzusetzen.

Mut zur Anzeige
Eine besondere Form der Herausforderung für Verantwortlichkeit entsteht dann, wenn man sich in großer Sorge an staatliche Stellen um Unterstützung wendet, und das geschieht üblicherweise dann, wenn jemand fremd- oder selbstschädigendes Verhalten vermuten lässt. So berichtet die Historikerin Brigitte Hamann, dass Kronprinz Rudolf vor den Schüssen von Mayerling zuallererst zu seiner Dauergeliebten Mizzi Caspar von Doppelselbstmord sprach. Diese nahm die Sache so ernst, dass sie zum Polizeipräsidenten ging und eine Aussage über den geplanten Selbstmord des Kronprinzen zu Protokoll gab, um sein Leben zu retten. Hamann schreibt: »Dieser Schritt zeugt von außerordentlichem Mut, erheblicher Intelligenz und – bedenkt man, dass Mizzi erst 24 Jahre alt war, außerhalb der Hofgesellschaft stand und es trotzdem schaffte, sich Zutritt zum mächtigsten Politiker Cisleithaniens zu verschaffen – von immensem persönlichen Einsatz für den geliebten Mann. Weder Rudolfs Vater noch Mutter noch seine Geschwister, noch seine zahleichen Freunde und Ärzte unternahmen einen solchen energischen und, wenn es mit rechten Dingen zugegangen wäre, ja auch erfolgversprechenden Rettungsversuch für den selbstmordkranken Kronprinzen.«

    Rettungsversuche sind leider nicht immer erfolgreich. Sie werden oft, wie auch Empfehlungen, als Revierüberschreitungen oder Zweifel an der eigenen Kompetenz verstanden. Schon Niccolo Machiavelli riet Herrschern, »jedem den Mut zu nehmen, sich ihm mit einem Rat zu nähern, wenn er nicht gefragt ist«. Das gilt auch für alle Personen mit Herrscherallüren, und die findet man häufig in Elternersatzberufen wie Ärzten, Lehrern, Richtern und ganz besonders »religiösen Experten« (welche Bezeichnung ich erstmals im Theologiestudium gehört habe, wo sie der Professor für Religionswissenschaft vorgeschlagen hat, um die unterschiedlichen spirituellen Führer und Begleiter in den verschiedenen Religionsgemeinschaften mit einem gemeinsamen Begriff zusammenzufassen).

Womit ich häufig konfrontiert bin, ist das Hinauszögern polizeilicher oder gerichtlicher Anzeige – beides ist gleich gut möglich – bei Verdacht oder Wissen von sexuellem Missbrauch von Kindern oder häuslicher Gewalt.

Schon von Beginn meiner Beratungstätigkeit in Familienberatungsstellen (1975) an fiel mir auf, wie sehr sich Frauen scheuten, sexuelle Übergriffe des Ehemannes auf Kinder im Scheidungsverfahren vorzubringen. Die Begründung lautete immer, sie wollten ihn ja nicht ins Gefängnis bringen – aber auch, dann wäre die Familie ja existenziell gefährdet. Wenn sie sich in letzter Verzweiflung doch dazu durchrangen, diese Gewalttaten bei Gericht zur Kenntnis zu bringen, lautete die Reaktion meist »*Jetzt* kommen Sie damit?« und die Unterstellung, es wären nur taktische Behauptungen ohne Wahrheitsgehalt, um letztlich einen Trumpf ausspielen zu können.

Viele haben aber auch Angst vor Verleumdungsklagen wie eine Kärntner Lehrerin, die sich vor langer Zeit an mich wandte, nachdem sich ihr eine Schülerin anvertraut hatte, dass sie regelmäßig von ihrem Vater sexuell ausgebeutet wurde. Die Frau entschloss sich zur Anzeige. Der Vater – ein relativ einflussreicher Kommunalpolitiker – rächte sich, indem er seine Beziehungen zu den Vorgesetzten der Frau dafür einsetzte, dass sie massiven beruflichen Repressalien ausgesetzt wurde. Man glaubte ihm – nicht ihr.

Ein anderer Supervisand von mir, ein Sozialpädagoge, begleitete ein ebenfalls vom Vater missbrauchtes Mädchen zwecks Anzeige zur Polizei und hörte dort die deftige Aussage, das »Madel soll doch froh sein, dass es der Vater war und nicht irgend so ein dahergelaufener Kerl«. Fast wortgleich fragte damals in den 1990er-Jahren auch ein Religionslehrer in einem Fortbildungsseminar zur sexuellen Gewalt, ob es nicht besser wäre, wenn der erfahrene Vater seine Tochter »in die Liebe einführe« und nicht ein jugendlicher Stümper. Ich fragte mich (dazumal innerlich, heute täte ich es laut): War das nun Mut, sein Wissen zu erweitern? Oder war es blanke Naivität? Heute würde wohl niemand mehr wagen, in einer großen Gruppe solch eine Frage zu stellen. Die Schere im Kopf würde es verhindern. Dennoch weiß ich aus vielen Einzelberatungen, dass diese Denkweise durchaus weiter besteht – sie gründet ja auch auf dem Machtanspruch des Erstnachtsrechts, wie es im Mittelalter vom Herrn der Leibeigenen oder auch Pfarrern beansprucht und mit dem »Schutz vor Dämonen« begründet wurde.

Mut zur Ethik

Überfliegt man, was im Laufe der Jahrhunderte zu Ethik gedacht und niedergeschrieben wurde, findet man unterschiedliche Ethikbegriffe (abgesehen davon, dass Ethik vielfach mit Moral gleichgesetzt wird – was ich nicht tue; ich unterscheide Moral als konventionelle – auf gesellschaftlichen Vorgaben wie Gesetzen oder Sitten beruhende – Ethik von einer postkonventionellen, die allein dem Gewissen gehorcht). Solche »Ethiken« heißen dann beispielsweise Tugendethik, Pflichtenethik, Gesinnungsethik, Verantwortungsethik etc. und neuerdings Verhandlungs- oder Konsensethik. Letztere wird derzeit heftig propagiert: Wenn sich zwei einig – einmütig! – sind, soll sich niemand anderer kritisierend einmischen. Zum Beispiel in sexuelle Beziehungen.

Ich sehe diese Geisteshaltung problematisch – sie ignoriert nämlich Machtungleichgewichte. Bei finanzieller Ungleichheit passt das schon – da gab es immer schon komplementäre Beziehungen à la Geld trifft Schönheit. Oder Kollusionen: Wenn sich die Neurosen ergänzen (etwa zwischen einem Sadisten und einer freiwilligen Masochistin), kann eine Beziehung wunderbar funktionieren – es darf sich nur keiner weiterentwickeln. Problematisch sind Machtungleichgewichte auf der energetischen Ebene: Wenn einer mehr Wissen und mehr Kraft besitzt als die andere Person – und da meine ich nicht östliche Kampftechniken, sondern einfach die Ausstrahlung (die Spürbarkeit der »Chemie«, also der chemisch-elektrischen Prozesse im Gehirn). Der Schwertkampfmeister Shissai Chozan sprach von Willenskraft und von »Fluidum« (so die deutsche Übersetzung von Reinhard Kammer) und meinte damit den Zustand »ohne jede Irritierung durch Gefühle oder Absichten«, der erst in jahrelanger Meditation erreicht wird, denn »das Fluidum folgt dem Herzen«. »Wenn das Herz unbewegt ist, bewegt sich auch das Fluidum nicht, und wenn das Herz friedlich ist und durch nichts irritiert wird, dann ist auch das Fluidum in Harmonie ...«, denn »das Herz ist wie ein klarer Spiegel oder ein ruhiges Wasser. Sobald Bewusstsein und Denken das Herz auch nur im Geringsten stören, wird seine Klarheit dadurch beeinträchtigt, und es kann sich nicht frei entfalten.«

Ich verwende für das, was hier mit Fluidum angesprochen wird, das Wort »Ausstrahlung«. Sensible Menschen spüren genau, ob diese aus »reinem Herzen« kommt oder aus einem durch »unredliche« Absichten »verunreinigten«. Red-lich bedeutet, dass man etwas getrost überall und vor allen aussprechen kann, Unredliches hingegen sollte man nicht einmal denken. Und hier beginnt das Dilemma in sexuellen Anbahnungsprozessen: Es stellt einen spürbaren Unterschied dar, ob man wirklich an der anderen Person als ganze interessiert ist oder nur an einem Teil ihres Körpers. Wenn man nun mit Glutblicken, Schmeichelworten oder subtilen Versprechungen oder auch Drohungen den Widerstand der »umworbenen« Person einlullen will, braucht es wieder Wahrnehmungs-, wie auch Handlungsneuronen, um diese Verführungsversuche abzuwehren (wenn man das will). Ich empfehle dazu meine »Exorzismus-Technik«: Man muss den Namen sagen, nur dann kann man den »Teufel« vertreiben (→ Selbstcoaching S. 207). Auch Niccolo Machiavelli empfahl bereits: »Es gibt nämlich kein anderes Mittel, Schmeicheleien zu vermeiden, als den Menschen beizubringen, dass sie dich nicht beleidigen, wenn sie dir die Wahrheit sagen.«

Mut zur Liebe
Wenn man wahrhaftig liebt und nicht nur verliebt ist oder von Begehren durchflutet, achtet man darauf, der geliebten Person keinen Schaden oder Stress zuzufügen. Ein wunderbares Beispiel dafür bietet die echte Mutter im sogenannten Salomonischen Urteil (1 Könige 3,16–28): Als zwei Frauen nach dem Tod des einen und dem Diebstahl des anderen Säuglings streiten, welche nun die tatsächliche Mutter des Überlebenden sei, lässt König Salomo sein Schwert holen, um das Kind vorgeblich auseinanderzuschneiden und jeder der Frauen eine Hälfte zu geben. Während die falsche Mutter das zulassen will, verzichtet die echte Mutter aus Liebe auf ihre Hälfte und bekommt daraufhin vom König ihre wahre Mutterschaft bestätigt.

Im Liebesverhalten beweist sich, ob man den anderen Menschen besitzen will, dominieren oder aber »nur« lieben. Wenn man auf die jeweiligen Gefühlslagen achtet, mit denen auf Versagungen reagiert wird, erkennt man, wie stark narzisstische Motive die Reaktionen bestimmten. So höre ich immer wieder die Klage von Frauen, der Geliebte würde sich nicht zu ihnen »bekennen«, das heißt öffentlich als Partner an ihrer Seite stehen. Aber wird er damit nicht

> Im Liebesverhalten beweist sich, ob man den anderen Menschen besitzen will, dominieren oder aber »nur« lieben.

zum »Accessoire« einer Performance gemacht? So wie manche Männer ihre Partnerinnen dem Freundeskreis wie eine Art Trophäe vorführen? In solchen Fällen handelt es sich nicht um Liebe, sondern Besitzerstolz oder Konkurrenz innerhalb des gleichen Geschlechts: Man »benützt« die Partnerperson zur Verstärkung des eigenen Glanzes. Bröckelt dieser ab, wird dann oft gegen ein »Neumodell« eingetauscht.

Mangelnde Treue verweist oft darauf, dass man von dem oder der Geliebten nicht »erfüllt« war. Wenn man das nämlich ist, ist Untreue unmöglich – es ist einfach kein Platz für eine weitere Person. Das betrifft auch die eigenen Kinder – und Eltern sowieso (die ja oft dazu neigen, unter Berufung auf Elternliebe ihre erwachsenen Kinder zu tyrannisieren). Deswegen ist es ja auch so wichtig, den Kindern in der Einheit als Paar gegenüberzutreten und sich dazu täglich abzustimmen.

Heute braucht man Mut zur Treue – besonders als Frau. Unter Männern wurde Untreue immer mit Augenzwinkern beschmunzelt, egal wie sehr die Partnerin darunter litt. Ihr wurde jahrhundertelang eingeredet, Männer seien eben aus biologischen Gründen nicht monogam, Frauen aber schon, und resignatives Dulden die einzig richtige psychische Überlebenstechnik. Das korreliert mit der ökonomischen Abhängigkeit in der Zeit, wo Frauen sich kaum selbst erhalten konnten außer durch Dienen, egal ob als Magd, Hauslehrerin oder Nonne und ebenso auch sozialer Aufstieg nur über das Bett (inklusive Mutterschaft) möglich war und nicht über einen ehrbaren Beruf.

Auch die Angst vor dem Verlust von Jugendlichkeit und Schönheit stammt aus dieser Zeit – und die ist erst hundert Jahre her. Als ich noch voll von »ungeweinten Tränen« war und deshalb psychosomatisch gedeutet zu Nebenhöhlenentzündungen neigte, nämlich in der Zeit meines Erststudiums (Rechtswissenschaften 1962–1966), unkte meine Großmutter, bei der ich gelegentlich in Wien wohnte, immer »Sag das nur niemand – sonst bekommst du keinen Mann, denn wer will schon eine kranke Frau!« Dass ich, Tochter einer chronisch kranken Mutter, dann einem »kranken« Mann mein Ja-Wort gab, machte ihr hingegen keine Besorgnis.

Zur Liebe und zur Treue kann man sich genau so »entscheiden« wie auch zur Mutterschaft. Voraussetzung ist, dass man weiß, wie man seine Empfindungen, Gefühle, Phantasien und Gedanken selbst beeinflussen kann. Das braucht weniger Mut als Erfahrung und die kann man erwerben (→ Selbstcoaching S. 207). Mut braucht man hingegen in der Verteidigung dieser eigenen Entschlüsse, denn mit jeder Abweichung vom Mainstream fühlen sich diejenigen infrage gestellt, die sich nur in der Gleichschaltung sicher fühlen.

Mut zur Gleichheit
Gleichheit ist nicht gleich Gleichheit. Im Galaterbrief schreibt Apostel Paulus: »Denn ihr seid alle durch den Glauben Söhne Gottes in Christus Jesus. Denn ihr alle, die ihr auf Christus getauft seid, habt Christus (als Gewand) angelegt. Es gibt nicht mehr Juden und Griechen, nicht Sklaven und Freie, nicht Mann und Frau; denn ihr alle seid ›einer‹ in Christus Jesus.« (Gal 3,26–28) Paulus will damit klar stellen, dass vor dem Schöpfer alle Christen (in Hinblick auf den Universalitätsanspruch des Christentums und der Gottesebenbildlichkeit aber auch alle Menschen) gleich sind – auch wenn es auf Erden Unterschiede gibt. Im Protestantismus wird dieses Schriftwort nach dem Prinzip des »sola scriptura« (»nur nach der Heiligen Schrift«, d. h. nicht nach den Schriften der nachfolgenden Kirchenväter, Päpste oder Theologen) insofern ernst genommen, als hierarchische Über- und Unterordnungen abgelehnt und nur Übernahmen von Funktionen, wozu man regelmäßig gewählt und bestätigt werden muss, zugelassen werden. Das ist eine große Herausforderung an Selbstkritik und Verzicht auf narzisstische Größenansprüche – wenn nämlich ungebildetere Gemeindemitglieder sich den Mut herausnehmen, mit ihren Ansichten in Konkurrenz zu den beamteten »religiösen Experten« zu treten (und umgekehrt).

Hegemoniale Ansprüche werden oft mit Berufung auf Tradition oder »die Natur« begründet. Sehr gut kann man das bei der sogenannten Gender-Debatte beobachten, die von etlichen »Traditionalisten« heftig verunglimpft wird: So habe ich mich auch im Zuge des Schreibens dieses Buches entschieden, doch das Binnen-I zu verwenden. Ursprünglich hatte ich nämlich im Entgegenkommen zu einer vermuteten Leserschaft, die mit soziolinguistischer Fachliteratur nicht vertraut ist, Geschlechterbezüge mit Schrägstrichen geschrieben. Jetzt muss ich den gesamten Text überprüfen – das ist zwar lästig, aber wichtig: Es soll dort, wo es wesentlich ist, klar zum Ausdruck kommen, dass Frauen und Männer gleicherweise angedacht sind. (Und ich stelle mich darauf ein, dass manche PedantInnen möglicherweise nachprüfen, wo dieses Prinzip vernachlässigt wurde – eine Erfahrung, die ich nach der Veröffentlichung meines Buches *Schaff' dir einen Friedensgeist – Gewaltprävention im Alltag* machte: Da schickte mir eine Lehrerin ihr Exemplar des Buches zurück und hatte alles, und das war viel, was ihrer Meinung nach fehlformuliert war, mit Bleistift markiert: Ein klassischer Parallelprozess zum Titel und Inhalt des Buches ...)

Gendern bzw. Gender Mainstreaming bedeutet, immer und überall darauf zu achten, wo ein Geschlecht – daher auch das männliche! – gegenüber dem anderen vernachlässigt oder benachteiligt wird und Formen zu suchen, wie man solche Diskriminierungen vermeiden oder aufheben kann. Gendern braucht Mut, denn man hat prospektiv alle in Gegnerschaft, die von Geschlechter-Ungleichheiten Vorteile ableiten (und wenn es auch nur solche sind, sich bei irgendjemandem von der »alten Schule« beliebt zu machen). Der bereits zitierte David Hume war der Ansicht, »alle jene Meinungen und Betrachtungsweisen der Dinge, an die wir uns von unserer Kindheit an gewöhnt haben, wurzeln in uns so tief, dass es trotz aller Mittel, welche Vernunft und Erfahrung bieten, uns unmöglich ist, sie auszurotten.« Bertolt Brecht hingegen schrieb etwa zweihundert Jahre später in *Der Jasager und der Nein-*

sager: »Wer A sagt, muss nicht B sagen. Er kann auch erkennen, dass A falsch war.« Auch die psychotherapeutische Erfahrung erbringt den Nachweis, dass man sich sehr wohl von Alltagsmythen (© Roland Barthes) und Indoktrinationen dauerhaft verabschieden, d. h. Neurosignaturen neu verschalten kann – allerdings reicht Erkenntnis allein selten, es müssen auch die damit verknüpften Gefühle losgelassen werden, und diese werden eben auch unbewusst von Statuswünschen und -ängsten gespeist.

Beim Schreiben dieses Buches ist mir etwa auch aufgefallen, dass selbst in Büchern, in denen *Die verlorene Geschichte der Frau* (© Hilde Schmölzer) behandelt wird, die Entstehung des außergewöhnlichen Mutes dieser Pionierinnen nicht reflektiert wird. Angetrieben von Wut und Empörung, heißt es etwa bei Michaela Karl, couragiert und furchtlos, trotz Spott und Verrückterklärungen. »Menschen, die keine Rücksicht auf ihre Familien nehmen und für ihre politische Überzeugung gar ihre Kinder verlassen«, schreibt die Politikwissenschaftlerin, »nennt man ›Helden‹, wenn sie Männer sind, und ›Rabenmütter‹, wenn es sich um Frauen handelt.« In enttarnender Aufrichtigkeit schreibt der Historiker Reinhard Barth, bei den von ihm porträtierten »politischen« Frauen wäre ihm deren »Strahlkraft« oder »die Ausnahmesituationen, durch die sie zur Wirkung gekommen ist« wichtig gewesen; so schreibt er, »List gehört neben den handfesteren erotischen und sexuellen Möglichkeiten ebenfalls zum typischen Arsenal weiblicher Waffen. Nicht wenige bedeutende Frauen verdanken diesem Mix ihre Karriere.« Er bestätigt damit, was Hilde Schmölzer als »unterschlagene Vergangenheit« bezeichnet, wenn sie schreibt: »Das patriarchalische

Gendern braucht Mut, denn man hat prospektiv alle in Gegnerschaft, die von Geschlechter-Ungleichheiten Vorteile ableiten.

Herrschaftssystem hatte kein Interesse daran, die Lebens- und Überlebensarbeit von Frauen ebenso wie ihre religiösen Ideen, politischen Philosophien oder literarischen Werke aufzuzeichnen und zu überliefern«, und Dorothy Smith mit deren Worten zitiert: »Was Männer machten, war Männern wichtig, es wurde von Männern für Männer über Männer geschrieben. Männer hörten und hören auf das, was andere Männer zu sagen haben.« Frauen wurden nicht unterstützt, sondern eher in ihrem geistigen Schaffen bestohlen (wie man es von vielen Partnerinnen berühmter Künstler weiß) und das geschieht auch heute noch, wie ich von etlichen meiner künstlerisch oder politisch tätigen Klientinnen weiß, die sich lieber an die »historisch gewachsenen« Strukturen anpassen, als deren Ungerechtigkeit aufzuzeigen und damit ihre Zulassung zu diesen sozialen Feldern zu gefährden.

Mut zur Religion

»Wahrhaft ethisch ist der Mensch nur, wenn er der Nötigung gehorcht, allem Leben, dem er beistehen kann, zu helfen, und sich scheut, irgendetwas Lebendigem Schaden zu tun«, postuliert Albert Schweitzer und setzt hinzu: »Er fürchtet sich nicht, als sentimental belächelt zu werden«, denn: »Es ist das Schicksal jeder Wahrheit, vor ihrer Anerkennung ein Gegenstand des Lächelns zu sein.« Auch wer sich als religiös bezeichnet, muss damit rechnen, belächelt zu werden. Spirituell orientiert darf man sich schon eher nennen, besonders wenn man sich dabei auf asiatische, lateinamerikanische oder afrikanische Kulturen bezieht.

Auch ich wurde immer wieder aufgefordert, mich zu rechtfertigen, weshalb ich mich im fortgeschrittenen Alter entschlossen

Entwicklung macht oft Angst,
wenn man fürchtet, Kontrolle zu verlieren.

hatte, das Vollstudium der evangelischen Fachtheologie zu absolvieren. Die Gründe dafür waren so viele, dass ich jedes Mal nur einige wenige davon mitteilen mochte, aber den wesentlichen immer: meine Persönlichkeit hatte sich in diese Richtung entwickelt – und das bat ich zu respektieren.

Entwicklung macht oft Angst, wenn man fürchtet, Kontrolle zu verlieren. Über den anderen oder auch über sich selbst. So sagte mir einmal der Mann, den ich liebe: »Ich kann dich nicht einschätzen!« Damals war ich zu verblüfft, die passende Antwort zu geben – aber heute weiß ich, ich hätte sagen sollen: »Ich möchte wertgeschätzt und nicht eingeschätzt werden.« Auch in der religiösen Hingabe verzichtet man in gewissem Sinn auf Kontrolle, und das setzt innere Stärke voraus (wobei die einen diese aus eigenem Rückgrat beziehen und die anderen aus der Stützung durch eine eng umgebende Gemeinschaft, ideal wäre beides gleichermaßen).

Religion – vom lateinischen *religio*, Rückverbindung – meint etwas anderes als individueller Glaube, Bekenntnis, Dogma, Kirchenorganisation oder Theologie und Religionswissenschaft. Rudolf Grabs, der Biograf und Interpret Albert Schweitzers, zitiert dessen Worte, »Wer an seiner Läuterung arbeitet, dem kann nichts den Idealismus rauben. Er erlebt die Macht der Ideen des Wahren und Guten in sich. Wenn er von dem, was er nach außen hin dafür wirken will, gar zu wenig bemerkt, so weiß er dennoch, dass er so viel wirkt, als Läuterung in ihm ist. Nur ist der Erfolg noch nicht eingetreten, oder er bleibt seinem Auge verborgen. Wo Kraft ist, ist Wirkung von Kraft. Kein Sonnenstrahl geht verloren. Aber das Grün, das er weckt, braucht Zeit zum Sprießen, und dem Sämann ist nicht immer beschieden, die Ernte mitzuerleben. Alles wertvolle Wirken ist Tun auf Glauben.« Ringen um Selbstvervollkommnung mache offenbar, dass alle tiefe Philosophie und Religion »zuletzt nichts anderes ist als ein Ringen um ethische Mystik und mystische Ethik«.

Jedes tiefe Erleben ist religiös, schreibt Rudolf Grabs. Ich ergänze: auch sich tief und langdauernd auf jemanden einzulassen, den anderen wirklich zu »erkennen«, wie er oder sie gemeint ist, ist daher religiös. Dieses »Aufleuchten wie ein Geschenk« werde meist Inspiration, Offenbarung oder auch Gnade genannt, hält Grabs fest. »Ich, der ich dieser bin, soll werden, der ich vor Gott sein soll«, so beschreibt ganz ähnlich auch der römisch-katholische Religionsphilosoph Romano Guardini dieses Erkennen.

Mut zur Religion ist oft ein erster Schritt zu diesem ultimativen Lebensgefühl des Glaubens – Glaube als tiefinneres Wissen, nicht als Für-wahr-Halten –, von dem Grabs schreibt: »Gnade besagt also, dass dem Menschen aus dem Urgrund des Lebens Kraft und Gelingen wie ein Geschenk zuteil werden. Gnade wird als innere Beglückung erfahren, und dies oft gerade am stärksten in schwersten Lagen.«

Im späten Mittelalter war es üblich, sich mithilfe kleiner Erbauungsbücher in die »ars moriendi« – die Kunst des Sterbens – einzuüben, um nicht geistlich unvorbereitet aus dem Leben gerissen zu werden, denn Seuchen wie die Pest – der »schwarze Tod« – oder räuberische Wegelagerer konnten von einem Moment zum anderen dem Leben ein Ende setzen. Außerdem fürchtete man sich vor Fegefeuer oder Höllenpein und zahlte für Sündenablass, nicht nur für sich selbst, sondern sogar für bereits Verstorbene.

Heute drohen eher Unfalltod oder Herzinfarkt, nur wird der Gedanke an die Sterblichkeit verdrängt. Aber ebenso wird vielfach auch nicht darüber nachgedacht, wie man ein erfülltes Leben gestalten kann, wenn die Kräfte schwinden – und die Gleichaltrigen auch. Dabei wäre spätestens im fortgeschrittenen Alter der Zeitpunkt gekommen, das »Schwinden« einzuüben – die Grenzüberschreitung in eine größere Dimension. Diese wird ja auch gemeint, wenn man vom sexuellen Ineinanderfließen als dem »kleinen Tod« spricht – und auch dieses Gefühl vermeiden viele Menschen, weil ihnen der Mut zur Entgrenzung fehlt.

Jeder Mensch, der sich über das bloße Naturhafte des Daseins zu erheben bemüht, so Albert Schweitzer, ist aufgerufen, aus seinem Leben ein Kunstwerk zu machen: »So ist Lebensfreude keineswegs nur ein flüchtiges Gefühl, sondern eine ruhige Flamme des Inneren, ein Vorgang, der aus der Einsicht in die tiefsten Lebenszusammenhänge immer neu gespeist wird.« Entgrenzung schafft ein grenzenloses Kunstwerk.

Erntezeit

O Herr, gib jedem seinen eignen Tod.
Das Sterben, das aus jenem Leben geht,
darin er Liebe hatte, Sinn und Not.
RAINER MARIA RILKE

Die Welt sehe in Goethe ein verwöhntes Kind des Glücks, einen heiteren, auf jeden Fall aber harmonischen Menschen, in Wirklichkeit habe er eine ungemeine Leidensfähigkeit besessen, und die Kälte in seinen späteren Jahren sei sein Schutzmittel gewesen, ist bei Rudolf Grabs zu lesen. Das erinnert daran, dass viele ältere Menschen plötzlich bisher nicht geahnte seelische Leidenszustände erleben, die früher kaum an ihnen bemerkbar waren, und diese auch immer wieder beklagen (und damit meist ihre Angehörigen nerven, die keine »echte« Ursache dafür sehen). Vielfach verbirgt sich dahinter ein Bitten um Aufmerksamkeit und Anerkennung gleichsam als Gegenmittel zu den unausbleiblichen Enttäuschungen.

Man täuscht sich nämlich, wenn man meint, man werde in unserer Konkurrenzgesellschaft ohne Unterbrechung wertgeschätzt, sowohl für das, was man für andere getan hat, als auch für die eigene Liebenswürdigkeit – sofern man eben auch der Liebe würdig war bzw. ist. Ich höre immer wieder von KlientInnen aus bäuerlichen Familien, wie sehr sie als Belastung bezeichnet werden, wenn sie nicht mehr die körperliche Arbeitsleistung erbringen können wie in jungen Jahren. Dass ein Mensch mehr ist als sein Arbeits-Output, dass jeder Mensch für andere eine Bereicherung, ja sogar ein Heilmittel sein kann, wenn man ihn nur lässt, fehlt vielfach im Bewusstsein. Wenn man aber solch eine »Etikettierung« immer wieder zu hören bekommt, zuerst von anderen, dann von den eigenen »Kopfbewohnern«, glaubt man oft daran. Dann wird es Zeit, den ungebetenen Gast auszuquartieren (→ Selbstcoaching S. 207), denn sonst wird er zur unerträglichen Last und die macht das Leben von innen her schwer.

Schwermut
Viele Menschen werden im Alter schwermütig. Das kann einerseits von Sorgenlast ausgelöst werden, wenn sich etwa die existenziellen Lebensbedingungen massiv verschlechtern. Das betrifft vor allem Frauen mit Winzigpensionen ohne unterstützende Familienangehörige, die sich aus finanzieller Not keine Teilhabe an sozialen Austauschmöglichkeiten, beispielsweise kulturellen, zu »leisten« trauen. Andererseits fehlen vielen aufmunternde Zukunftsperspektiven: Sie erwarten, von anderen, bevorzugt eigenen Kindern, zu Aktivitäten motiviert, d. h. mit Zuwendungsenergie versorgt zu werden und mutieren in dieser Geisteshaltung oft zu Energiesaugern (und Nervensägen).

Gerade im Alter ist es aber wichtig, sich immer wieder neue Zukunftsperspektiven zu schaffen: kurzfristig für den aktuellen Tag wie auch längerfristig für einen Zeitraum überschaubarer Wochen, anstatt sich mit der Autosuggestion »Wofür denn noch?« jegliche neue Erfahrung zu verbieten.

Ich teile nicht die Ansicht von Romano Guardini, dass es eine schwermütige Veranlagung gäbe – ich sehe Schwermut genau so als Prozess wie Mut. Sehr wohl stimme ich ihm aber zu wenn er über sie schreibt: »Denn neben ihm [dem Verlangen nach etwas Kostbarem] läuft das Gefühl der Unerfüllbarkeit. Das kann sich an bestimmte Erlebnisse heften: hier versagt zu haben; dort die Pflicht versäumt; wieder wo Zeit verloren, Nicht-mehr-Einzubringendes verspielt zu haben ...« Ich sehe es als eine Art Fallgrube, den Blick nach hinten in die Vergangenheit zu richten und wegen Versäumtem mit sich selbst zu hadern. Leben tun wir immer im Augenblick, und der richtet sich nach vorne, auf die Zukunft hin. Zukunft – das bedeutet Herausforderung, einen nächsten Schritt zu wagen – und das braucht Mut, wenn man sich erlaubt, sich in den Zustand des Frohmuts zu bringen, auch wenn Miesmacher und Besserwisser einem vorhalten, dass man doch nichts mehr vom Leben zu erwarten hätte.

Guardini schreibt, das Sehnsuchtsbild des Schwermütigen sei der Mensch, der tanzen kann.

Ja! Tanzen ist ein Heilmittel gegen den Sog der Tiefe, denn da muss man abwechselnd die Füße vom Boden heben und sich dem Traum des Schwebens hingeben – und das Schweben gehört zur *ars moriendi*, denn irgendwann wird unsere Seele davonschweben. Außerdem schwebt auch, wer wirklich liebt, denn dann wird das Herz weit ... Und das Herz kann sich in der Intuition sogar so weit öffnen, dass es die ganze Welt umfassen und in sich aufnehmen und mit ihr eins werden kann. Diesen Zustand nennen wir dann oft Transzendenz. Wieder fällt mir Stephan Remmler ein und sein Lied »Herz ist Trumpf«, in dem es heißt: »Dann rufst du an | und ich fange an zu schweben | ist das schön das zu erleben | Herz ist Trumpf ...« Schweben ist Beginn der Empfindung, dass man sich unmittelbar vor der Möglichkeit befände, die Erdhaftung zu überwinden. Und später heißt es in dem Lied: »Du rufst nicht an | und ich bleib am Boden kleben | es hat sich ausgeschwebt mit Schweben | Herz ist Trumpf ...«

Shissai Chozan weist darauf hin, dass Herz und Fluidum im Grunde eine Einheit sind; erst, wenn man unterscheidet, gibt es gut und böse oder hart und weich etc. Auf die Frage eines Schülers, »Das Klare und das Trübe machen Yang und Yin[11] aus. Warum also

---

11 Im Sinn der Dualität und Polarität unserer Welt kann man Yang als das »männliche«, vorwärts drängende, trockene, heiße, harte, helle und Yin als das »weibliche«, aufnehmende, nasse, kühle, weiche, dunkle Prinzip verstehen.
(Vgl. das Buch der Londoner Sinologieprofessorin Sukie Colegrave, *Yin und Yang*).

nur das Klare gebrauchen und das Trübe meiden?«, antwortet der Meister der Schwertkunst: »Das Herz ist ursprünglich leer und hell und nicht dunkel. Nur weil das trübe Fluidum seine Klarheit überschattet, zeigt es Torheit, Dummheit und Stumpfsinnigkeit. Torheit heißt, im Dunkeln tappen und das Prinzip nicht begreifen. Stumpfsinnigkeit heißt, gehemmt und langsam sein. Das trübe Fluidum ist sehr schwer, man wird in seinem Bodensatz festgehalten, die Gedanken bleiben darin kleben und irren im Dunkeln umher, man kann das, was einen bewegt, nicht loslassen. Weder bestimmt man über sich selber, noch folgt man anderen Menschen nach, ständig quält man sich und kommt nicht zur Ruhe – das nennt man Dummheit.«

Eine Seite des trüben Fluidums sind die Begierden, erklärt der Meister, die bewirken, dass sich das Yin-Fluidum »in seiner Steifheit verhärtet« und Macht gewonnen hat. Wer in seinem Herzen »unentschlossen« ist, bei dem sei das Fluidum schwach und nicht zur Ruhe gekommen. Wenn jemand aber im Wissen intelligent, im Handeln aber nicht rechtschaffen sei, bei dem habe das Yang-Fluidum die Oberhand, und umgekehrt habe bei jemandem, der im Handeln rechtschaffen, im Wissen aber nicht intelligent ist, die Yin-Komponente die Oberhand. Bei dem Menschen, der klug und rechtschaffen sei, befinden sich Yin und Yang in Harmonie. Daher gelte es, durch Klarheit Trübheit zu meiden. Chozan warnt: »Es ist so, wie wenn aus klarem Wasser, wenn man Schlamm hineinwirft, sofort trübes wird. Und wenn es erst mal trübe geworden ist, kann man nichts mehr darin säubern.« Diesem Pessimismus widerspreche ich: Bekanntlich kann man heute Schlamm klären. Für westliche Denkweisen könnte man daher »dolmetschen«: Mittels der Klar-

Leben tun wir immer im Augenblick, und der richtet sich nach vorne, auf die Zukunft hin.

heit der Selbsterkenntnis – auch hinsichtlich der inneren Anteile, die man bisher verleugnet hat – kann man sich wieder ein reines Herz schaffen und seine Befindlichkeit und seine Sehnsüchte klar mitteilen. Genau diese Klarheit in der Sprache hat die gegenwärtige ältere Generation nicht gelernt, musste sie doch in der Zeit des Nationalsozialismus extrem auf ihre Worte achten. Sie hofft daher darauf, von den anderen mit »Zuspruch« versorgt zu werden und fordert dies mit ähnlichen Methoden ein wie ein Kleinkind.

Missmut
Leider besteht die Gefahr, dass man sich sein ganzes Leben hindurch so »zusammennimmt«, dass sich das Herz verengt. »Verstockt« heißt es in der Bibel, wenn beispielsweise der Pharao »hartherzig« die Mahnungen Moses verwirft – bis erst der Tod seines Erstgeborenen sein versteinertes Herz aufbricht.

In der *Weihnachtsgeschichte* (*A Christmas Carol in Prose*, wörtlich »Ein Weihnachtsgesang in Prosa«) von Charles Dickens ist es der letzte der drei Weihnachtsgeister, der Geist der Zukunft, der das Herz des griesgrämigen und geizigen Mr. Scrooge erschüttert, als er ihm sein eigenes Begräbnis vor Augen führt. »Wenn die Gefühle bewegt sind, erwächst ein empfindsames und mitleidiges Herz«, heißt es bei Shissai Chozan, und: »Man liebt seine Eltern und trägt Sorge für seine Kinder und ist freundlich zu seinen Geschwistern und kann nicht damit aufhören: das nennt man Gewissen.« Und er erklärt: »Wenn man zu seinem intuitiven Wissen Vertrauen hat und ihm folgt, wenn man sein Gewissen pflegt und ihm nicht durch selbstsüchtige Gedanken Schaden zufügt, dann dürften sich die wirren Bewegungen des trüben Fluidums ganz von selbst beruhigen und es dürfte einzig die Klarheit des Himmlischen Prinzips in Erscheinung treten.«

Die Szene der »Klärung« des harten Herzens von Ebenezer Scrooge beweist aber auch, wie falsch es ist, jemandem – meist schon Kindern – zu sagen »Tu dir nur nicht selber leid!«, was ja im

Klartext bedeutet: Hab kein Mitleid mit dir selbst! Aber wem soll man denn »leid tun«, wenn nicht sich selbst? Den eigenen Schmerz kann ja nur man selbst spüren – oder jemand, der oder die sich tief einfühlt, und genau das scheuen die meisten Menschen: Sie könnten dann von ihren eigenen alten unterdrückten Schmerzen überflutet werden und »die Fassung verlieren«. Aber was ist so schlecht daran, »fassungslos« zu sein – nämlich dann, wenn es nötig wäre, dass das Herz »aufgeht«?

Wir ernten, was früh in uns hinein»gesät« wurde. Wir können aber auch jeglichen dieser »Giftsamen« mit Tränen auswaschen. Oder wie Schneewittchen auskotzen. Ich sage meinen KlientInnen oft im Erstgespräch: »Wundern Sie sich nicht, wenn es weh tut, wenn wir an die Giftbrocken herankommen – dann passiert etwas Ähnliches wie beim Erbrechen: Der Prozess selbst ist unangenehm, schmerzhaft und man versucht ihn zu vermeiden ... Aber nachher, wenn alles Vergiftende wieder draußen ist, ist es ein wunderbares Gefühl ...«

»Uns von dem Elend zu erlösen, können wir nur selber tun« heißt es im Lied der Sozialistischen Internationale. Es ist nicht selbstsüchtig, Alterseinsamkeit zuzugeben – wenn das die subjektive Wahrheit ist. Selbstsüchtig ist, andere zur eigenen Unterhaltung »einzuteilen« statt den Mut aufzubringen, selbst für neue Bekanntschaften – vor allem unter Gleichen – zu sorgen.

Wehmut
Wenn etwas sehr tief im Gemüt bzw. Körper verankert ist, schmerzt es, sich davon zu trennen. Mein Vater predigte oft »Drum häng' dein Herz an Liebes nicht, Geliebtes lassen tut so weh« und behauptete, es stamme aus dem Buddhismus. Es ist mir bis heute nicht geglückt, die Quelle dieses Spruches zu finden. Im Internet fand ich hingegen das Faksimile eines altertümlichen Buches über Gesänge Davids und darin den Text »Darum häng dein Herz nicht an das, was über kurz und lang in Staub zerfällt.« Also an Menschen ...

Anhängen oder »anhaften«, wie es in deutschen Übersetzungen und Interpretationen buddhistischer Schriften oft heißt, ist aber nicht gleichbedeutend mit »lieben«. Wenn man liebt, reicht die Gegenwart des anderen aus, dass man glücklich ist, betont der unter verschiedenen Namen, u. a. zuletzt Bhagwan Shree Rajneesh oder Osho, lehrende indische Philosophieprofessor. So liebt man ja nicht nur Menschen, sondern auch Tiere, Pflanzen, eine Landschaft, Töne ... Liebe ist ein Seelenzustand, den man auch eigenständig herbeiführen kann: Man muss nur irgendeinmal geliebt, d. h. eine Neurosignatur des Liebens erworben haben. Dann kann man sie immer wieder aus dem Gedächtnis abrufen – auch wenn der »Auslösereiz« (schreckliches Wort!) nicht mehr »in der Welt draußen« existiert. In unserer »Welt innen drin« existiert er, solange wir wollen.

Trauern gehört zu den sozialen Lernaufgaben für Verlusterlebnisse. Ich verstehe dabei »Aufgabe« wie Schulaufgabe: Es wird von uns ein bestimmtes Verhalten erwartet. Trauermusik etwa soll helfen, ins Weinen zu kommen ... Aber warum eigentlich? Entweder man hat jemanden (etwas) wirklich geliebt, dann weint man ja um sich selbst als verlassene Person und auch, weil man eigene Erwartungen und Hoffnungen verabschieden muss. Oder man hat nicht geliebt, dann wären Trauerbekundungen nicht wahr und nur eine Inszenierung für andere. Dass man einen Toten würdevoll verabschiedet, finde ich schon wichtig – es ist eine Form von letzter Ehrerbietung und eine Hilfe für die Hinterbliebenen, sich auf eine neue Situation einzustellen. Aber die echte Wehmut, dass jemand oder etwas nicht mehr vorhanden ist, woran man gewöhnt war, ist »nur« der Hinweis, dass man sich dieser neuen Realität anpassen

**Liebe ist ein Seelenzustand,
den man auch eigenständig herbeiführen kann.**

muss. Sie erinnert einen, dass man jetzt Mut zu einem Wachstumsschritt entwickeln muss: Will ich ewig trauern (und nicht loslassen) oder ewig lieben (und im Herzen bewahren)?

Die sogenannten Trauer-Phasen sehe ich als einen Erklärungsversuch, dass es dort, wo emotionale Abhängigkeiten bestanden haben (dazu zählen beispielsweise auch Schuldgefühle), dieser Anpassungsprozess nicht binnen weniger Tage bewältigbar ist – außer man hat den Mut, auch weiterhin zu lieben (und auszuhalten, von anderen deswegen kritisiert zu werden).

Loslassen – und die folgliche Leere des »unerfüllten offenen Herzens« zu ertragen – muss man das ganze Leben lang einüben. Dann aber kommt einmal der Moment – der »bewegende« Augenblick, in dem die Leere wieder voll ist – nämlich voll von Liebe.

Wohlgemut
Es braucht Zeit, um gezielt wahrzunehmen, welche Verhaltensmuster wir erworben haben und welche eben noch nicht. Wir kennen vorerst nur die Stereotypen aus Alltag und Alltagsfilmen – alles andere müssen wir selbst erschaffen und auch »designen« – so wie eine neue Speise, bei der man sich zwar an Gewohntem orientiert, aber experimentiert. Das schafft kurzfristige Zukunftsperspektiven (vor langfristigen möchte ich warnen, denn in unserer sich immer rasanter ändernden Welt bedeutet permanentes Anpassen an fremdbestimmte Gegebenheiten ab dem Eintritt ins Alter der Großen Mutter oder des Großen Vaters Gesundheit belastende Überforderung). Bei ungewohnten Experimenten fangen üblicherweise die Kopfbewohner an, Unheil zu unken und allfällige Kritik vorwegzunehmen. Dabei ist allein schon das Phantasieren, was alles möglich wäre, der Gesundheit förderlich!

Das ultimative Lebensgefühl besteht im Vertrauen und Genießen der eigenen Schöpfungskraft – der physisch-psychisch materiellen (alles, was wir sind oder tun, läuft über das Zentralnervensystem) wie der geistig-spirituellen (denn da gibt es »Inspiration«

oder »Offenbarung«, aber die darf nicht zu weit weg von der Realität des Alltags führen, sonst landet man im Gefängnis oder in der Psychiatrie). Sich am eigenen Potenzial zu erfreuen, heißt aber nicht, diesen Genuß unendlich auszudehnen, sondern nur so weit zu verlangsamen, dass der Kraftzuwachs der Begeisterung (da steckt auch wieder das Wort Geist darin) motiviert und aktiviert – so wie es bei kleinen Kindern der Fall ist, bevor sie zwecks unauffälliger Anpassung eingebremst werden. Von dem berühmten britischen Psychiater Ronald D. Laing stammt der Satz: »Der Mensch braucht nicht immer Gitter zu einem Käfig. Auch Gedanken können Käfige sein.« Gerade in den letzten Lebensjahren steigert sich das Wohlbefinden, wenn man sich an die Verwirklichung von Kindheitsträumen macht – auch wenn man sie nur malt oder in Gedichte verpackt. Und sich wehrt, wenn womöglich die eigenen Kinder einem die Freisetzung dieser Schöpfungskraft vermiesen wollen.

Wieder sind es die Musen – die Göttinnen der »schönen Künste« –, die an unsere Seite treten, um uns Wege zu weisen, wie wir uns das Leben schön gestalten können: Die Schöpfung ist rings um uns – wir können sie ergänzen und veredeln und damit in den Zustand der pfleglichen Liebe kommen, ohne andere Menschen auszubeuten und damit wegzutreiben.

Mut zum Eigensinn
Von Bertolt Brecht stammt die (auch preisgekrönt verfilmte) Geschichte von der »unwürdigen Greisin«, die den Mut aufbringt, nach dem Tod ihres Ehemannes ihr eigenbestimmtes Leben entgegen den Forderungen ihrer Kinder zu leben. Was Männern tradi-

Das ultimative Lebensgefühl besteht im Vertrauen und Genießen der eigenen Schöpfungskraft.

tionell zugestanden und gefördert wird – Selbstverwirklichung auch gegen Familienpflichten –, wird besonders bei älteren Frauen verdammt. Sie sollen als Babysitter, Putzhilfen oder Pflegerinnen älterer Anverwandter zur Verfügung stehen, und ihre sozialen Bedürfnisse sollen sich auf Kartenspielen im Pensionistenklub beschränken – weil »es sich nicht mehr auszahlt«, bzw. weil »es«, nämlich die Verfügung über das eigene Geld, Zahlungen an Kinder oder karitative Vereine vorbehalten bleiben soll. Das war das Altersprogramm für die Geburtsjahrgänge vor 1930, die viel entbehren mussten und daher auf beides meist auch vorbereitet waren.

In den letzten Jahren wurde ich in meiner Beratungspraxis immer öfter damit konfrontiert, dass LebenspartnerInnen, PflegerInnen aber auch RechtsanwältInnen, die Sachwalterpflichten übernommen hatten, in den Verdacht der Selbstbereicherung geraten waren. Allein der Wunsch, im hohen Alter über die eigenen Geldausgaben selbst verfügen zu können (ohne alkoholkrank zu sein oder an einer nachweislichen Demenzerkrankung zu leiden), wird oft als Verlust der geistigen Kräfte interpretiert. Aber auch der Mut zu einem eigenen Kleidungsstil jenseits von matronenhaften Kleiderschürzen oder madamigen Deux Pièces wird oft als Indiz von Kontrollverlust gewertet – aber der liegt eher bei den misstrauischen Kontrolleuren als bei den Kontrollierten.

Die Spielregeln der Gesellschaft ändern sich in diesem neuen Jahrhundert so schnell wie nie zuvor, und die junge Internet-Generation sorgt für laufende weitere Beschleunigung – und vielfach gilt als altmodisch, wer sich diesem Tempo der Gedanken- und Reuelosigkeit widersetzt. Geschwindigkeit trägt eigene Gewalt in sich. In meinem Buch *Ungeduld des Leibes* habe ich geschrieben: Eine Ohrfeige kann man nur schnell geben – langsam wird Streicheln daraus. Mit der Sprache ist es ebenso: Was langsam wertschätzend klingt, tönt schnell gesprochen oft ungewollt als Befehl oder Bosheit, und meist reicht die Folgezeit nicht aus für Protest und Selbstschutz. Auch das erfordert neue, deeskalierende Verhaltensmuster.

Wer rastet, der rostet, weiß der Volksmund. Damit ist nicht bloß regelmäßige körperliche Aktivität gemeint, sondern die Förderung der geistigen Beweglichkeit, die allem anderen vorausgehen sollte – und die wiederum den Mut zur »Exhibition« erfordert: im Alter zurück auf die Schulbank – irgendeine, wichtig ist nur, dass Lernen Freude bereitet, denn dann spürt man, dass und wie man wächst – und ruht – und wächst – und ruht – und wieder wächst.

Wenn man darauf achtet, merkt man, welche Produkte und Dienstleistungen in der gegenwärtigen Konsumgesellschaft beworben werden. Darunter befinden sich auch gelegentlich die »Dienstleistungsinstitute« der Wirtschaftskammern mit ihren Bildungsangeboten; sie zeigen Menschen, die den Stolz vormachen, verschiedene Abschlüsse schon »geschafft« zu haben, oder die an unüblichen Orten lernen, wobei verschwiegen wird, dass dies hohe Disziplin erfordert, die man erst besitzen muss. Das weiß ich nur zu genau, habe ich doch große Teile meines Jus-Studiums in täglichen Bahnfahrten erarbeiten müssen. Nur: Lernen an sich wird nicht beworben. Dabei ist es eine Gnade, lernen zu dürfen, wie das Beispiel der jugendlichen Friedensnobelpreisträgerin 2014, Malala Yousafzai, beweist.

Mut zur Selbstfürsorge
Lernen bedeutet immer Mut, sich weiterzuentwickeln – und das ist vielen gar nicht recht. Vielleicht liegt darin eine der Wurzeln, dass lustvolles Lernen als Spielerei abgewertet wird – und auch in verborgenen Neidgefühlen. Und in der Unwilligkeit, sich wie auch anderen eigenen Verbesserungsbedarf zuzugestehen. Dabei bildet Lernen eine wirksame Methode zur Burnout-Prophylaxe: Man ist gezwungen, die bisherige Energieverteilung umzustoßen und Raum zum Erwerb neuen Wissens, wie auch neuer Beziehungen – und damit für frische Energiezufuhr – freizumachen. Dass es Spötter und Zweifler gibt, die nicht verstehen (wollen), dass jemand »sich das noch antut«, sagt viel über deren Schulerfahrung aus …

Es gibt aber auch andere. »Nur Menschen, die mutig genug sind, sich als Narren bezeichnen zu lassen, können leben und lieben und wissen und sein« und sind damit gegen Entmutigungen gefeit, weiß Bhagwan Shree Rajneesh.

Depression definiere ich als Energiemangel und letztlich Stillstand. Dabei sind überall Energie und Leben – man muss nur den Mut haben, sich zu öffnen und aufzunehmen statt die Lebenskraft anderer Menschen einzuklagen (im Doppelsinn des Wortes). Ein Lied von Erwin Bros fällt mir ein, in dem es heißt: »Sog doch ned | du bist scho wieda so müad. | Die Kraft, die kummt nur wenn's d' was tuast | i hob's probiert | und es tuat ma so guat ...«

Selbst aktiv zu werden, bedeutet auf paternalistische Fremdversorgung zu verzichten. Selbst säen, selbst ernten. Viele interpretieren die biblische Aufforderung, wieder zu werden wie die Kinder, um ins (innere) Himmelreich zu kommen, als Anspruch auf Versorgung durch spendende Mutterfiguren – Sekretärinnen mitgemeint. Frauen tun sich leichter damit, sich selbst zu pflegen – sie haben mehr Vorbilder an Gepflegtheit und zumeist auch mehr Übung in den dazu hilfreichen Handgriffen. Männer hingegen neigen dazu, sich zu vernachlässigen, und bestätigen damit das Klischee vom Dirty Old Man. Dahinter verbirgt sich meist ein depressiver Zustand, und in solchen versickert die Kraft und übrig bleibt Mutlosigkeit.

Solange man lebt, besteht die Chance auf Veränderung. Aristoteles sah Mut als Mitte im Spannungsbogen zwischen Furcht und Zuversicht. Salutogenese – Aufbau und Förderung von Gesundheit – beginnt immer mit der Wahrnehmung von aktuellem Geschehen: Besonders dann, wenn man sich schlecht fühlt, gilt es zu erkennen, was man zu wenig oder zu viel hat und zu überlegen, wie man das eigenverantwortlich ändern könnte. Genau diese Konzentration auf sich selbst stärkt den Mut, zu sich zu stehen (und nicht »an sich zu halten«). Ich frage meine KlientInnen immer wieder: »Zu wem wollen sie halten – zu sich oder zu den anderen?«

Sanftmut
Viele meinen, mutig zu sein bedeute, anderen Menschen aggressiv zu begegnen. Sich was trauen. Sich mit Kampfenergie aufladen und diese geballt auf das Gegenüber loszulassen. Das ist aber, wie schon gezeigt, nicht Mut, sondern Rauflust, und diese kann man von ideologischen »Rattenfängern« antrainiert bekommen haben. Aufladung geschieht üblicherweise durch schnelles Atmen, oft unterstützt durch Kampfparolen oder auch Kampfmusik. Der Atem ist aber dem Willen zugänglich – man kann daher selbst entscheiden, wie viel an eigener Kraft man ausatmen und damit verlieren will oder in sich behalten und zur sanften und ganzheitlichen – nicht nur körperlichen – Selbstkräftigung nutzen.

Mut bedeutet daher auch, sich nicht zu hirnlosen Pseudowettkämpfen (denn echte haben klare Regeln und Schiedsrichter) provozieren zu lassen, sondern im Sinne von Respekt für unterschiedliche Interessen deren Ausgleich und dazu passende Methoden zu suchen. Das beinhaltet, »wildes« körperliches Agieren durch »sanftes« sachliches Denken zu ergänzen. Damit kann eine Atmosphäre einer auf Vernichtung verzichtenden Konfliktkultur aufgebaut werden – aber das erfordert auch den Mut, wahrzunehmen, aus welchen Lebenssituationen heraus manche Menschen voll Hass auf diejenigen sind, die sie für ihre Not verantwortlich sehen.

Energie und Leben sind überall – man muss nur den Mut haben, sich zu öffnen und aufzunehmen

»Auf der ganzen Welt scheint man davon überzeugt zu sein, dass die richtige Erziehung darin bestehen muss, konsequent Scham, Zweifel, Schuld- und Furchtgefühle im Kinde zu erwecken. Nur die Art und Weise, wie das geschieht, wechselt«, betont Erik H. Erikson und warnt davor, dass sich die negativen Folgen dieser Schuldgefühle oft erst viel später zeigen, wenn Konflikte bezüglich der eigenen Initiative zu einer Selbsteinschränkung führen, die das Individuum hindert, seinen inneren Fähigkeiten oder der Kraft seiner Phantasie oder seines Gefühls gemäß zu leben.

Die hier angesprochenen Folgen als Beeinträchtigung des eigenen Potenzials wahrzunehmen, wagen viele oft erst dann, wenn ihnen bei vielen anderen Menschen auffällt, dass diese sich schneller und souveräner gegen Manipulationen oder Gewalt wehren. Sie merken dann, dass ihnen im Umgang mit eigenen Reaktionen Spontaneität fehlt und auch Selbstbehauptungskraft. Beides kann man »nachlernen« – was bedeutet, sich von alten Denkmustern zu »reinigen« und gestopptes Wachstum wieder in Gang zu setzen. Einige dazu dienliche Sichtweisen sollen nachfolgend verdeutlicht werden.

Ermutigung –
ein Selbstcoaching zur ganzheitlichen Gesundheit

Auf die Füße kommt unsere Welt erst wieder,
wenn sie sich beibringen lässt, dass ihr Heil nicht
in Maßnahmen, sondern in neuen Gesinnungen besteht.
ALBERT SCHWEITZER

Vorab möchte ich ermuntern, das »Lernziel Mut« als Teil einer ganzheitlichen Salutogenese anzunehmen. Salutogenese – eine Wortneuschöpfung des amerikanisch-israelischen Medizinsoziologen Aaron Antonovsky (1923–1994) als Gegenbegriff zu Pathogenese – umfasst alles, was Gesundheit aufbaut, fördert und erhält.

Mut ist gesund: Bewusst erlebt, vermittelt er das Gefühl von Überblick über die jeweilige Situation, die Sicherheit, sich für die für sich selbst passende Verhaltensweise entschieden zu haben, und auch des dazu nötigen Wissens und Könnens sowie der eigenen Stärke. Das nenne ich »ganzheitlich« und »ultimatives Lebensgefühl«.

»Ganzheitlich«, das bedeutet, *alle* Aspekte des individuellen Erlebens bewusst und beeinflussbar wahrzunehmen und nicht nur die körperlich spür-, hör- oder sichtbaren. Es gibt ja mehr als die fünf Sinne, von denen wir in der Schule lernen (in der Reihenfolge ihrer Perfektionierung: Riechen, Schmecken, Tasten, Hören, Sehen) – den vielzitierten »sechsten« der Intuition etwa, aber auch einen »energetischen«, in dem man die Neurotransmitterausschüttungen anderer Menschen spürt, und den Gleichgewichtssinn.

Antonovsky stellte als erster die Frage, was den Unterschied ausmache, dass in Gruppen von Menschen, die alle die gleichen Hochstresserlebnisse bewältigen mussten (er forschte mit weiblichen KZ-Überlebenden), die einen seelisch chronisch krank wurden, andere aber nicht. Danach entwickelte er seine Hypothese, dass es daran lag, eine aktive und sinnhafte Form der Situationsbewältigung zu entwickeln, die er als »sense of coherence« (SOC) bezeichnete. Ich selbst habe eine ähnliche Sichtweise aus meinen Erfahrungen in der Psychotherapie mit vergewaltigten Frauen entwickelt (und in meinem Buch *Hand Herz Hirn* dargestellt) und als »Prinzip Salutogenese« zur Methode für Eigenbehandlungen ausformuliert.

Das Prinzip Salutogenese
Nach Antonovsky setzt sich der Kohärenzsinn aus drei Komponenten zusammen: Verstehbarkeit, Handhabbarkeit und Bedeutsamkeit. Damit meint er erstens, dass Informationen geordnet und nicht chaotisch verarbeitet werden und damit Zukunft vage vorhersagbar wird, zweitens, dass geeignete Ressourcen, die man selbst unter Kontrolle hat, verfügbar sind, und drittens, dass Handeln nicht nur kognitiven, sondern vor allem auch emotionalen Sinn macht.

Antonovsky war Soziologe; das bedeutet, dass ihn Personengruppen im Vergleich zu anderen interessierten – nicht aber das konkrete bewusste oder unbewusste Seelenleben eines einzelnen Individuums mit allen Einflussfaktoren, worauf beispielsweise tiefenpsychologisch orientierte PsychotherapeutInnen wie ich ihr Augenmerk legen. Da ich im Unterricht bei Krankenpflegepersonen immer wieder danach gefragt wurde, habe ich in meiner Auseinandersetzung mit Antonovskys Salutogenese-Konzeption versucht, die Frage »Und wie macht man das im Konkreten?« zu beantworten und in nachvollziehbare Schritte zu kleiden.

Ich nenne und definiere diese drei von Antonovsky beschriebenen Denkweisen anders als er, nämlich als Wahrnehmung, Finden bzw. Erfinden alternativer Verhaltensweisen und selbstbestimmte Auswahl, und ich ergänze sie noch durch die vierte Kompetenz

Selbstverteidigung. Ich habe in meiner psychotherapeutischen Arbeit mit schwersttraumatisierten Menschen nämlich die Erfahrung gemacht, dass sie dann ein »Posttraumatisches Belastungssyndrom« entwickelten, wenn sie in der Lähmung, die als erste Reaktion auf das schockierende Erlebnis folgte, auf Dauer verharrten, quasi erstarrten, und nicht mehr in den »Fluss des Lebens« zurückfanden. Traumatische Ereignisse sind nicht deshalb außergewöhnlich, weil sie selten sind, schreibt die an der Harvard Medical School lehrende Psychiatrieprofessorin Judith Lewis Herman, sondern weil sie die normalen Anpassungsstrategien des Menschen überfordern – vor allem dann, wenn Handeln sinnlos erscheint. Traumatische Ereignisse bewirken tiefgreifende und langfristige Veränderungen in der physiologischen Erregung, bei Gefühlen, Wahrnehmungen und Gedächtnis; zu den wesentlichsten Symptomen solcher posttraumatischer Störungen zählen Übererregung (physiologische Alarmbereitschaft, Angst, Schlafstörungen), Intrusionen (Flashbacks, Zwangsgedanken) und Konstriktionen (psychische Erstarrung und andere Selbsteinschränkungen, dazu zählt auch Vermeidungsverhalten). Was ich bei meinen mehr oder weniger »gesunden« KlientInnen feststellen konnte, war, dass sie in Blitzesschnelle eine noch nicht eingeübte (»erlernte«) Anpassungsleistung erbrachten und zu dieser auch standen – sich also nicht in Selbstzweifeln oder Schuldgefühlen verloren, sondern nachträglich ihr Verhalten als best-realistische Reaktion bewerteten. Sie klagten nicht »Was hätte ich denn anderes tun sollen?«, sondern stellten fest: »Meine war die einzig richtige Reaktion!«

Auf Mut bezogen und in meiner Sprache heißt das:
— »ohne viel Nachdenken« – also im Zustand des »ganzheitlichen Denkens«, in dem alle vier Denkformen synchronisiert sind, was man einüben kann – die Situation realistisch »wahr-nehmen«, d. h. sich selbst nicht belügen, indem man verharmlost, entschuldigt oder (jemand anderen oder sich selbst) »schont«,
— sodann der Situation entsprechend schnell die möglichen Ver-

haltensweisen überprüfen und allenfalls auch neue »wagen«; das kann man präventiv einüben!
— Danach von diesen Alternativen diejenige auswählen, bei der man – wiederum ganzheitlich gedacht – eigenwillig »bei sich bleibt« und nicht so handelt, wie es andere (»Kopfbewohner« inklusive) von einem erwarten oder verlangen,
— und sich immer wieder selbst stärken, indem man sich auf Kritik und Vorhaltungen autosuggestiv vorbereitet.

Bewusstheit
Bei den Menschen, die schockierende Erlebnisse »gesund« überstanden haben (denn dass einem nachher die Knie zittern oder andere Körperreaktionen zeigen, dass man unter massivem Stress gestanden hat, ist eine normale physiologische Reaktion, die psychische kommt mit Zeitverzögerung), laufen diese vier Verhaltensschritte oft so schnell ab, dass man sich ihrer gar nicht bewusst wird. Das hat auch Gavin de Becker bei seinen Befragungen erkannt. Wenn man sich diesen Ablauf aber bewusst macht, kann man in jeder Situation, in der Entschlüsse getroffen werden müssen (und das sind eigentlich alle, denn selbst wenn man sich nur fragt, auf welchen Sessel man sich setzt und welches Bein man über das andere schlägt, merkt man, dass wir andauernd Entscheidungen treffen), diese vier Bewusstseinsschritte üben und damit zur Selbstverständlichkeit und Gewohnheit werden lassen.

Man braucht keine Angst zu haben, dass das gleiche Phänomen eintritt wie bei dem Tausendfüßler in der Fabel, der auf die Frage, mit welchem Fuß sein Gehen startet, »sachlich« nachzudenken beginnt und damit die Fähigkeit des Tuns verliert. Worauf man aber gefasst sein sollte, ist, dass man erkennt, wie sehr wir im Westen auf »einseitiges Denken« – nämlich nur kognitives – hin trainiert werden und wie sehr andere Arten zu denken abgewertet werden. Ergänzt durch die körperliche, gefühlsmäßige und die intuitive »Denkweise« bildet das »ganzheitliche« Denken die sogenannte

»Quadrinität« der Wahrnehmung und damit auch des Bewusstseins. Diese Sichtweise stammt von dem Schweizer Psychiater und Begründer der Analytischen Psychologie C. G. Jung. Vorausgesetzt, wir sind in diese ganzheitliche »Denk-Form« eingeübt und nehmen uns auch die Zeit, bewusst wahrzunehmen, was in uns abläuft – was es ausgelöst hat, was unsere Spontanimpulse sind, welche Bedenken auftauchen etc. – können wir auch wählen, für welche Reaktionen wir uns »entscheiden« wollen. Wir haben immer mehrere zur Auswahl, auch wenn uns in unserer Kindheit meist nur zwei – nämlich »richtig« oder »falsch«, wahrhaftiger wäre »erwünscht« oder »unerwünscht« – vermittelt wurden.

Ganzheitlich denken
Ganzheitlich denken bedeutet, das körperliche Empfinden, das seelische Fühlen, das intuitive Erahnen und das kognitive Denken (wie wir es in der Schule eingeübt haben) in Balance zu bringen. Es entspricht in etwa auch der Definition von Gesundheit der Weltgesundheitsorganisation (WHO), die Gesundheit nicht auf Freisein von Krankheit und Behinderung einschränkt, sondern auf vollständiges körperliches, seelisches, soziales und auch spirituelles Wohlbefinden abstellt. Das scheint auf den ersten Blick ein unerreichbar hohes Ziel! Realistisch verkleinert, will es aber bewusst machen, dass körperliche Fitness als Gesundheitszustand nicht ausreicht, wenn man etwa durch unzureichende Wohnbedingungen oder Streitbeziehungen (beides zählt zur sozialen Gesundheit) gestresst wird oder wegen seines religiösen Bekenntnisses Diskriminierungen erfährt.

Die meisten Menschen leiden – und kommen in Beratung und Psychotherapie –, wenn einer der vier aufgezeigten Aspekte fehlt oder überwiegt. Auf Mut bezogen, würde sich das etwa so darstellen: In Situationen, in denen man zu sich und den eigenen Werten stehen sollte/wollte, körperlich Schweißausbrüche oder Zittern zu erleben, sich seelisch wie gelähmt zu fühlen, intuitiv von geistigen

Horrorbildern, was alles Negatives passieren könnte, bestürmt zu werden und kognitiv die »Kopfbewohner« (inneren Stimmen) Unheil ankündigen zu hören. Meist überwiegt eine der vier »Denkweisen« (deswegen zeichne ich sie in meinen Seminaren immer wie ein Kreuz mit dem kognitiven Denken oben und dem emotionalen Fühlen als Gegensatz unten, dem körperlichen Empfinden links und der Intuition als Gegensatz dazu rechts). Wenn man beispielsweise von Gefühlen »überflutet« wird, vermindert sich die Fähigkeit, »vernünftig« zu denken; wir sprechen dann von »blind vor Zorn«, »blind vor Trauer« oder »blind verliebt« und meinen damit, dass Überblick und realistische Sichtweisen verloren gegangen sind. Umgekehrt mangelt es übervernünftigen Menschen meist an Einfühlsamkeit (in andere, aber auch in sich selbst); Alexithymie heißt diese »Diagnose« in der Fachsprache, und laut WHO nimmt dieses Phänomen rasant zu. Ich führe das auf zu viel »Schauen« auf Bildschirme und von klein auf zu wenig personalen Austausch mit lebenden und liebenden Menschen zurück.

Umgekehrt kennen wir wohl alle das Phänomen, dass wir, wenn wir starke Schmerzen haben, also »ganz Körper sind«, jegliche Zeitperspektive verlieren: Wir können uns dann nicht vorstellen, dass der Zustand je zu Ende gehen kann, und brauchen erfahrene Aufklärer, die uns die Informationen vermitteln, wie lange das Leiden vermutlich dauern wird und auch, was man sinnvoll dagegen tun kann.

Befinden wir uns hingegen in Rauschzuständen – »Workers High« mitgemeint –, neigen wir dazu, unsere körperlichen Bedürfnisse wie Essen oder Schlafen zu vergessen und verstehen nicht, wieso wir von unseren Nächsten kritisiert werden oder von unserem Körper mittels Ausfallserscheinungen wie Erschöpfungsdepression oder Totalzusammenbruch »aus dem Verkehr gezogen« werden.

Ganzheitliches Denken wird meist schon in der Kindheit aberzogen. Die Kinder, bei denen diese Anpassung an die Erwartungen bzw. Erfordernisse der Gesellschaft nicht gelingt, erweisen sich später oft als große Künstler, Wissenschaftler oder Sozialreformer. Sie sind »bei sich« geblieben, und eigentlich sollten sie mit ihrem Mut, gegen den Strom zu schwimmen, Vorbilder sein – denn die Herausforderungen der Gegenwart, den Planet Erde, das Klima und seine Lebewesen vor Vernichtung zu retten, braucht kreativ denkende Menschen und keine gehorsamen. Kreatives, das bedeutet auch ganzheitliches weil intuitives, Denken offenbar zu machen, bedeutet, den Mut aufzubringen, sich dem Spott derjenigen auszusetzen, denen diese Form von Lebendigkeit und Schöpfungskraft Angst macht.

Will man sich später diese Begabung zurückholen, bietet sich dazu die psychotherapeutische Methode Focusing an, die man vereinfacht auch zur Selbsthilfe anwenden kann.

Focusing

Die Methode Focusing stammt von dem österreichisch-amerikanischen Psychotherapeuten Eugene Gendlin. Mit ihrer Hilfe kann man in vier autosuggestiven Fragen die oben geschilderte Bewusstseinsquadrinität selbst herstellen, ohne von einem Psychotherapeuten dabei begleitet zu werden. Grob dargestellt, bringt man sich zuallererst in einen

— Entspannungszustand, um seinen Körper besser spüren zu können. Wer Erfahrung mit dem klassischen Autogenen Training nach J. H. Schultz hat, kann sich mit der Kurzformel »Wärme, Schwere, Ruhe« schnell entspannen. Für andere empfiehlt sich das wechselweise Anspannen und Loslassen von Muskelpartien vom Gesicht her beginnend bis zu den Zehen. (Besonders die Nacken-Schulterpartie sollte nach allen Seiten hin gedehnt werden!) Ich persönlich bevorzuge die Meditationsform, in der man sich vorstellt, man sitze in einem wunderschönen Garten und verschwindet in die Pflanzen hinein. (Achtung: diese Methode ist nicht geeignet für Menschen, die zu psychotischen Reaktionen neigen!)

— Sobald man sich entspannt fühlt, wählt man ein Thema aus, an dessen Beispiel man Focusing üben möchte. Am besten eignet sich eine fällige Entscheidung oder ein kleiner Konflikt, bei dem man noch unschlüssig ist, was man wie der anderen Person sagen sollte.

  Sobald man das Thema bestimmt hat, spürt man in den Körper hinein und achtet darauf, wo man etwas spürt – vielleicht eine Wärmeempfindung, vielleicht einen Druck oder ein Zucken, vielleicht einen kleinen Schmerz etc. Dabei lässt man sich Zeit – später, wenn man mehr Übung hat, merkt man sofort, wo im Körper etwas aus der Allgemeinempfindung hervorsticht.
— Sobald man diese Körperstelle geortet hat, fragt man sich, welches Gefühl dieser Empfindung entspricht. Wenn man also die Frage stellt »Wie fühlt sich das an?« oder präziser »Welches Gefühl entspricht dieser Empfindung?«, taucht im Denken eine Antwort auf. Deswegen ist ja der Entspannungszustand so wichtig, weil dann die »Kopfbewohner« uneingeschränkt »mitreden« können, und diesmal sind sie voraussichtlich hilfreich. Wenn nun ein Gefühl deutlich wird, hält man dieses in Schwebe – man bewahrt es als Ansatz für den nächsten Schritt – und
— erlaubt sich zu intuieren – also eine bildhafte Phantasie zu entwickeln. Das geschieht am besten, wenn man sich fragt »Womit könnte ich dieses Gefühl vergleichen? Das fühlt sich an wie …« Bei manchen Menschen laufen dann sofort die geistigen Bilder von irgendwelchen Szenen – und die können aus tatsächlichen Erlebnissen der Vergangenheit stammen, aus Filmen, aus Büchern, sie können sogar durchaus auch absurd erscheinen … Jedenfalls ist darin eine Botschaft verborgen, die zur Problemlösung passt.
— Der letzte der vier Schritte vom körperlichen zum gefühlsmäßigen zum intuitiven ist der zum kognitiven Denken: Man überlegt gezielt, welches Wort, welcher Satz, welche Aussage aus dem Bisherigen entnommen werden kann – und wie bzw. wo und wann man diese Sprache einsetzen könnte.

Je öfter man dieses Fokussieren – d.h. sich kreisend auf einen Schwerpunkt hinzuzentrieren – übt, desto schneller gelingt es, zu diesem Mittelpunkt zu kommen. Man hat dann nämlich sein gesamtes Denkpotenzial zur Verfügung und nicht nur das schulisch über Rechnen, Rechtschreiben, Geschichtsdaten Einspeichern usw. eingeübte kognitive. Es entspricht dem, was Menschen andeuten wollen, wenn sie sagen, sie hätten etwas »nach Gefühl« entschieden oder sich auf die Warnungen ihres »Bauchgefühls« verlassen (wobei man in den 1990er-Jahren entdeckt hat, dass im Darm ähnliche Strukturen vorhanden sind wie im Gehirn, dieser Alltagsspruch daher durchaus naturwissenschaftlich gerechtfertigt erscheint). Ich vergleiche dieses ganzheitliche Denken gerne mit dem Abschmecken beim Kochen: Man nimmt körperlich auf, bekommt ein Gefühl von stimmig oder eben nicht und eine Vision, was fehlen könnte, und kleidet diese Dreiheit in eine Aussage wie beispielsweise »Mehr Salz!«

Dazu ein Beispiel zum Thema Mut: Jemand wird gemobbt und überlegt, wie er oder sie damit umgehen könnte. Zuerst bringt man sich in einen entspannten Zustand und denkt an die konkrete Entscheidungsaufgabe und horcht in seinen Körper hinein. Man erkennt dann etwa, dass sich der Halswender ziemlich unbeweglich anspürt; das dazu gehörige Gefühl ist das Bemühen, den Kopf nicht sinken zu lassen – und da ist bereits das intuitive Bild enthalten, den Kopf sinken zu lassen, aber nicht resignativ, sondern um wie ein Stier loszustürmen. Der dazugehörige Satz lautet dann etwa »Das lass' ich mir nicht gefallen!«

Oder ein anderes Beispiel: Man ist verliebt und zaudert, sich zu offenbaren. Im entspannten Zustand bemerkt man auf die Körperfrage hin, dass man schwer atmet und Druck im Herzbereich spürt. Das Gefühl dazu wäre Überfülle, die Vision vielleicht die eines Luftballons, der zu zerplatzen droht und dem man daher etwas Luft auslässt. Der dazugehörige Satz könnte dann autosuggestiv lauten: Ich muss auf meine Atmung achten und langsamer und tiefer ausatmen damit sich die augenblickliche Herzensfülle nicht zu sehr steigert!«

Sollte man bei der ersten Kreisung noch keine Lösung gefunden haben, wiederholt man den Rundlauf einfach noch einmal – es wird sicherlich ein neues Körpergefühl an anderer Stelle auftreten. Hat man aber eine passable Lösung gefunden, erfolgt der sogenannte Body-Shift – ein tiefes Durchatmen und Aufrichten des Körpers, an dem man selbst (oder auch andere) erkennen können, dass sich etwas »gelöst« hat.

Als ich meine Focusing-Ausbildung bei Agnes Wild-Missong – wiederum eine österreichische Psychotherapeutin, die aber in der Schweiz lebt und praktiziert – absolvierte, betonte diese, dass Gendlins Ansatz, ohne dass er das beabsichtigte, die praktische Umsetzung der Jung'schen Quadrinität darstellt. Ich möchte dazu betonen, dass der tiefere Sinn dieser Methode eben nicht nur in ihrer Problemlösungsstärke liegt, sondern auch darin erblickt werden kann, dass man das ganzheitliche Denken einübt, kreativer wird und auch »menschlicher«. Ich habe das nicht nur an vielen KlientInnen, sondern auch an mir selbst erlebt: Als vom Ursprungsberuf her Juristin war ich total auf das »herzlos« sachliche Denken programmiert (wie es ja in den Wissenschaften unnötigerweise als Professionalität verlangt wird) und konnte viele Menschen in ihren Gefühlswirren nicht verstehen; durch das Umlernen auf den Beruf der Psychoanalytikerin sowie die folgenden Zusatzausbildungen in anderen Methoden gewann ich erst die Einfühlsamkeit und den Mut zum Mitfühlen (nicht Mitleiden – das ist nicht hilfreich), die diese Polarität von Denken und Fühlen in Balance brachte. Allerdings kann ich heute nicht mehr so perfekt Sachinhalte wie ganze Gesetzestexte in mein Gedächtnis einspeichern wie seinerzeit – ich will das aber auch gar nicht mehr, weil Berufung auf Normen nicht wirklich Konflikte lösen hilft.

»Kopfbewohner«

Die Anforderung von »Professionalität« stellt neben der nach Perfektion, Duldsamkeit und Geschwindigkeit (den drei großen Stressfallen!) einen der häufigsten »Kopfbewohner« dar. Diese pflegen meist nur zu kritisieren (und bestenfalls zu warnen, das ist dann aber eher die »innere Stimme« der Intuition und nicht eine verinnerlichte Elterninstanz), aber nicht aufzuzeigen, wie man etwas besser machen könnte.

Die meisten Menschen spüren ganz genau, welche »spontanen« Handlungen diejenigen wären, die ihnen ein Gefühl von Stimmigkeit verschaffen würden – aber es fehlen ihnen Modelle für objektiv »gesellschaftlich akzeptable« Variationen. Stattdessen tauchen sofort die Warnungen und Drohungen der »Kopfbewohner« (© Mary Goulding) auf: »Das kannst du nicht machen!« und »Du wirst schon sehen, was dann passiert!« (Sowieso! Nur was genau, weiß man nie im Vorhinein ...) oder auch »Wenn du das machst, schau ich dich nicht mehr an!« (wobei für ein Kind Abbruch von sozialen Beziehungen einem sozialen Mordversuch gleichkommt und auch für Erwachsene eine massive Schädigung der psychischen Gesundheit bedeutet) und was es sonst noch an Manipulationstaktiken gibt, um jemanden dazu zu bringen, sich dem Willen anderer zu unterwerfen.

Bei dem Kardiologen Herbert Benson finden sich diese Kopfbewohner unter dem aus dem Buddhismus stammenden Namen »Papanca« – »Affengeist«: »Wenn Sie einen ›Affengeist‹ haben, behindert übermäßige Gehirnaktivität Ihre Konzentration und Lernfähigkeit, und Sie können schlecht einschlafen. Außerdem werden Ihre Muskeln sich, weil sie so oft den Befehl dazu erhalten, schließlich gewohnheitsmäßig anspannen. Diese Muskelanspannung löst im Gehirn laufend Stresssignale aus, wodurch ein Teufelskreis ständiger sinnloser körperlicher Mobilisierung entsteht, ohne Aussicht auf Erleichterung.«

Auch bei Osho findet man etwas Ähnliches, wenn er von »Dehypnotisierung« von den »Ideen« von Vater und Mutter spricht. Er rät: »Sei aufmerksam und beobachte dich, dann wirst du sie finden. Du willst zum Beispiel etwas tun, und plötzlich hörst du die Stimme deiner Mutter: ›Das macht man nicht!‹ (...) Es ist wie ein Tonband in dir. (...) Und schon beginnst du dich schuldig zu fühlen.«

»Schurken schrumpfen«
Mary Goulding, eine der MitbegründerInnen der Schule der Transaktionsanalyse und Miterfinderin der »Neuentscheidungsschule«, empfiehlt zur Vertreibung der »Kopfbewohner« die Methode »Schurken schrumpfen«. Sie schreibt: »Achte auf die Worte, die er gegen dich ins Feld führt. Gib ihm einen Namen. Ist er ein *Tyrann*, ein *Trottel*? Ist er ein *Mäkler*, eine *Hexe*, ein *Alleswisser*? Vielleicht ist dein Unhold eine *nervöse Schwarzseherin* (...)? Nenne deinen Bösewicht jetzt beim Namen und sei ganz Ohr. Frage dich, ob er irgendeine nützliche Botschaft für dich hat. Dies ist sehr wichtig. Oft möchte dir dein Bösewicht etwas sagen, was du wissen musst, und du hörst nicht zu, weil du durch das Verletzende der Botschaft zu sehr in Anspruch genommen bist. Wenn dein Bösewicht einige gute Informationen hatte, bedanke dich höflich, denn von nun an wirst du diese Botschaft durch ein freundlicheres Wesen in deinem Kopf mitteilen lassen.«

Ich bevorzuge, die Kopfbewohner liebevoll auf Urlaub oder gleich in Pension zu »entlassen«. Man muss es sanft gestalten – grob fordert man nur Widerstand heraus, denn wer lässt sich schon gerne »hinausschmeißen«? Ich schlage dazu meinen KlientInnen Sätze vor wie »Danke, dass du mich erinnert hast – aber ich bin jetzt groß genug, um selbst darauf zu achten – Du kannst getrost in Urlaub gehen ...«

»Exorzismus-Technik«
Eine Variation dieser Methode nenne ich die »Exorzismus-Technik«, denn so wie man den Teufel beim Namen nennen muss, damit er weiß, dass er gemeint ist und damit ihn die »Energie der Zurückwei-

sung« direkt trifft, braucht es eine präzise und zielgerichtete Sprachform – genau die, die wir aus »Höf-lichkeit« (Hofetikette) scheuen (und weil sich die meisten AdressatInnen daraufhin in das Machtspiel »Jetzt hast du mich aber beleidigt!« flüchten). Abgeschaut habe ich mir diese Intervention von einem Bauleiter in der Steiermark.

Damals beauftragten mein Ehemann und ich einen Zubau an unser Haus (eine ehemalige Schule aus 1912, die ich seit Jahren zu verkaufen suche), um es besser als Seminarzentrum nutzen zu können. Als das Fundament gerade frisch betoniert war, kehrte die böse Vis-à-vis-Nachbarin das frisch gefallene Herbstlaub direkt auf die noch nicht trockene Fläche. Der Bauleiter ging daraufhin auf sie zu und sagte in deftigem Steirisch: »Gelt – Sie sind schon a (eine) boshafte Frau?« und flugs kehrte die betagte Dame alles wieder auf die Straße zurück.

Ein weiteres Beispiel lieferte mir ein Kollege, der sich damals tatsächlich bei mir in Ausbildung befand und den ich als Co-Trainer bei einem Seminar für die ORF-Führungsspitze engagiert hatte, ein sehr kluger Mann, der aber so schnell vorausdenkt, dass seine Grammatik dieser Geschwindigkeit nicht standhält. Psychiater würden sagen, er habe einen sprunghaften Gedankenduktus und sich Sorgen um seine geistige Gesundheit machen. Wenn man aber wohlwollend mitdenkt, kann man seinen Assoziationen gut folgen und merkt, dass sein Stammeln nur ein Kampf »Zeitraffer gegen Echtzeit« ist. (Heute ist er Hypnotherapeut und in dieser Methodik ist die sogenannte »Verwirr-Technik« große Kunst!) In dem Seminar jedenfalls meinte Gerhard Zeiller, damals Generalsekretär des ORF, als erster in der Feedbackrunde: »Sie, Frau Doktor, haben mich beeindruckt – aber Sie, Herr Doktor, sind bestenfalls der Lehrbub der Frau Doktor!« (was ja teilweise auch stimmte). Der konterte breit lächelnd: »Na sagen 'S doch gleich, Sie halten mich für einen Trottel!« Zeiller darauf: »Aber nein, aber nein …« Mein Kollege baute eine »Doppelmühle« (Zwickmühle), bei der man nur gewinnen kann: Entweder der andere stimmt zu – dann hat man gewonnen, oder er zieht zurück – dann hat man auch gewonnen.

Das Geheimnis dieser Methoden besteht einerseits im Mut, sie anzuwenden, andererseits im Humor, d. h. im Verzicht auf Aggression: Man definiert den »Angriff« (denn es kommt einem ja jemand zu nahe und löst damit Gefühlsreaktionen aus) nicht als »Attacke«, sondern als »Spiel« und spielt mit.

PROvokativpädagogik

Ähnlich löste eine Freundin, damals Leiterin eines Wiener Polytechnikums und einzige weibliche Teilnehmerin an einem österreichweiten Fortbildungsseminar für diese Führungskräfte im lustigen Kärnten, eine peinliche Situation: Zu fortgeschrittener Stunde und mit gestiegenem Alkoholspiegel begannen die männlichen Kollegen schlüpfrige Witze zu erzählen, worauf meine Freundin mit übertrieben groß aufgerissenen Augen nach Luft schnappte: »Aber das ist doch sexistisch!« – und aus war es mit der »heiteren« Männerselbstbestätigung (und dass sie die »Spaßverderberin« war, konnte sie nicht erschüttern).

Geheime »Kampfherausforderungen« als Spielangebote umzudeuten, ist einer der Grundsätze in der von mir erfundenen Methode PROvokativpädagogik.[12] In ihrem Prinzip gründet sie darauf, »verhaltensauffällige« SchülerInnen nicht mit Gehorsamsappellen »von oben herab«, sondern entweder sehr einfühlsam und wertschätzend oder eben »spielerisch« und humorvoll »auf gleicher Augenhöhe« zu beantworten. Voraussetzung dazu ist umfangreiches psychotherapeutisches theoretisches (beispielsweise personzentriertes, systemisches und transaktionsanalytisches) wie praktisches Wissen und Können und – der Verzicht auf Gewalt (egal wie subtil diese auch sein mag) und autoritäres Auftreten (was ja von

---

12 Hinweise auf meine Fachpublizistik wie z. B. mein Buch *Das Prinzip PROvokativpädagogik* findet man auf meiner Homepage www.perner.info.

Lehrkräften vielfach eingefordert wird, aber Situationen nur zur Eskalation führt, vor allem auch, weil sich heute Eltern wie auch SchülerInnen nicht mehr so viel gefallen lassen wie früher). Mein Slogan dazu lautet daher auch: »Verhaltensauffällige SchülerInnen brauchen verhaltensauffällige LehrerInnen.«

Da die meisten Menschen gewohnt sind, dass auf »Störungen« mit Gewalt reagiert wird, sind sie verblüfft, wenn das nicht geschieht, sondern aus dem »Kindheits-Ich« oder »Erwachsenen-Ich« – beides Fachausdrücke aus der Transaktionsanalyse – reagiert wird.

Transaktionsanalyse
Unter Transaktionsanalyse versteht man eine psychotherapeutische Methode, aber auch eine Kommunikationstheorie, die Fehlkommunikationen entschlüsseln, vermeiden und korrigieren hilft. Ihr Begründer Eric Berne (1910–1970) gehörte zu den PsychotherapeutInnen, die den Mut hatten, ihre Intuition zur Diagnostik zu nutzen und nicht psychiatrische Nomenklaturen. Berne stellte fest, dass Menschen ihre Beziehungen zu anderen Menschen in bestimmten Ich-Zuständen gestalten, die er Kindheits-Ich, Erwachsenen-Ich und Eltern-Ich nannte.

— Im Kindheits-Ich fühlt man sich klein – man passt sich daher den »Großen« an oder rebelliert gegen sie, daher kann man ein »braves« und ein »schlimmes« Agieren aus dem Kindheits-Ich unterscheiden; es gibt aber auch das »kreative«, »lustige« und auch das »unschuldige« Kind, wie ich es zuvor beschrieben habe. Es wird »von unten nach oben« kommuniziert (wobei das »unschuldige« Kind noch keinen Begriff von »oben« hat – der wird ihm erst anerzogen). Hinter dem Kommunizieren aus dem angepassten Kindheits-Ich liegt oft eine resignative oder depressive Befindlichkeit verborgen. Gesünder ist das Widersprechen aus dem »rebellischen« Kindheits-Ich. Für die GesprächspartnerInnen wäre im respektierten Widerspruch die Chance zu Selbsterkenntnis enthalten, um eigene Unduldsamkeit abzulegen. Die gehört aber zum Kampfrepertoire, um eigene Überlegenheit einzuzementieren. Osho schreibt, »Nein zu sagen fühlt sich mehr nach Freiheit an, als Ja zu sagen«, denn »Wann immer du Ja sagst, fühlst du dich nicht frei, denn JA bedeutet, dass du gehorcht hast, Ja bedeutet, dass du dich unterworfen hast ...« und genau das betrifft beide Seiten eines Konflikts, in dem jede Partei Sieger sein will. Für jeden Wachstumsschritt braucht man aber Freiraum und Freiheit und deshalb auch andere Verhaltensformen als solche, die basierend auf den Erfahrungen der üblichen Eltern-Kind-Kommunikation eigenes Kleiner-Sein signalisieren.

— Im Erwachsenen-Ich wird sachlich und wertschätzend, daher unter Verzicht auf Manipulation und Gewalt kommuniziert. Wenn man im Prozess des Mutigwerdens dazu gelangt ist, den eigenen Standpunkt in Ruhe, weil im sicheren Bewusstsein der eigenen Korrektheit darzulegen, stärkt man die eigene Kraft und damit auch Gesundheit. Allerdings muss man darauf achten, sich nicht von »schiefen« Kommunikationsangeboten anstecken zu lassen. Zu diesen gehört außer dem Sich-klein-Machen aus dem Kindheits-Ich heraus auch das Sich-größer-Machen aus dem sogenannten Eltern-Ich.

— Wie beim Kindheits-Ich gibt es auch beim Eltern-Ich eine Bandbreite zwischen »lieb« und »böse«, aber im Gegensatz zum Kindheits-Ich gibt es auf der Bandbreite zwischen den beiden Extremen keine »gesunde« Mitte – die wäre nämlich das Erwachsenen-Ich. Aus dem Eltern-Ich heraus wird »von oben herab« kommuniziert, auch wenn das scheinbar lieb klingt – wie »Mutti/Mutterl« oder »Papa/Vaterl« z. B. in pflegenden Berufen, wird doch die so angesprochene Person »infantilisiert« und im Eigentlichen gedemütigt. Bei meinen Vorträgen werde ich dann oft gefragt, »Aber mit Kindern muss man doch kindgerecht sprechen!?« Dann antworte ich: Das bezieht sich nur auf den Wortschatz – und darauf, nicht in stundenlange Vorlesungen auszuufern –, aber der Ich-Zustand sollte selbstverständlich der des achtungsvollen Erwachsenen-Ichs sein. Leider spielen die meisten Menschen ihre eigenen Eltern nach und die sind aus derzeitiger Sicht noch vielfach mit Drohungen und anderer Angstmache »diszipliniert« worden. Manche transaktionsanalytischen TherapeutInnen haben dieses überkritische, verfolgende, strafende Eltern-Ich auch mit Spitznamen wie »Hexenmutter«, »Ungeheuer« oder als »Elternschwein« (pig parent) bezeichnet.

»Schiefe« (»gekreuzte«) Kommunikation beweist, dass zwischen den miteinander Agierenden ein Machtspiel (»Powerplay« im Gegensatz zu Spiel im Sinne von »Game« wie beispielsweise Canasta etc.) abläuft. Auch wenn jemand aus dem putzig-lieben Kindheits-Ich heraus agiert, will er oder sie damit ein Ziel erreichen, ohne dieses »erwachsen« und daher möglichst unmissverständlich (denn wie jemand anderer »verstehen will«, liegt außerhalb der eigenen Macht) zu deklarieren. Dazu hilft das sogenannte Du-Ich-Bitte-Modell, das ich nachfolgend noch aufzeigen will.

Wenn eine Kommunikation nicht »schief«, sondern »auf Augenhöhe« verläuft, weil sich die Beteiligten »auf einer Wellenlänge« befinden, braucht man keinen besonderen Mutaufwand: Man kann ehr-lich sprechen. Zwei auf der Ebene des Kindheits-Ich werden mitsammen blödeln (oder flirten), zwei auf der Ebene des Eltern-Ich werden sich gegenseitig bestätigen, dass »die da unten« ganz unmöglich sind, und auf der Erwachsenen-Ebene gibt es sowieso keine Versuche, die jeweils andere Person zu manipulieren. Mit dieser Sichtweise kann man daher Mobbing oder Stalking, sexuelle Belästigung oder finanzielle Ausbeutung enttarnen, weil da immer eine schiefe Beziehung vorliegt.

Besondere Bedeutung erhält das Schema der Transaktionsanalyse, wenn man es auf Geschlechterdifferenzen anwendet. So verweist etwa Eva Illouz auf die »Übersexualisierung der Frau« mit deren Zögern gegenüber den Forderungen der Männer. Transaktionsanalytisch entschlüsselt, entspricht dies der kulturell anerzogenen Selbstunsicherheit von Kindern gegenüber Elternfiguren, die ihnen kaum Raum zu eigenen Bewertungen und Widerstand gestattet haben. Auch als erwachsene Frauen agieren viele dann nach wie vor aus diesem Kindheits-Ich heraus, wird es doch durch die mediale Propaganda für immer jüngere Models, »Kindfrauen« und Jugendwahn überhaupt forciert. Dahinter verbirgt sich die Erwartung, dass junge Menschen mangels Erfahrung, Sicherheit und Selbstachtung sich mehr gefallen lassen als ältere – nicht nur in der Arbeitswelt, sondern auch sexuell.

Es ist wichtig, darauf zu achten, in welchem Ich-Zustand man sich jemand anderem annähert bzw. wie man solche Kontaktaufnahmen einordnet. Viele Menschen spielen nämlich das Powerplay »Du bist so böse zu mir!« oder »Jetzt hast du mich beleidigt!«, wenn man sie kritisiert. Auch der Satz »Ich halte derzeit Kritik nicht aus« kann aus dem Kindheits-Ich gesprochen einen Manipulationsversuch darstellen, ungerechtfertigte Schonung hervorzurufen; aus dem Erwachsenen-Ich als Information gegeben, müsste nämlich die Bitte um Nachsicht samt einer Tatsachenerklärung ausdrücklich ausgesprochen werden.

Drehbuch schreiben
Damit kein Missverständnis entsteht: Es geht nicht darum, Menschen ihre Fehlkommunikation vorzuhalten – außer man ist ihre vorgesetzte Person mit Weisungs- und Sanktionsrechten, dann gehört das zu den Aufklärungs-Pflichten –, sondern möglichst viele »Rezepte« mitzuteilen, wie man anders handeln kann, wenn man merkt, dass einem Mut-Modelle fehlen.

Ein Modell stellt ein Vorbild dar, an dem man sich orientiert, bevor man mit einer Verwirklichung beginnt. Die Betonung liegt dabei auf »Bild«: Früher hat man sich Benehmen von Eltern und Nachbarn »abgeschaut«, und die waren sozial kontrolliert und daher ziemlich harm-los (sie haben kaum jemandem Harm zugefügt). Heute sind schon kleine Kinder durch Film, Fernsehen und Computerspiele mit einer Fülle von Verhaltensweisen überflutet, von denen nur ein geringer Teil »prosozial« ist – auch in den Kindersendungen. Man muss sich also bewusst geeignete Vorbilder suchen.

Wenn ich beispielsweise meine KlientInnen frage, »Was für ein Mann/was für eine Frau wollen Sie sein?«, dann lade ich sie mit dieser Formulierung bereits ein, sich ihre bisherigen Vorbilder bewusst zu machen. Wenn ich frage, »Zu wem wollen Sie halten – zu sich oder zu den anderen?« löse ich Bilder aus der biographischen Vergangenheit aus, in der sich solch eine Frage bereits einmal gestellt hat (leider meist hinsichtlich der Eltern oder Großeltern). Oder ich frage: Wie würde die Jazz-Gitti in solch einer Situation handeln?« (oder Pippi Langstrumpf, Harry Potter, Queen Elizabeth, Joachim Gauck oder eine andere vielfach bekannte Person).

Eine starke Autosuggestion liegt im Begriff des »Wachsens«: Wenn man sich klein fühlt – aber umgekehrt auch, wenn man merkt, dass man sich »aufgebläht« hat –, erinnere ich gerne an Alice im Wunderland, die mit einem Bisschen oder Schlückchen ihre Größe variiert. So habe ich einmal einer männlichen Führungskraft, die auf demütigende Weise »dekapitiert« (geköpft) wurde, zu dieser Selbstermutigung geraten: Wenn man seine Größe mental schrittweise erhöht, treffen einen die Giftpfeile der Feinde nicht mehr ins Herz, sondern »nur« in die Wade, und dort überlebt man den Angriff und muss sich nicht würdelos zusammen krümmen.

Dolmetschen

Mut besteht auch darin, nicht »blindwütig« loszustürmen, sondern Ausweichmöglichkeiten zu nutzen. Eine Möglichkeit, bei verbalen Angriffen die eigene Würde zu bewahren, besteht in meiner Methode, die ich »Dolmetschen« nenne: Man wiederholt das, was die andere Person gesagt hat, mit eigenen, aber salutogenen Worten. Wenn also beispielsweise ein wenig respektvoller Vorgesetzter bellt, »Was haben Sie da schon wieder für einen Blödsinn gemacht?«, kann man antworten: »Sie sind mit dem Ergebnis unzufrieden?«

oder »Ich habe verstanden, dass Sie unzufrieden sind« und dann hinzufügen: »Bitte geben Sie mir Anweisungen, wie konkret Sie ... haben wollen.« Man kann durch diese »Übersetzungsarbeit« vor allem Zeit und Ruhe gewinnen – und die möglicherweise übernommene Erregung mental in den Boden absinken lassen. Außerdem kann man langsam und ruhig besser denken – und wie ich am Beispiel der Bewusstseinsquadrinität gezeigt habe, hilft es, die innere Balance zu finden, wenn man gedanklich die emotionalen Gefühlsbrocken auf der vertikalen Linie zum kognitiven Denken bis zur Mitte hinaufzieht wie mit einem Kran und das körperlich mit langsamen Atemzügen begleitet.

Zum Dolmetschen gehört aber nicht nur die Wahl anderer deeskalierender Worte, sondern auch die mutige Bestätigung der verletzend gedachten Wortwahl anderer. Beliebte Beschimpfungen sind Vorwürfe von »Du spinnst ja!« oder »Was bildest du dir denn ein?« Viele Menschen stürzen dann ins Kindheits-Ich ab und beginnen sich zu verteidigen oder zum Gegenangriff überzugehen. Beides kostet Energie und mutig ist es auch nicht, weil man nicht bei sich geblieben ist, sondern sich vom Anderen hat provozieren lassen, bei seinem/ihrem Spiel mitzutun.

Besser ist, der anderen Person voll ins Gesicht zu sehen und ruhig zu sagen: »Ja – ich spinne, nämlich ein Gedankengeflecht (eine Neurosignatur) in meinem Gehirn!« Das tun wir ja alle immer, es ist uns nur nicht bewusst, und bei manchen sind diese Netzwerke nur dürftig und locker. Je dichter und zahlreicher diese neuronalen Verschaltungen sind – und je mehr Alternativen enthalten sind –, desto intelligenter ist jemand.

Oder wenn jemand versucht, mit dem Vorwurf der Einbildung andere klein machen zu können, kann man zu Recht erklären: »Natürlich bilde ich mir etwas ein – ich habe mir von ... ein geistiges Bild gemacht!« Wir haben immer mehrere Wahlmöglichkeiten, wie wir unseren Blickwinkel ausrichten und worauf wir unsere Aufmerksamkeit – und die der anderen – lenken.

Energie folgt der Aufmerksamkeit. Wenn man also seine Aufmerksamkeit darauf richtet, sich in den Zustand des Mutes bringen zu wollen, hilft es, das strukturiert in einer Reihenfolge (und nicht chaotisch ungeordnet) zu tun, weil man da besser spüren und auch spürbar machen kann, wie die eigene Energie wächst.

Das Du-Ich-Bitte-Modell
In dem sogenannten Kommunikationsquadrat oder Vier-Ohren- oder Du-Ich-Bitte-Modell wird das, was man mit Nachdruck (Energie) vermitteln will, in drei aufeinanderfolgende Inhaltsportionen geteilt. Damit wird für andere ein »unverdaulicher« Brocken bekömmlicher und besser akzeptabel, für einen selbst hingegen ergibt sich Zeit- und Nachdenkgewinn, Vermeidung von Energieverlust und eine souveräne Selbstpräsentation.

Einsetzen kann man diese Sprachtechnik immer dann, wenn man merkt, dass man nicht genug Mut aufbringt, die Wahrheit zu sagen – egal ob diese Abwehr von Gewalt, Klärung von Missverständnissen oder gar eine Liebeserklärung betrifft. Wichtig ist nur, dass man vor ihrer Anwendung überlegt, ob die geplante Aussage wirklich notwendig ist. Für »kleines Geschwätz« (small talk) ist sie zu schwergewichtig.

— Der erste Schritt (»Du«) besteht in der möglichst wortgetreuen Wiederholung dessen, was objektiv gesehen soeben geschehen ist – was der andere (oder auch man selbst) gesagt oder getan hat. Es ist wichtig, sich dabei streng an die objektiven Tatsachen zu halten und die Wahrheit keinesfalls mit eigenen Interpretationen zu verfälschen. Dazu sollte man laufend üben, die eigenen – vermutlich emotional gefärbten – Wahrnehmungen zu überprüfen.

— Der zweite Schritt (»Ich«) gibt jetzt Raum und Zeit für die eigene subjektive Wahrnehmung und Interpretation, die im ersten Schritt so strikt zu vermeiden war. Dass man dabei aus dem Zustand des Erwachsenen-Ich und nicht in weinerlichen oder ag-

gressiven Tönen sprechen sollte, erklärt sich logischerweise aus dem Verzicht auf Manipulation. Man »erklärt« sich – Absichten, Ziele, Motive –, damit man verständlicher wird, deswegen findet sich in der dazugehörigen Fachliteratur oft der Ausdruck »Ich-Botschaft«. Diese sollte aber nicht mit Seelenstriptease oder Eindruckschinden durch Gefühlsmitteilungen, wie sie nur in eine Psychotherapie passen, verwechselt werden.
— Im dritten Schritt (»Bitte«) wird dann deutlich gesagt, was man vom anderen will: ein konkretes Tun (z. B. eine Antwort zu geben) oder irgendein anderes Verhalten.

Ein Beispiel zum Thema Mut könnte demnach lauten: »Sie haben jetzt gesagt, ich sollte meine Ansichten mutiger vertreten.« (»Du«) – »Damit ich meine Gedanken öffentlich mache, brauche ich die Gewissheit, dass Sie mir dann nicht in den Rücken fallen.« (»Ich«) – »Ich ersuche Sie, in jedem Fall zu betonen, dass es wichtig ist, alle Meinungen, auch unangenehme, zu erfahren.« (»Bitte«)

Meist ist überhaupt nicht nachgedacht worden, was konkret man von anderen will und auch nicht über die eigene »Musik«, die bekanntlich von ihren Tönen gemacht wird. Zu diesen zähle ich die »Intonationen« der Ich-Zustände, und die darf man durchaus selbstbestimmt wählen – man muss sich nur darüber klar sein, was man damit an Transaktionen auslöst: Man darf also durchaus auch aus dem niederbrüllenden Eltern-Ich agieren, nur sollte man sich vorher überlegen, ob man wirklich die anderen niederschreien will und damit deren Kooperationsbereitschaft zerstören, oder ob man lieber konkret im Erwachsenen-Ich ausführen will, was einen enttäuscht hat und wie man sich Korrektur vorstellt. Dann erst wissen es die anderen genau.

Wir wählen unsere Gefühle selbst – so wie Gewürze beim Kochen. Wir geben Saures oder mildern mit der Milch der frommen Denkungsart. Wir feuern mit unserem Atem an wie mit einem Blasbalg und wundern uns dann, wenn Feuersbrünste entstehen, oder wir lassen jegliche Glut vermissen und fragen dann, weshalb soziale Kälte zunimmt.

Self-Modeling

In den letzten Jahren ist die Sichtweise, dass Körper, Seele und Geist eine Einheit sind und sich gegenseitig beeinflussen, wieder in Erinnerung gerufen worden. Dementsprechend können wir, wenn wir unsere Mutkompetenz erhöhen wollen, entscheiden, welchem dieser drei Zugänge wir den Vorzug geben wollen.

Der körperliche ist der schnellste – man braucht nur wie ein Schauspieler den »Zustand«, die »Haltung« zu imitieren – denn wir »verkörpern« ja unser Sein. Allerdings besteht sehr oft die Gefahr, dass man mangels Bewusstheit bei emotionalen Parallelsituationen in alte Verhaltensweisen zurückfällt.

Der seelische ist meist der schmerzlichste: Man muss getreu der Anleitung von Sigmund Freud, »Erinnern – wiederholen – durcharbeiten«, die »Urszenen«, das sind die Situationen, in denen man seine angeborene Wehrhaftigkeit und Widerstandskraft verloren hat, erinnern und noch einmal die seinerzeitigen Gefühle durchleiden und ausdrücken. Aus-drücken. Das kann dann im Sprechen geschehen, aber auch mittels kreativer Medien wie Schreiben (beispielsweise in einem Tagebuch), Dichten, Schauspielen, aber auch mit bildnerischen Methoden wie Malen, Zeichnen, Formen etc. und auch über die Musik. Ob man dabei die Werke anderer nachspielt oder interpretiert oder eigene Werke schaffen mag, ist im Prinzip egal – wichtig ist, welche Gefühle man dabei hat bzw. zulässt.

Der geistige ist der schwierigste, denn dabei analysiert und bewertet man die jeweiligen Erlebnisse kritisch und muss für die – hoffentlich! – auftretenden Gefühle und Körperempfindungen offen bleiben. Genau das fällt aber hirnlastigen Menschen sehr schwer – vor allem, weil sie ja so geworden sind, weil ihnen schon frühzeitig verboten wurde, emotional d.h. »menschlich« zu reagieren. Sie müssen meist erst mit Logik überzeugt werden, dass Gefühle zur menschlichen Ganzheit und damit Gesundheit dazugehören, und dass es keine Schwäche bedeutet, solche zuzulassen, sondern im Gegenteil die wahre Stärke zeigt – den Mut des Selbstvertrauens und den Mut zur eigenen Wahrhaftigkeit.

Literaturangaben

Antonovsky Aaron, Salutogenese. Zur Entmystifizierung der Gesundheit. Dgvt-Verlag, Tübingen 1997.
Abraham Karl, Die determinierende Kraft des Namens. In: Karl Abraham, Gesammelte Schriften in zwei Bänden, Band I. Fischer Taschenbuch Verlag, Frankfurt am Main 1982.
Andersen Hans Christian, Märchen. Mit 100 Bildern nach Aquarellen von Ruth Koser-Michaëls. Droemer Knauer, Berlin 1938.
Aristoteles, Nikomachische Ethik. Philipp Reclam jun., Stuttgart 1969/83.
Barth Reinhard, Frauen, die Geschichte machten. Von Hatschepsut bis Indira Gandhi. Primus Verlag, Darmstadt 2004.
Bauer Joachim, Das Gedächtnis des Körpers. Wie Beziehungen und Lebensstile unsere Gene steuern. Piper Verlag, München 2004/06[7].
Bauer Joachim, Schmerzgrenze. Vom Ursprung alltäglicher und globaler Gewalt. Karl Blessing Verlag, München 2011.
Bauer Joachim, Warum ich fühle, was du fühlst. Intuitive Kommunikation und das Geheimnis der Spiegelneurone. Hoffmann und Campe Verlag, Hamburg 2005/06[9].
Bauman Zygmunt, Flüchtige Moderne. Suhrkamp Verlag, Frankfurt am Main 2003.
Benson Herbert (in Zusammenarbeit mit Marg Stark), Heilung durch Glauben. Die Beweise. Selbstheilung in der Neuen Medizin. Wilhelm Heyne Verlag, München 1997.
Cytowic Richard E., Farben hören, Töne schmecken. Die bizarre Welt der Sinne. Deutscher Taschenbuch Verlag, München 1995.
Colegrave Sukie, Yin und Yang. Die Kräfte des Weiblichen und des Männlichen. Eine inspirierende Synthese von westlicher Psychologie und östlicher Weisheit. Fischer Taschenbuch Verlag, Frankfurt am Main 1984/85.
Comfort Alex, Der aufgeklärte Eros. Plädoyer für eine menschenfreundliche Sexualmoral. Rowohlt Taschenbuch 1968.
Dawkins Richard, Das egoistische Gen. Springer-Verlag, Berlin, Heidelberg, New York 1978.
De Becker Gavin, Mut zur Angst. Wie Intuition uns vor Gewalt schützt. Wolfgang Krüger Verlag, Frankfurt am Main 1999.
Eliacheff Caroline, Das Kind, das eine Katze sein wollte. Psychoanalytische Arbeit mit Säuglingen und Kleinkindern. Verlag Antje Kunstmann, München 1994.
Eliacheff Caroline, Das Kind, das seine Mutter zu sehr liebte. Deutscher Taschenbuch Verlag, München 1997.
Englisch Fanita, Es ging doch gut – was ging denn schief? Beziehungen in Partnerschaft, Familie und Beruf. Chr. Kaiser Verlag, München 1982/92[5].
Erikson Erik H., Der vollständige Lebenszyklus. Suhrkamp Taschenbuch Verlag, Frankfurt am Main 1988/ 1992.

Erikson Erik H., Identität und Lebenszyklus. Drei Aufsätze. Suhrkamp Taschenbuch Verlag, Frankfurt am Main 1973.
Fuchs Anneliese, Mein Charakter ist nicht mein Schicksal. Grundmuster des Lebens für mich nutzen. Böhlau, Köln, Weimar 2007.
Gendlin Eugene T., Focusing. Technik der Selbsthilfe bei der Lösung persönlicher Probleme. Otto Müller Verlag, Salzburg 1981/84[4].
Goulding Mary, »Kopfbewohner« oder: Wer bestimmt dein Denken? Wie du Feindschaft gegen dich selbst mit Spaß und Leichtigkeit in Freundschaft verwandelst. Junfermann Verlag, Paderborn 1988/93[4].
Guardini Romano, Vom Sinn der Schwermut. Matthias-Grünewald-Verlag, Mainz 1983.
Hamann Brigitte, Kronprinz Rudolf. Ein Leben. Amalthea Signum Verlag, Wien 2005.
Hammerl Elfriede, Hotel Mama. Nesthocker, Nervensägen und Neurosen. Deuticke im Paul Zsolnay Verlag, Wien 2007.
Harris Thomas A., Ich bin o.k., Du bist o.k. Wie wir uns selbst besser verstehen und unsere Einstellung zu anderen verändern können. Eine Einführung in die Transaktionsanalyse. Rowohlt Taschenbuch Verlag, Reinbek bei Hamburg 1975/79.
Hartl Peter, Der Mutwilligen Zähmung. Kriegserlebnisse und Vorstellungswelt von deutschen Soldaten an der Ostfront. In: R. Stäblein s. u.
Henley Nancy M., Körperstrategien. Geschlecht, Macht und nonverbale Kommunikation. Fischer Taschenbuch Verlag, Frankfurt am Main 1988.
Hentig Hartmut von, Die Menschen stärken, die Sachen klären. Philipp Reclam jun., Stuttgart 1985.
Herrigel Eugen (Bungaku Hakushi), Zen in der Kunst des Bogenschießens. Otto Wilhelm Barth Verlag, Bern 1983[22].
Herman Judith Lewis, Die Narben der Gewalt. Traumatische Erfahrungen verstehen und überwinden. Kindler Verlag, München 1993.
Hirigoyen Marie-France, Die Masken der Niedertracht. Seelische Gewalt im Alltag und wie man sich dagegen wehren kann. Deutscher Taschenbuch Verlag, München 2002.
Hollstein Walter, Nicht Herrscher, aber kräftig. Die Zukunft der Männer. Hoffmann und Campe, Hamburg 1988.
Illouz Eva, Warum Liebe weh tut. Suhrkamp Verlag, Berlin 2011/12[2].
Jung Matthias, Mut zum Ich. Auf der Suche nach EigenSinn. Deutscher Taschenbuch Verlag, München 2004[4].
Kammer Reinhard, Zen in der Kunst, das Schwert zu führen. O. W. Barth Verlag, Bern 1985.
Karl Michaela, Streitbare Frauen. Porträts aus drei Jahrhunderten. Residenz Verlag, St. Pölten, Salzburg 2009.
Kierkegaard Sören, Gegen Feigheit. Furche-Verlag, Berlin 1937.
Labuhn Andju Sara, Zivilcourage: Inhalte, Determinanten und ein erster empirischer Zugang. Verlag für Polizeiwissenschaft, Frankfurt 2004.

Laing Ronald D., Die Politik der Familie. Rowohlt Taschenbuch Verlag, Reinbek bei Hamburg 1979.
Lammerhuber Martin, ZE!Timpulse ... durch das Jahr. ZE!T für die Zeit. Kral Verlag, Berndorf 2012.
Machiavelli Niccolo, Der Fürst. »Il Principe«. Übersetzt und herausgegeben von Rudolf Zorn. Alfred Körner Verlag, Stuttgart 1972[4].
Märchen der Brüder Grimm. Mit 100 Bildern nach Aquarellen von Ruth Koser-Michaëls. Droemer Knaur, München 1937.
Mika Bascha, Die Feigheit der Frauen. Rollenfallen und Geiselmentalität. Eine Streitschrift wider den Selbstbetrug. Wilhelm Goldmann Verlag, München 2012.
Miller Alice, Am Anfang war Erziehung. Suhrkamp Verlag, Frankfurt am Main 1980/81.
Mitscherlich Alexander und Margarete, Die Unfähigkeit zu trauern. Grundlagen kollektiven Verhaltens. R. Piper Verlag, München 1967/Deutscher Bücherbund, Stuttgart, Hamburg.
Nietzsche Friedrich, Also sprach Zarathustra III. In: Nietzsches Werke in zwei Bänden, Band I. Verlag »Das Bergland Buch«, Salzburg 1952.
Osho, Mut. Lebe wild und gefährlich. Ullstein, Berlin 2004/08[8].
Osho, Reife. Sei was du bist. Wilhelm Heyne Verlag, München 2003.
Qualtinger Helmut/Merz Carl, Der Herr Karl und weiteres Heiteres. Rororo Taschenbuch Ausgabe, Hamburg 1964.
Perner Rotraud A., Das Prinzip PROvokativpädagogik. aaptos Verlag, Matzen, Wien 2016.
Perner Rotraud A., Der einsame Mensch. Amalthea, Wien 2014.
Perner Rotraud A., Die reuelose Gesellschaft. Residenz Verlag, St. Pölten, Salzburg, Wien 2013.
Perner Rotraud A., Die Tao-Frau. Der weibliche Weg zur Karriere. C. H. Beck, München 1997.
Perner Rotraud A., Die Überwindung der Ich-Sucht. Studienverlag Innsbruck 2009.
Perner Rotraud A., Hand Herz Hirn. Zur Salutogenese mentaler Gesundheit. Edition Roesner, Mödling Maria Enzersdorf 2014 (Originalausgabe aaptos Verlag, Matzen 2011).
Perner Rotraud A., Heute schon geliebt? Edition Roesner, Mödling Maria Enzersdorf 2012 (Originalausgabe aaptos Verlag, Matzen 2007).
Perner Rotraud A., Kaktusmenschen. Vom Umgang mit verletzendem Verhalten. Orac, Wien 2011.
Perner Rotraud A., Ungeduld des Leibes. Die Zeitrhythmen der Liebe. Orac, Wien 1994.
Pogačnik Marko, Die Erde wandelt sich. Erdveränderungen aus geomantischer Sicht. Droemer Knaur, München 2001.
Riemann Fritz, Grundformen der Angst. Eine tiefenpsychologische Studie. Ernst Reinhardt Verlag, München Basel 1984.
Rilke Rainer Maria, Das Stundenbuch. Insel Verlag, Leipzig 1972.

Satir Virginia, Selbstwert und Kommunikation. Familientherapie für Berater und zur Selbsthilfe. Verlag J. Pfeiffer, München 1975/85[6].
Schmölzer Hilde, Die verlorene Geschichte der Frau. 100 000 Jahre unterschlagene Vergangenheit. Edition Tau, Mattersburg, Bad Sauerbrunn 1990.
Schulz von Thun Friedemann, Miteinander reden. 1. Störungen und Klärungen. Rowohlt Taschenbuch Verlag, Reinbek bei Hamburg 1981/91.
Schwab Gustav, Die schönsten Sagen des klassischen Altertums. Droemer, München 1955 (Lizenzausgabe für die Österreichische Buchgemeinschaft).
Sennett Richard, Der flexible Mensch. Die Kultur des neuen Kapitalismus. Berlin Verlag, Berlin 1998[3].
Stäblein Ruthard (Hg.), Mut. Wiederentdeckung einer persönlichen Kategorie. Fischer Taschenbuch Verlag, Frankfurt am Main 1997.
Tannen Deborah, Du kannst mich einfach nicht verstehen. Warum Männer und Frauen aneinander vorbeireden. Ernst Kabel Verlag, Hamburg 1991.
Topor Roland, Die Politik des Archipels. Allein auf der Straße. In: R. Stäblein s. o.
Weber-Kellermann Ingeborg, Weibliches Schuldgefühl aufgrund tradierter Rollenansprüche. In: Almuth Massing/Inge Weber (Hg.), Lust & Leid. Sexualität im Alltag und alltägliche Sexualität. Springer-Verlag, Berlin, Heidelberg 1987.
Wunderlich Dieter, Wagemutige Frauen. 16 Porträts aus drei Jahrhunderten. Piper Verlag GmbH, München 2008/14[7].
Zehentner Traude, Bauchgedanken Kopfgefühle. Gedichte. Edition Eff-Eff (Frischfleisch), Wien o.J.
Zweig Stefan/Feschotte Jacques/Grabs Rudolf, Albert Schweitzer – Genie der Menschlichkeit. Fischer Bücherei, Frankfurt/M., Hamburg 1955.

ROTRAUD A. PERNER

Der einsame Mensch

248 Seiten
ISBN 978-3-85002-883-7
eISBN 978-3-902998-04-0

Von der Kunst des Alleinseins und über Wege aus der Einsamkeit

Anhand von Fallgeschichten aus ihrer langjährigen Praxis und persönlichen Erlebnissen zeigt Rotraud A. Perner u. a. warum
- … Einsamkeit so bedrohlich scheint,
- … man in Lebenskrisen Beistand braucht,
- … Liebesenergie lebensnotwendig ist,
- … Außenseiter so gefährlich sind,
- … Opfer und Täter einsam bleiben,
- … Einsamkeit die schwerste Strafe ist,
- … Leistung einsam macht,
- … Einsamkeit ein Geschäft ist,
- … Sterben nicht einsam machen muss,
- … Einsamkeit auch gesund sein kann,
- … Spiritualität gegen Einsamkeit hilft.

Mit dem »12-Schritte-Programm aus der Einsamkeit«

www.amalthea.at

PETER TURRINI

C'est la vie
Ein Lebens-Lauf
Mit Fotos von Moritz Schell

176 Seiten
ISBN 978-3-85002-895-0
eISBN 978-3-902998-16-3

»›C'est la vie‹ …

… ist nicht nur der Lauf eines Lebens mit all seinen Höhen und Tiefen, es ist vor allem die Geschwindigkeit, der Höllenritt eines Künstlers zwischen Triumph und Niederlage, Euphorie und Depression, Demütigung und Glückseligkeit. … ›C'est la vie‹ setzt sich nicht nur aus Versatzstücken der Biographie von Peter Turrini zusammen, es ist vielmehr eine weitere, wahrscheinlich die schmerzhafteste Parabel auf ein Künstlerleben, die Turrini je geschrieben hat. Aber verfallen Sie nicht in den Irrtum, dem Dichter Peter Turrini alles über den Dichter Peter Turrini zu glauben. Seine Sätze sind nicht immer ganz wahr, mitunter übertrieben, oftmals dramatisch, aber eines sind sie ganz gewiß: Sie sind immer wahrhaftig!« (Silke Hassler)

www.amalthea.at

FREDA MEISSNER-BLAU

Die Frage bleibt
88 Lern- & Wanderjahre
im Gespräch mit Gert Dressel

288 Seiten, mit zahlreichen Abbildungen
ISBN 978-3-85002-897-4
eISBN 978-3-902998-08-8

»*Sich wehren bewährt sich.*«

Das ist Freda Meissner-Blaus Wahlspruch und wurde zu einem Leitspruch für ihr Leben. Ihr Kampf gegen die Atomenergie, die Besetzung der Hainburger Au 1984 und ihre Präsidentschaftskandidatur 1986 machten sie zur Galionsfigur. Sie gilt als eine Pionierin der österreichischen Umweltbewegung und wichtige Begründerin der Grünen Partei im Parlament.

Im Rückblick auf fast neun Jahrzehnte erzählt Freda Meissner-Blau aus ihrem persönlichen und politischen Leben, von wesentlichen Um- und von Aufbrüchen, sie gibt Einblicke in ihren Optimismus und die Kraft, mit der sie die Wirren des 20. Jahrhunderts überstanden hat. Die Geschichte und Geschichten dieser starken Frau sind Hoffnung und Ermutigung.

Mit zahlreichen Fotos aus dem Privatarchiv der Autorin

www.amalthea.at

ELISABETH ORTH

»Aus euch wird nie was«
Erinnerungen
Aufgezeichnet von Norbert Mayer

256 Seiten, mit zahlreichen Abbildungen
ISBN 978-3-85002-911-7
eISBN 978-3-902998-82-8

»Ich weiß um die Vergänglichkeit jedes Abends –
aber sie erfüllt mich mit Stolz.«

Vater Attila Hörbiger erklärte seiner Tochter schon im Kindesalter das Besondere des Burgtheaters: »Das ist ein heiliger Boden.« Für ihre eigene Schauspielkarriere nahm Elisabeth Orth den Familiennamen ihrer Großmutter an. Nach Stationen in München und Ulm debütierte sie 1965 am Burgtheater als Luise in Schillers »Kabale und Liebe«. Seither hat sie dort Dutzende klassische wie moderne Rollen gegeben.

In ihren Erinnerungen erzählt die politisch engagierte Schauspielerin aus Kindertagen mit ihren Schwestern Christiane und Maresa Hörbiger und von Kollegen wie Oskar Werner, Klaus Maria Brandauer und Gert Voss. Regisseure wie Peter Zadek, Heinz Hilpert, Hans Lietzau und Andrea Breth haben Elisabeth Orth geprägt. Sie erzählt auch vom spitzen Knie eines Sprachlehrers, der sie das Atmen lehrte – und schildert, wie sie die Entlassung von Burgtheaterdirektor Matthias Hartmann und die Bestellung seiner Nachfolgerin Karin Bergmann erlebt hat.

www.amalthea.at